本书由苏州大学优势学科建设经费资助出版

面向教师教育的数学知识研究

以高中数学教研员为例

沈中宇 / 著

苏州大学出版社
Soochow University Press

图书在版编目(CIP)数据

面向教师教育的数学知识研究：以高中数学教研员为例 / 沈中宇著. --苏州：苏州大学出版社，2023.9
ISBN 978-7-5672-4452-8

Ⅰ.①面… Ⅱ.①沈… Ⅲ.①中学数学课—师资培养—高中 Ⅳ.①G633.602

中国国家版本馆 CIP 数据核字(2023)第 143924 号

书　　名	：面向教师教育的数学知识研究——以高中数学教研员为例 MIANXIANG JIAOSHI JIAOYU DE SHUXUE ZHISHI YANJIU ——YI GAOZHONG SHUXUE JIAOYANYUAN WEI LI
著　　者	：沈中宇
责任编辑	：吴昌兴
装帧设计	：吴　钰
出版发行	：苏州大学出版社（Soochow University Press）
社　　址	：苏州市十梓街1号　邮编：215006
印　　装	：苏州市古得堡数码印刷有限公司
网　　址	：www.sudapress.com
邮　　箱	：sdcbs@suda.edu.cn
邮购热线	：0512-67480030
销售热线	：0512-67481020
开　　本	：700 mm×1 000 mm　1/16　印张：16.5　字数：297 千
版　　次	：2023 年 9 月第 1 版
印　　次	：2023 年 9 月第 1 次印刷
书　　号	：ISBN 978-7-5672-4452-8
定　　价	：56.00 元

凡购本社图书发现印装错误，请与本社联系调换。服务热线：0512-67481020

序

  党的二十大报告指出:"要坚持教育优先发展、科技自立自强、人才引领驱动,加快建设教育强国、科技强国、人才强国。"建设教育强国,离不开高质量的教师。近年来,中共中央、国务院发布了《关于全面深化新时代教师队伍建设改革的意见》等文件,从战略和全局高度充分强调了教师工作的重要性。在数学教育领域,数学教师教育也逐渐受到了研究者的关注,成为一个重要的研究方向。

  随着数学教师教育研究的深入,越来越多的研究者认识到数学教师教育者的重要性,实际上,要提升教师的质量,改善教师教育的效果,数学教师教育者的作用无疑是至关重要的。然而,在国际上,有关数学教师教育者的研究还刚刚起步,对于如何促进数学教师教育者的专业发展,以及数学教师教育者如何有效地引导和帮助教师学习,人们仍然所知甚少。

  沈中宇博士在他的研究中,以面向教师教育的数学知识为研究主题,围绕数学教师教育者需要的数学知识、数学教师教育者具备的数学知识和数学教师教育者反映的数学知识,通过专家论证、问卷调查、深度访谈和现场观察等方式进行了深入研究,收获了较为丰硕的成果。首先,在已有的数学教师教育者的专业知识框架的基础上,建立了面向教师教育的数学知识(Mathematical Knowledge for Teaching Teachers,简称MKTT)框架。该框架包括学科内容知识、教学内容知识、高观点下的数学知识和数学哲学知识四个成分,每个成分包含三个子类别。其次,选取函数、三角函数、数列、解析几何和立体几何五个方面,对高中数学教研员进行调查,了解他们在面向教师教育的数学知识的不同方面的具体理解和不足之处。研究结果表明,高中数学教研员在学科内容知识和教学内容知识两个方面掌握较好,而在高观点下的数学知识和数学哲学知识两个方面还有所欠缺。最后,还探索了高中数学教研员在数学教研活动中所反映的面向教师教育的数学知识,通过分析发现,高中数学教研员反映的面向教师教育的数学知识大部分属于教学内容知识和学科内容知识,小部分属于数学哲学知识和高观点下的数学知识。

以上研究进一步丰富了数学教师教育者领域的研究成果。具体而言，其扩展了已有的数学教师教育者的数学知识框架，为面向教师教育的数学知识的调查提供了相关研究工具，并提供了观察方案以分析数学教研活动中反映的面向教师教育的数学知识。这些研究成果为数学教师教育者相关专业标准的制定、数学教师教育者培训活动的设置及数学教师教育者开展数学教师专业发展项目提供了参考，在专业标准的制定过程中需要关注面向教师教育的数学知识的不同成分，在数学教师教育者的培训活动设置中，应加强对高观点下的数学知识和数学哲学知识的关注。而在规划数学教师专业发展项目时，需要平衡不同成分知识之间的关系。这些发现对于提升数学教师教育者的专业素养和培训水平具有重要指导意义，也为未来在数学教师教育领域的研究提供了新的切入点和研究方向。

在沈中宇攻读博士学位的数年里，正是数学史与数学教育（HPM）领域实践研究蓬勃开展之际。2018年3月，HPM工作室正式成立，大学HPM研究者、一线教师和HPM方向的研究生组成专业学习共同体，定期举行课例研究，一批HPM课例应运而生。在参与HPM课例研究的过程中，他深刻认识到了数学教师教育的重要性并且体会到了其复杂性与艰巨性。同时，沈中宇还加入了由上海名师、特级教师和正高级教师王华老师主持的上海市第四期"双名工程"高峰计划项目"上海市中小学数学专家型教师课堂教学的表征研究"的课题组，在参与课题研究的过程中，他接触了一批沪上名师，对他们进行深度访谈，为本研究的顺利实施奠定了基础。

本书是国内关于数学教师教育者专业知识研究的前沿论著，其出版必将进一步引起人们对数学教师教育者这一特殊群体专业发展的研究兴趣。在本书付梓之际，欣慰之余，聊志数语，爰以为序。

2023年7月于上海

前　言

百年大计，教育为本。教育大计，教师为本。教师培养的关键是教师教育，要改善教师教育的效果，教师教育者的作用无疑是至关重要的，因此，数学教师教育者在数学教师教育中发挥着重要的作用。近年来，数学教育研究者开始关注数学教师教育者的研究，其中，"面向教师教育的数学知识"理论为研究一般数学教师教育者所需要的数学知识提供了借鉴。但已有的研究中对于"面向教师教育的数学知识（MKTT）"仍然缺乏清晰准确的刻画，同时，相关研究主要集中在理论构建，相关的实证研究较少。

基于以上原因，本书以面向教师教育的数学知识为研究主题，选取高中数学教研员作为研究对象，主要探讨以下三个研究问题：

① 构成面向教师教育的数学知识的要素有哪些？

② 高中数学教研员具备哪些面向教师教育的数学知识？

③ 在数学教研活动中，高中数学教研员反映出哪些面向教师教育的数学知识？

针对本研究的三个研究问题，将研究设计分为三个阶段，分别为文献分析与框架确立、问卷调查与深度访谈及现场观察与案例分析。文献分析与框架确立阶段采用了专家论证法。问卷调查与深度访谈阶段采用了问卷调查法和深度访谈法。现场观察与案例分析采用了案例研究法。

本研究的基本结论是：

构成面向教师教育的数学知识的要素包括4个成分与12个子类别。构成成分为学科内容知识、教学内容知识、高观点下的数学知识和数学哲学知识。学科内容知识包含的子类别为一般内容知识、专门内容知识和关联内容知识，教学内容知识包含的子类别为内容与学生知识、内容与教学知识和内容与课程知识，高观点下的数学知识包含的子类别为学科高等知识、学科结构知识和学科应用知识，数学哲学知识包含的子类别为本体论知识、认识论知识和方法论知识。

高中数学教研员具备的面向教师教育的数学知识情况如下：高中数学教研员在学科内容知识、教学内容知识、高观点下的数学知识和数学哲学知识4个成分中并不存在明显的短板，但是，在各个知识成分中仍有一定的欠缺之处。

在数学教研活动中，高中数学教研员反映的面向教师教育的数学知识大部分属于教学内容知识和学科内容知识，小部分属于数学哲学知识和高观点下的数学知识。高中数学教研员在数学教研活动中的主要知识来源为一般内容知识、内容与教学知识、学科高等知识和方法论知识。

本研究对于教师教育者专业标准的制定、数学教师教育者专业培训的设计和数学教师专业发展项目的规划有一定启示，后续可以在数学教师教育者的专业知识、数学教师教育者的专业发展和数学教师教育者的工作实践等方面进一步开展研究。

著者

2023 年 2 月

目录

第1章 绪论 / 1
1.1 研究背景 / 1
1.1.1 教师教育者的专业发展需要关注 / 1
1.1.2 数学教师教育者的研究值得重视 / 3
1.1.3 数学教师教育者的知识有待探索 / 4
1.2 研究问题 / 7
1.3 研究意义 / 11
1.3.1 理论意义 / 11
1.3.2 实践意义 / 11

第2章 文献述评 / 13
2.1 数学教师教育者需要的专业知识 / 13
2.1.1 数学教师教育者的专业知识整体研究 / 14
2.1.2 数学教师教育者的专业知识分项研究 / 23
2.2 数学教师教育者具备的专业知识 / 29
2.2.1 作为数学家的数学教师教育者所具备的专业知识 / 29
2.2.2 中学数学教研员所具备的专业知识 / 29
2.3 数学教师教育者反映的专业知识 / 29
2.3.1 数学教师教育者在大学教师教育课程中所反映的专业知识 / 29
2.3.2 数学教师教育者在教师专业发展项目中所反映的专业知识 / 30
2.4 文献述评总结 / 31

第3章 研究方法 / 34
3.1 研究设计 / 34
3.1.1 文献分析与框架确立 / 34
3.1.2 问卷调查与深度访谈 / 35

3.1.3 现场观察与案例分析 / 36
3.2 研究对象 / 37
　3.2.1 专家论证对象 / 37
　3.2.2 问卷调查对象 / 38
　3.2.3 深度访谈对象 / 38
　3.2.4 案例研究对象 / 39
3.3 研究工具 / 40
　3.3.1 论证手册 / 40
　3.3.2 调查问卷 / 40
　3.3.3 访谈提纲 / 42
　3.3.4 观察方案 / 42
3.4 数据收集 / 43
　3.4.1 专家论证 / 43
　3.4.2 问卷调查 / 44
　3.4.3 深度访谈 / 44
　3.4.4 现场观察 / 45
3.5 数据分析 / 47
　3.5.1 专家论证 / 47
　3.5.2 问卷与访谈 / 48
　3.5.3 现场观察 / 49

第4章 面向教师教育的数学知识框架 / 51

4.1 文献分析 / 51
　4.1.1 已有框架选取 / 51
　4.1.2 相关成分析取 / 52
　4.1.3 相关类别编码 / 53
4.2 框架构建 / 56
　4.2.1 相关类别合并 / 56
　4.2.2 相应成分生成 / 59
　4.2.3 初步框架构建 / 60
4.3 框架论证 / 62
　4.3.1 专家论证结果 / 62
　4.3.2 最终框架形成 / 63
　4.3.3 框架相关说明 / 65

第5章 高中数学教研员具备的面向教师教育的数学知识 / 68

5.1 学科内容知识 / 68
5.1.1 一般内容知识 / 68
5.1.2 专门内容知识 / 73
5.1.3 关联内容知识 / 80

5.2 教学内容知识 / 87
5.2.1 内容与学生知识 / 87
5.2.2 内容与教学知识 / 94
5.2.3 内容与课程知识 / 102

5.3 高观点下的数学知识 / 106
5.3.1 学科高等知识 / 106
5.3.2 学科结构知识 / 114
5.3.3 学科应用知识 / 122

5.4 数学哲学知识 / 125
5.4.1 本体论知识 / 125
5.4.2 认识论知识 / 133
5.4.3 方法论知识 / 142

5.5 总体分析 / 148
5.5.1 学科内容知识 / 149
5.5.2 教学内容知识 / 150
5.5.3 高观点下的数学知识 / 151
5.5.4 数学哲学知识 / 153

第6章 数学教研活动中反映的面向教师教育的数学知识 / 155

6.1 案例1 / 155
6.1.1 第一轮观察:平均值不等式 / 155
6.1.2 第二轮观察:对数的概念 / 160
6.1.3 案例1总体分析 / 165

6.2 案例2 / 170
6.2.1 第一轮观察:幂函数的概念 / 170
6.2.2 第二轮观察:函数的基本性质 / 176
6.2.3 案例2总体分析 / 180

6.3 案例3 / 186
6.3.1 第一轮观察:幂函数的概念 / 186

  6.3.2 第二轮观察：出租车运价问题 / 191
  6.3.3 案例 3 总体分析 / 196
 6.4 案例 4 / 201
  6.4.1 第一轮观察：反函数的概念 / 201
  6.4.2 第二轮观察：反函数的图像 / 206
  6.4.3 案例 4 总体分析 / 211
 6.5 跨案例分析 / 216
  6.5.1 学科内容知识 / 217
  6.5.2 教学内容知识 / 218
  6.5.3 高观点下的数学知识 / 219
  6.5.4 数学哲学知识 / 220
  6.5.5 案例总体分析 / 220

第 7 章 研究结论及启示 / 222

 7.1 研究结论 / 222
  7.1.1 面向教师教育的数学知识框架 / 222
  7.1.2 高中数学教研员具备的面向教师教育的数学知识 / 223
  7.1.3 高中数学教研活动反映的面向教师教育的数学知识 / 225
 7.2 研究启示 / 228
  7.2.1 教师教育者的专业标准制定需要关注学科性 / 228
  7.2.2 数学教师教育者的专业培训需要提升针对性 / 228
  7.2.3 数学教师专业发展项目规划需要增加多元性 / 229
 7.3 研究展望 / 230
  7.3.1 拓展数学教师教育者的专业知识框架 / 230
  7.3.2 推广数学教师教育者的专业知识调查 / 230
  7.3.3 延伸数学教师教育者的专业知识观察 / 231

参考文献 / 232

附录 / 241

 附录 1 论证手册 / 241
 附录 2 调查问卷 / 244
 附录 3 访谈提纲 / 249
 附录 4 观察方案 / 251

后记 / 252

第 1 章 绪论

1.1 研究背景

本节主要解决三个问题,即为何关注教师教育者?为何关注数学教师教育者?为何关注数学教师教育者的专业知识?从而为提出研究问题做准备。

1.1.1 教师教育者的专业发展需要关注

教师教育是教育事业的工作母机,是提升教育质量的动力源泉。众所周知,要提升教师的质量,改善教师教育的效果,教师教育者的作用无疑是至关重要的[1]。

教师教育者即教师的教师。教师教育者包括在大学的教师教育机构中负责职前教师培养或在职教师培训的教师、在各地区教师培训机构中为在职教师提供继续教育的教师和在中小学为职前教师实习或在职教师教学提供指导的教师等[2]。

教师教育者的角色具有多元性。有研究表明,在具体实践过程中,教师教育者承担了教师培训者、研究者、专业发展促进者、课程开发者、教师资格审核者、各部门合作的协调者的工作[3]。

教师作为一种专业人员的观点已被广泛接纳,教师的专业发展问题也引起了教师教育研究者的广泛兴趣。与此同时,较多教师教育研究者在其论述中忽略了教师教育者在其专业发展中面临的问题[4]。实际上,教师教育者的专业发展面临诸多困境[5-6]。一方面,在教育制度与政策中,教师教育者相关的组织架构和标准制定还不完善;另一方面,在教师教育研究领域中,对教师教育者的研究还处于起步阶段[7]。

近年来,教师教育者相关标准的制定逐渐成为各国政策制定者和教育领域专家重点关注的议题。1992 年,美国教师教育者协会(The Association of Teacher Educators, ATE)开始制定有关教师教育者的专业标准;1996 年,美国教师教育者协会通过了第一版《教师教育者标准》;2003 年,美国教师教育者协会成立了新的工作委员会并修订了第一版的《教师教育者标准》;经过两次修订之后,2008 年,第二版《教师教育者标准》公布,其中补充了明确的评价程序和细则。此后,有学者还编写了专门书籍,详细介绍和深入分析了这一标准[8]。

与此同时,荷兰在教师教育者专业标准制定中也走在了前列。1999 年,首版《教师教育者专业标准》由荷兰教师教育者协会发布,此后,根据实施过程中出现的问题和教师教育领域的发展,该协会多次补充和修改了专业标准,至今已出台了 2003 年版、2012 年版等多个版本[9]。

在我国,教师教育受到了越来越多的重视,近年来中共中央、国务院和教育部连续发布了多个相关文件。2011 年,教育部发布了《教师教育课程标准(试行)》;2012 年,教育部发布了《中学教师专业标准(试行)》等文件;2013 年,教育部公布了《中小学教师资格考试暂行办法》等文件;2018 年,中共中央、国务院发布了《关于全面深化新时代教师队伍建设改革的意见》,教育部发布《教师教育振兴行动计划(2018—2022 年)》等文件。但是,与西方国家相比,我国目前尚未对教师教育者的专业标准进行说明。

国际上有关教师教育者的研究开始较晚。从 20 世纪 80 年代开始,研究者开始意识到有关教师教育者的研究较为缺乏,有研究者提到作为教师的教师,他们是什么样的人?他们做什么?他们怎么思考?这些问题通常在教师教育的研究中被忽视[10]。

到了 20 世纪 90 年代,《教师教育者的生活》一书出版,开展教师教育者的研究开始成为研究者的目标[11]。在此之后,更多有关教师教育者及其工作的研究开始涌现,越来越多的研究者认识到教师教育者作为一个专业人员需要达到一定的专业标准。1992 年,在以"拿起镜子:教师教育者对自身教学进行反省"为主题的会议中呼吁研究者关注有关教师教育者的研究。1993 年,教师教育实践自我研究(Self-Study of Teacher Education Practices,简称 S-STEP)特殊兴趣小组成立,这一特殊兴趣小组的组建,促进了教师教育者研究的蓬勃发展[12]。1997 年,文集《学习与培训:基于语言教师教育者发展的视角》出版,掀起了第一次教师教育者的研究热潮。

进入21世纪以后,有关教师教育者及其工作的研究进入新的发展阶段。2004年,教师教育实践自我研究特殊兴趣小组出版了《教学与教师教育实践自我研究国际手册》,其中汇集了众多有关教师教育者及其专业发展的相关研究,人们对于教师教育者的所行所思首次有了广泛深入的了解[13]。2005年,数篇关于教师教育者专业发展的文章刊登在《教学与教师教育》杂志中,掀起了第二次研究热潮。2010年,《教育中的专业发展》杂志发表了多篇关于教师教育者专业发展的文章,掀起了第三次研究热潮[14]。

目前,在我国,有关教师教育者的研究还是一个未被广泛关注的领域。2001年,我国教师教育研究领域才正式提出"教师教育者"这一名词[15];进入2010年之后,我国的教师教育者相关研究开始增多,但是仍然以介绍国外经验为主[16];目前,我国对于教师教育者的研究主要为教师教育者身份认同、教师教育者知识结构和教师教育者专业发展的研究,但是相关的研究还有很多不足[17]。

1.1.2 数学教师教育者的研究值得重视

数学教师在学生学习数学的过程中起着核心的作用,数学教师的所知、所思和所行,既是他们个人教学经验和社会化的产物,也受到了教师教育的影响,而数学教师教育者在数学教师教育的过程中发挥着重要的作用[18]。

数学教师教育者即为致力于促进职前和在职数学教师专业发展的教师。在我国,数学教师教育者队伍的组成相对复杂,其中包括参与数学职前教师培养或在职教师培训的大学教师,以及组织各类在职教师培训的各级数学教研员及指导职前和在职教师的中小学数学教师等[19]。

总体而言,数学教师教育者的职责具有多样性,可归纳为数学教师专业发展的指导者、数学教师教育课程的设计者、数学教师教育的研究者、自身专业发展的实现者。

尽管数学教师教育者有着重要的作用和多样的职责,但是直到近年来,广大数学教师教育者仍然很少接受正式的培训,大部分数学教师教育者在实践中实现其专业发展,几乎没有制度和专业的支持[20]。

直到20世纪末,各国开始重视数学教师教育者的专业发展问题。1991年,美国组建了数学教师教育者协会(Association of Mathematics Teacher Educators,AMTE),其主要目的是为数学教师教育者提供一个全国性的论坛,从而讨论共同关注的专业问题,分享教师教育的有效途径。同时,数学教师教育者的正式培训项目开始出现,如奥地利的教育学和学科教学法项目[21],以色列的 MANOR 项目[22],巴基斯坦的特殊数学教育项目及美国的小学数学专家和教师领导者项目[23]。由于直到近年来,数学教师教育者的专业发展才引起国际社会的关注,因此,对于如何促进数学教师教育者的专业发展及数学教师教育者如何有效地引导和帮助教师学习,人们仍然所知甚少[24]。

近30年来,数学教师教育逐渐成为国际数学教育研究的热点领域之一,相关研究具有重要的现实意义。但是,直到20世纪末,数学教育研究者才开始关注有关数学教师教育者的研究。早期的数学教师教育者研究主要通过数学教师教育者的自我报告与反思来研究作为一名数学教师教育者所应该具备的条件[25]。除此以外,还有一些学者介绍他们为数学教师的专业发展而开设的专业课程[26],有研究者描述了数学教师教育工作者如何通过自身的实践来实现个人成长[27]。

2007年,《数学教师教育杂志》设立了有关数学教师教育者课堂任务开发的研究专辑[28],其后数学教师教育者的研究开始进入更多研究者的视野。2008年,《数学教师教育国际研究手册》出版,其中第4册即为《作为发展中专业的数学教师教育者》,这本书的出版标志着数学教师教育者作为一个数学教育研究领域正式形成[29]。2009年,国际数学教育委员会出版了第15本系列研究专著《数学教师的专业教育和发展》,书中的一个专题即为数学教育工作者的行动与知识。

21世纪进入第二个十年之后,数学教师教育者的研究吸引了更多研究者的研究兴趣。2014年,在第12届国际数学教育大会中开设了有关数学教师教育者的讨论小组[30],在第38届国际数学教育心理学大会中开设了有关数学教师教育者研究的工作会议[31]。2018年,在《数学教师教育杂志》和《数学教师教育和发展》中开设了有关数学教师教育者的研究专辑[32]。2020年,第2版《数学教师教育国际研究手册》出版,其中第4册为第2版《作为发展中专业的数学教师教育者》[33],与第一版相比,书中汇集了更多数学教育研究者的相关研究。2021年,在第14届国际数学教育大会中同样将数学教师教育者的知识和实践作为专题研究小组的主题之一。

以上可以看到,国际上关于数学教师教育者的研究方兴未艾,已经吸引了较多数学教育研究者的兴趣,并且初步形成了一些研究方向。而在国内,有关数学教师教育者的研究还是凤毛麟角,因此有着较大的发展空间。

1.1.3 数学教师教育者的知识有待探索

数学教师教育者所需要的专业知识是促进数学教师教育者专业发展的起点与终点,这方面的研究尤其值得关注[34]。

虽然有关数学教师教育者知识的研究并不多,研究者达成的基本结论为数学教师教育者的知识与数学教师的知识之间有着质的不同。研究者认为数学教师教育者有着专门的知识和经验,这些知识在他们辅导职前和在职教师的过程中尤为关键[35]。因此,尽管难以给出数学教师教育者知识的精确刻画,但是研究者已经指出了它的存在性及发展的需要。

数学教师教育者的专业知识与数学教师的专业知识有较多差别,其中一个重要的差别即需要面向不同的对象。数学教师的专业知识面向的是教学,而数学教师教育者的专业知识主要面向的是教师教育。数学教师教育者的主要任务是给数学教师创造机会,从而发展他们有关数学及数学教学的知识[36]。同时,数学教师教育者的知识被期望是全面、丰富和深入的,并且能够将理论与实践相结合[37]。

尽管研究者已经认识到数学教师教育者知识的特征,但是建立数学教师教育者专业知识的框架仍然是一项困难的工作。已有的数学教师教育者专业知识框架主要建立在数学教师的专业知识框架的基础上[38]。

在数学教师的专业知识研究中,影响力较大的为"面向教学的数学知识"(Mathematics Knowledge for Teaching,简称 MKT)理论[39],经过多年的发展和完善,该理论在教师教育研究领域得到了广泛的应用。

在"面向教学的数学知识"理论的基础上,美国数学教育研究者佐夫(Zopf)开展了有关的数学教师教育者的专业知识研究,并于 2010 年正式提出了"面向教师教育的数学知识(MKTT)"理论[40]。

面向教师教育的数学知识为开展数学教师教育工作所需要的数学知识。面向教师教育的数学知识是一种教师教育形态的数学知识,其与面向教学的数学知识既有联系,也有区别。

首先,面向教师教育的数学知识以面向教学的数学知识为基础,其中包含了面向教学的数学知识。佐夫将数学教师教育者的工作定位为将数学教师原有的数学学科知识转化为面向教学的数学知识(图 1-1),从而联系了面向教师教育的数学知识与面向教学的数学知识。

图 1-1 数学教师教育者与面向教学的数学知识

根据教师教育中的教学三角形(图 1-2),数学教师教育者需要面临教师之间、教师的教学之间和教师的教学内容之间的交互作用,因此数学教师教育者需要面对三类相应的不同工作,分别为与学习者相关的工作、与数学教学相关的工作和与数学内容相关的工作。与学习者相关的工作包括了解学习者的能力、需要、兴趣和行为等,与数学教学相关的工作包括了解学习目标、教学行为和课堂结构等,与数学内容相关的工作包括掌握数学学科内容知识等。这些工作都与面向教学的数学知识密切相关[41]。

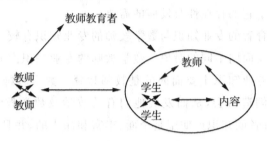

图 1-2　教师教育中的教学三角形

其次,正如面向教学的数学知识中包含数学学科知识之外的数学知识,面向教师教育的数学知识中同样包含面向教学的数学知识之外的数学知识。佐夫提出数学教师教育者的工作与数学教师的工作有以下三方面的差异。第一,数学教师教育者的教育对象是数学教师,数学教师已经学习了多年的数学知识;而数学教师的教育对象则是学生,学生的数学知识基础还比较薄弱。第二,数学教师教育者的教授内容是"面向教学的数学知识",而数学教师的教授内容则是数学。第三,数学教师教育者的目标是让数学教师掌握"面向教学的数学知识",从而更好地完成数学教学,而数学教师的目标则是提升学生的数学能力,为其升学或未来的发展服务。经过对数学教师教育者工作的分析,佐夫提出面向教师教育的数学知识中包括面向教学的数学知识及关于数学学科的知识,其中关于数学学科的知识即有关数学结构、数学推理及数学运作方式的知识,这类知识超越了面向教学的数学知识范围,但是在数学教师教育中发挥着独特的作用。

综上所述,如图 1-3 所示,数学学科知识是学生在数学学习过程中需要的数学知识,面向教学的数学知识是教师开展数学教学工作所需要的数学知识,面向教师教育的数学知识是数学教师教育者开展数学教师教育工作所需要的数学知识。正如面向教学的数学知识是数学学科知识的发展与延伸,面向教育的数学知识是面向教学的数学知识的发展与延伸,该理论为研究一般数学教师教育者所需要的数学知识提供了借鉴。

目前,国内针对数学教师教育者的研究中,一些研究构建了数学教研员的专业知识成分,如有研究者将教师发展指导者的知识分为数学知识、教学知识和行动知能[42],构建了中学数学教研员专业知识和能力的 PKC 模型[43]。但是,一方面,这些研究并未涉及一般的数学教师教育者,如培养职前数学教师的师范院校学科教学论方向的教师、主持中小学各类数学名师工作室的专家型教师等;另一方面,这些研究中虽然提到数学教师教育者需要具备一定的数学知识,但是对其还缺乏精细的刻画。

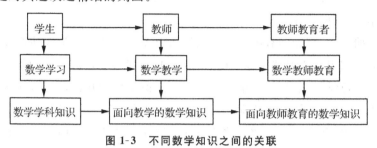

图 1-3 不同数学知识之间的关联

1.2 研究问题

由以上可知,需要关注教师教育者的专业发展,进一步开展数学教师教育者的相关研究。因此,本研究主要关注的研究领域为数学教师教育者研究。

在本研究中,将数学教师教育者界定为致力于促进职前和在职数学教师专业发展的教师,其中包括负责数学教师教育工作的大学教师、数学教研员及中小学数学教师等。

在数学教师教育者的专业知识方面,尽管佐夫等人提出了面向教师教育的数学知识,为精细刻画一般数学教师教育者的数学知识提供了可能,但是,其研究仍有一定的局限性。

首先,佐夫提出的面向教师教育的数学知识框架过于依赖面向教学的数学知识,因此,在研究过程中,佐夫也发现已有框架在某些数据的解释中存在一定的偏离现象,即无法全面地描述数学教师教育者的数学知识。

其次,佐夫的研究发现面向教师教育的数学知识中存在异于面向教学的数学知识的独特数学知识,即关于数学学科的知识,但是没有进一步划分这类独特数学知识的子类别。

再次,佐夫在构建面向教师教育的数学知识框架的过程中选择了 2 位数学教师教育者的 4 个案例作为研究对象,且都是小学数学的主题,因此在数学教师教育者及数学主题的选择方面缺乏多样性。

最后,佐夫主要采用了质性研究方法构建面向教师教育的数学知识框架,但是没有进一步基于这一框架调查数学教师教育者具备的面向教师教育的数学知识及在教师教育活动中反映的面向教师教育的数学知识。

基于以上原因,本研究在已有研究的基础上进一步开展有关"面向教师教育的数学知识"的研究。

在本研究中,将面向教师教育的数学知识界定为开展数学教师教育工作所需要的数学知识。需要注意以下两点:① 面向教师教育的数学知识是一种教师教育形态的数学知识,虽然其中涉及了学生知识与教学知识,但是,其本质仍是数学知识。② 已有研究已经验证了面向教师教育的数学知识存在异于面向教学的数学知识,此类知识在数学教师教育中发挥着独特的作用,因此,面向教师教育的数学知识是面向教学的数学知识的延伸与发展。

同时,本研究选择高中数学教研员作为研究对象,主要有以下几方面的考量。

首先,高中育人方式面临改革。2017 年,中共中央办公厅、国务院发布了《关于深化教育体制机制改革的意见》,推进普通高中育人改革。2019 年,以此为主题,国务院发布了《关于新时代推进普通高中育人方式改革的指导意见》,其中提到推进普通高中育人方式改革的一个关键之处在于加强教师队伍建设,而高中教师教育者在高中教师队伍建设中承担着重要的作用。

其次,高中数学课程实施面临挑战。2014 年,教育部发布了《关于全面深化课程改革 落实立德树人根本任务的意见》,其中提出了发展核心素养体系。在此背景下,2017 年,新版的《普通高中数学课程标准》发布,课程标准中提出了数学核心素养的概念[44],而学生核心素养的形成与发展,需要教师的启发和引导,数学教师对于数学核心素养的理解与教学,需要数学教师教育者的指导与支持。与此同时,从 2020 年 9 月开始,全国开始全面实施高中数学新教材,对于新教材的使用,数学教师面临新的挑战,因此,高中数学教师教育者承担了新教材培训的重要任务。

最后,数学教研员的队伍建设面临完善。21 世纪以来,中国在基础教育中的成就在国际上受到了广泛认可,国内外教育界普遍认为中国的教研制度在其中发挥了重要的作用[45]。2019 年,《教育部关于加强和改进新时代基础教育教研工作的意见》发布,文件中提到目前教研工作中还存在教研队伍不健全等问题,因此需要加强教研队伍建设。

因此,本研究选取高中数学教研员作为研究对象,是研究的需要,同时也是时代的需求。

在本研究中,将数学教研员界定为在省、市、区等各级教研系统中工作,通过有计划的、形式多样的教研活动,为数学教师专业发展提供有效支持的数学教师教育者。

综上所述,本研究主要关注数学教师教育者研究领域,围绕面向教师教育的数学知识这一研究主题,将高中数学教研员作为研究对象。

如图1-4所示,本研究从数学教师教育者需要的数学知识(期望知识)、数学教师教育者具备的数学知识(潜在知识)和数学教师教育者反映的数学知识(实施知识)三个方面出发,形成以下三个研究问题。

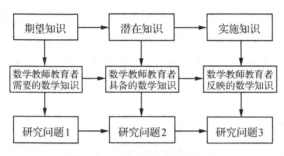

图1-4 研究问题之间的关联

① 构成面向教师教育的数学知识的要素有哪些?

该研究问题主要回答的是"数学教师教育者需要哪些数学知识?"的问题,即研究数学教师教育者的期望知识。这一研究问题也是回答之后研究问题的基础。因此,本研究希望在已有研究的基础上建构面向教师教育的数学知识框架。

对数学教师教育者的数学知识开展研究首先需要知道数学教师教育者需要哪些数学知识。对这一研究问题的回答有助于了解数学教师教育者的数学知识结构,从而为数学教师教育者的专业发展提供目标,同时,也为相关的数学教师教育者专业标准研制提供依据。

尽管佐夫提出了面向教师教育的数学知识这一概念,但是已有研究仍有一定的局限性,需要进一步完善。本研究将结合国内外已有的数学教师教育者知识结构,选取不同类型的数学教师教育者开展专家论证,厘清不同子类别的含义与特征,增加框架的适用性与合理性,从而建构更加完善的面向教师教育的数学知识框架。

② 高中数学教研员具备哪些面向教师教育的数学知识?

该研究问题主要回答的是"数学教师教育者具备哪些数学知识?"的问题,即研究数学教师教育者的潜在知识。这一研究问题建立在第一个研究问题的基础之上,在建构了面向教师教育的数学知识框架之后,本研究希望进一步调查高中数学教研员具备的面向教师教育的数学知识,包括其在面向教师教育的数学知识的不同方面有哪些具体理解及欠缺之处。

面向教师教育的数学知识框架的建立明晰了数学教师教育者需要哪些数学知识，而数学教师教育者具备的数学知识往往与其需要的数学知识有一定差距。对这一研究问题的回答有助于进一步了解高中数学教研员的数学知识现状，从而为高中数学教研员的专业发展提供参照，同时，也为相关的数学教师教育者培训项目开展提供方向。

尽管有较多的研究调查了数学教师的面向教学的数学知识，但针对数学教师教育者的面向教师教育的数学知识的调查则相对较少，专门针对高中数学教研员的数学知识的调查则更少。本研究将选取高中数学中的典型知识，编制面向教师教育的数学知识调查问卷和访谈提纲，从而为调查面向教师教育的数学知识提供研究工具，并借此调查高中数学教研员具备的面向教师教育的数学知识。

③ 在数学教研活动中，高中数学教研员反映出哪些面向教师教育的数学知识？

该研究问题主要回答的是"数学教师教育者反映出哪些数学知识？"的问题，即研究数学教师教育者的实施知识。这一研究问题建立在第二个研究问题的基础之上。在调查了高中数学教研员具备的面向教师教育的数学知识之后，本研究希望进一步探索高中数学教研员在数学教研活动中反映的面向教师教育的数学知识，包括其在数学教研活动中体现的面向教师教育的数学知识主要有哪些内容和特点。

高中数学教研员在教研活动中反映的面向教师教育的数学知识属于其具备的面向教师教育的数学知识的一部分，在教研活动中反映的面向教师教育的数学知识直接体现了高中数学教研员在数学教研活动中对数学教师的影响。对这一研究问题的回答有助于进一步了解高中数学教研员的数学知识在其专业实践中的体现情况，从而为高中数学教研员的专业实践提供指引，同时，也为数学教师专业发展项目的开展提供启示。

已有研究主要探索了数学教师教育者在教师教育课程中反映的面向教师教育的数学知识。在中国，数学教研活动是促进数学教师专业发展的关键事件，也是数学教研员执行教师教育任务的主要阵地，但是对高中数学教研员在其数学教研活动中反映了哪些面向教师教育的数学知识还研究较少。本研究选取典型的高中数学教研活动，设计相应的观察方案，从而为观察教研活动中的面向教师教育的数学知识提供研究工具，并进一步探索教研活动中反映的面向教师教育的数学知识。

1.3 研究意义

基于以上研究背景与研究问题，本节从理论意义与实践意义两个方面阐述本研究的研究意义。

1.3.1 理论意义

在国外，有关教师教育者的研究已经进入新的发展阶段。在国内，教师教育者的研究也开始起步，但是目前国外有关教师教育者的研究还是主要以自我研究为主，缺乏多样的视角。本研究采用调查问卷和现场观察的方式，为教师教育者的研究提供不同的视角，可以与相关的自我研究相互印证。

在数学教师教育者的研究方面，国外的相关研究刚刚起步，虽然相关的研究吸引了很多研究者的兴趣，但是现有的研究主要以理论探讨为主，缺乏相关的实证研究。本研究采用实证研究的方式，为相关的数学教师教育者理论提供实证支持。

具体地，在数学教师教育者专业知识的研究方面，尽管已有研究者认识到了数学教师教育者与数学教师的专业知识之间的差异，同时构建了相关的理论框架，但是仍不完善。本研究基于已有文献，通过专家论证的方式得到相对完善的面向教师教育的数学知识框架，并提供了相应的调查问卷、访谈提纲和观察方案，为后续的研究提供了理论基础与研究工具。

1.3.2 实践意义

在教师教育的过程中，教师教育者发挥了重要的作用，但是教师教育者仍然缺乏专业认同和制度保障。本研究通过建立面向教师教育的数学知识框架，了解教师教育者需要的专业知识，从而为制定教师教育者的专业标准提供借鉴，也为教师教育者相关制度的制定提供参考。

同时，数学教师教育者虽然在教师教育实践中有着重要的作用和多样的职责，但是目前还几乎没有专门针对数学教师教育者的专业培训，大部分数学教师教育者只能在实践中摸索。本研究通过调查数学教研员所具备的面向教师教育的数学知识，了解数学教研员目前具有和欠缺哪些专业知识，从而为数学教师教育者的专业发展与相关培训活动的设置提供参考。

数学教师专业发展项目是数学教师专业发展的重要阵地，数学教师教育者作为数学教师专业发展项目的设计者与参与者，对于数学教师的专业发展起着重要影响，但是，对于数学教师教育者如何更加有效地开展数学教师专业发展项目，仍然缺乏一定的支持。本研究通过观察数学教研员在数学教研活动中反映的面向教师教育的数学知识，了解数学教师教育者运用其专业知识在数学教师专业发展项目中为数学教师提供指导的情况，从而有助于数学教师教育者开展数学教师专业发展项目，并在其中为数学教师提供专业发展的指导提供启发。

第2章 文献述评

近年来,数学教师教育者的研究逐渐得到了更多研究者的关注。根据已有的研究,以数学教师教育者为核心,可以将数学教师教育者的相关研究分为三大主题,分别为数学教师教育者的专业知识、数学教师教育者的专业发展和数学教师教育者的工作实践。

本研究的关注焦点是数学教师教育者的专业知识,根据本研究的三个研究问题,可以进一步将数学教师教育者的专业知识的研究主题分为数学教师教育者需要的专业知识、数学教师教育者具备的专业知识和数学教师教育者反映的专业知识。

2.1 数学教师教育者需要的专业知识

通常认为,数学教师需要具有比学生更丰富的知识,从而帮助学生学习数学。类似地,作为数学教师的教师,数学教师教育者也通常被认为需要具有比数学教师更丰富的知识,从而帮助教师实现专业发展。

通过和数学教师知识的比较,贾沃斯基(Jaworski)认为可以用一个韦恩图来表示数学教师教育者与数学教师之间的知识关系[29](图2-1)。

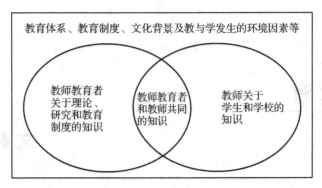

图 2-1 数学教师教育者与数学教师的知识关系

从图 2-1 中可以看出,贾沃斯基认为数学教师教育者的知识由两部分构成。一部分知识与数学教师相同,其中包括数学知识、和数学有关的教学知识、将数学内容转化为课堂中的学习活动的数学教法知识、教师所工作的教学系统(包括课堂、评价、社会体系和教育所处的文化背景)等。除此之外,数学教师教育者需要一些独特的知识,其中包括对于数学教学有关的研究文献的了解、有关教学理论的知识、有关学校和教育系统中数学教学研究的方法论知识等。同时,数学教师教育者往往在有关学生或学校的知识方面掌握得没有数学教师出色。

基于以上认识,数学教育研究者在建构数学教师教育者的知识框架时,往往会受到已有的数学教师的知识框架的影响。具体而言,数学教育研究者在建构数学教师教育者的知识框架时,通常会改编某一具体的数学教师的知识框架,也有研究者会综合参照一系列的数学教师的知识框架。总而言之,数学教师教育者的知识框架与数学教师的知识框架有着密切的联系[32]。

基于不同的数学教师的知识框架,数学教育研究者构建了不同的数学教师教育者的知识框架。有些知识框架从整体上刻画了数学教师教育者的专业知识,有些知识框架则专门针对数学教师教育者的某部分专业知识构建,如数学知识和教学内容知识。

2.1.1 数学教师教育者的专业知识整体研究

(1)数学教师教育者的教学三角形

基于贾沃斯基的教学三角形,扎斯拉夫斯基(Zaslavsky)等人提出了数学教师教育者的教学三角形这一概念,从而初步刻画了数学教师教育者的知识[27]。贾沃斯基认为数学课堂中的教学为学生提供了数学学习的机会,其中包含以下元素:提供一个有支持性的学习环境、采用促进学习的流程与策略和提出合适的数学挑战。基于以上元素,贾沃斯基提出了教学三角形的概念(图 2-2)。

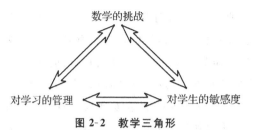

图 2-2　教学三角形

教学三角形包含了 3 个领域：对学习的管理、对学生的敏感度和数学的挑战。在实践过程中，这 3 个领域往往存在着互相之间的联系。其中，对学习的管理包括课堂组织和课程安排，对学生的敏感度包括发展学生的知识和个性及相应的发展方法，数学的挑战包括激发学生的数学思维和数学探索，并且促进学生参与数学思考。贾沃斯基提出以上教学三角形为理解数学教学实践提供了强有力的工具。

在此基础上，扎斯拉夫斯基等人借用了以上教学三角形的概念来描述数学教师教育者，从而提出了数学教师教育者的教学三角形的概念[27]（图 2-3）。其中包含了对数学教师的内容挑战、对数学教师学习的管理和对数学教师的敏感度三个领域，其中原先的数学教师的教学三角形成为了数学教师的内容挑战的一部分。这三个领域也形成了一个描述数学教师教育者知识的框架。

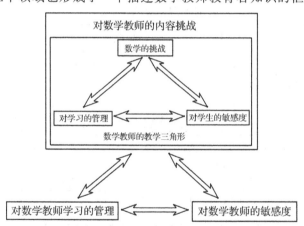

图 2-3　数学教师教育者的教学三角形

其后，扎斯拉夫斯基利用数学教师教育者的教学三角形，进一步阐述了数学教师教育者的知识基础[46]（图 2-4）。

首先，数学教师教育者需要有坚实的数学知识，其程度远远超过了学校中的数学知识，表明了他们做数学和参与有挑战的数学

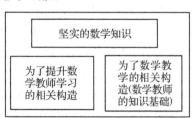

图 2-4　数学教师教育者的知识基础

活动的倾向。此外,他们表现出对数学结构及不同领域内部和之间联系的认识。除了展现出坚实的数学知识,数学教师教育者知道学校中数学教学的相关构造和策略,并且知道提升数学教师学习的相关构造和策略。

在扎斯拉夫斯基等人提出的数学教师教育者的教学三角形的基础上,莱金(Leikin)等人研究了作为数学家的数学教师教育者所具备的专业知识,研究发现需要拓展原先的数学教师教育者的教学三角形[47],其中数学家提到了以下两个特殊的方面:

① 课程的数学方面:教师能够在他们的教学实践中使用,如数学内容和概念、特殊的问题解决策略、证明技术。

② 课程的元数学方面:可以纳入学校的数学中,如证明的必要性、定理和定义的意义、数学语言的严谨性、问题解决策略和算法之间的差别、对数学美的欣赏、数学史和数学抽象。

以上两个方面可以被认为是对数学教师的内容挑战中的对学生的数学挑战,或者是对教师的数学挑战,而对教师的数学挑战并不在扎斯拉夫斯基等人提出的数学教师教育者的教学三角形之中,因此需要拓展原先的数学教师教育者的教学三角形(图2-5)。

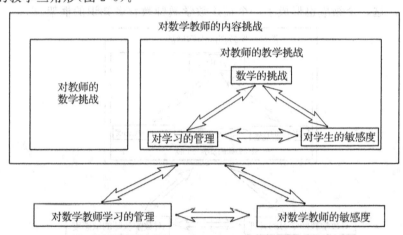

图 2-5 拓展的数学教师教育者的教学三角形

数学家还提到了以下两个方面的知识。

① 课程的心理方面:包括一些认知的因素,如知识获取的过程、困难,还有情感方面,如好奇心、兴趣、动机和挑战性学习。

② 课程的教学方面:包括教学技巧和课程组织。

课程的心理方面和教学方面分别对应了教学三角形中的对数学教师的敏感度和对数学教师学习的管理。

(2)数学教师教育者知识的三棱锥模型

基于数学教师知识的三棱锥模型,珀克斯(Perks)等人提出了数学教师教育者知识的三棱锥模型。

数学教师知识三棱锥模型(图2-6)将教师知识分为专业传统、学习者知识和实践智慧三个部分。其中专业传统为现有学校数学课程、实践和研究等相关知识,学习者知识为职前教师具有的知识,实践智慧为课堂教学相关的知识。教师的课堂教学受到这三个部分知识的影响[48]。

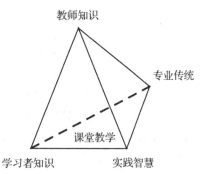

图 2-6 数学教师知识的三棱锥模型

类似地,在数学教师教育者知识的三棱锥模型(图2-7)中,数学教师教育者知识也分成了三个部分。其中专业传统变为现有的数学教师教育课程、教师教育实践和数学教学研究等相关知识,学习者知识变为数学教师具有的知识(数学教师的专业传统、学习者知识和实践智慧),实践智慧变成数学教师教育实践的相关知识。数学教师教育者的教师教育活动受到了三个部分知识的影响。

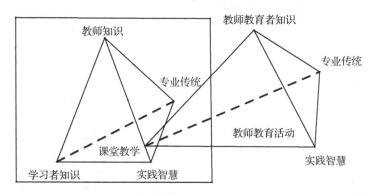

图 2-7 数学教师教育者知识的三棱锥模型

(3)数学教师教育者(研究者)的知识图谱

舒尔曼(Shulman)将教师的知识分成三个部分,分别为学科内容知识、教学内容知识和课程知识[49-50]。基于舒尔曼对教师知识的分类,肖沃特(Chauvot)绘制了数学教师教育者(研究者)的知识图谱[51](图2-8)。

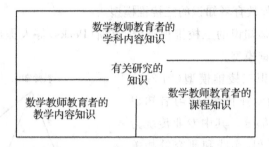

图 2-8　数学教师教育者（研究者）的知识图谱

其中同样将数学教师教育者（研究者）的知识分为学科内容知识、教学内容知识和课程知识，三部分知识之间的边界是明确的，但是并不封闭，有关研究的知识为这三部分知识的共同部分。

对于每一部分知识，肖沃特区分了数学教师教育者（研究者）所处的两类情境，一类为大学课程的教授，另一类为博士生的指导。针对不同的情境，数学教师教育者（研究者）表现出不同的知识。

有关学科内容知识，肖沃特认为数学教师教育者（研究者）在两种情境中包含的知识如图 2-9 所示。

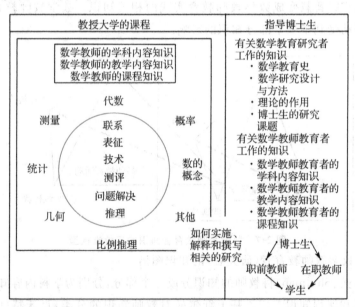

图 2-9　数学教师教育者（研究者）的学科内容知识

教授大学的课程相关的知识与具体的数学课题有关，指导博士生相关的知识则分成了两个部分，其中分别含有一些子类。图 2-9 中的右下角则描绘了数学教师教育者面对的三种层次的对象。

有关教学内容知识，肖沃特认为数学教师教育者（研究者）在两种情境中包含的知识如图 2-10 所示。

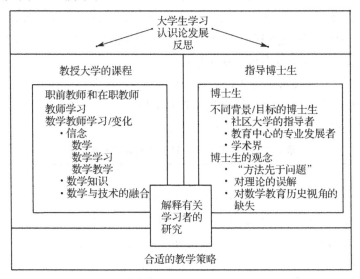

图 2-10　数学教师教育者(研究者)的教学内容知识

可以看到,在两种情境中都涉及了大学生学习、认识论发展和反思的知识。具体而言,在教授大学的课程的情境中,数学教师教育者(研究者)的教学内容知识涉及了教师学习和数学教师学习两个部分,其中数学教师学习中还包括了数学教师的信念、数学知识等方面。在指导博士生的情境中,数学教师教育者(研究者)需要了解不同背景和目标的博士生,同时,数学教师教育者(研究者)需要了解博士生一些常见的错误观念,如"方法先于问题"、对理论的误解等。

有关课程知识,肖沃特认为数学教师教育者(研究者)在两种情境中包含的知识如图 2-11 所示。

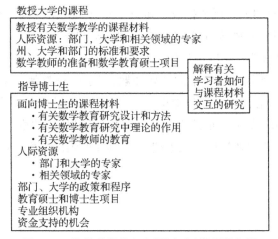

图 2-11　数学教师教育者(研究者)的课程知识

在教授大学的课程的情境中,主要具有的课程知识为教授有关数学教学的课程材料、人际资源、有关的标准和要求及有关的项目。而在指导博士生的情境中,需要的课程知识类别与教授大学的课程的情境中需要的课程知识类似,但是在具体内容方面更多地与博士生项目相关。

(4) 数学教师发展指导者的专业知识

顾泠沅和朱连云归纳出国内教师发展指导者6块教学指导内容,其各部分内容的界定标准和要素如表2-1所示[52]。

表 2-1 教师发展指导者指导内容的界定标准

指导内容	内容界定
学科一般知识	了解中小学一门学科的内容、方法和性质
教学理论知识	知道教学理论与策略的一般知识
学情分析	明白教学对象的学习基础、特征和差别
任务设计	基于课程标准设定教学目标、任务水平和具体方法
过程测评	据此检验目标达成度,随时修正教学过程
行为改进	教学设想与现实班级的对接

教师发展指导者有效教学指导的工作要素关系与流程如图2-12所示,有效的指导是纵横交错的,既注重横向,又注重纵向。

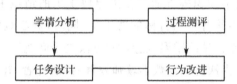

图 2-12 有效指导的工作要素关系与流程图

其后,顾非石和顾泠沅依据教师知识三分类的概括将数学教师指导者的专业知识进一步划分为数学知识、教学知识和行动知能[42]。

(5) 数学教师教育实践中使用的知识

基于数学教师教育研究中的重要课题、舒尔曼对教师知识的分类,即学科内容知识、教学内容知识和课程知识,艾尔巴兹(Elbaz)提出的教师的实践性知识[53]及鲍尔(Balo)等人提出的面向教学的数学知识,佐林格(Zollinger)构建了数学教师教育实践中使用的知识框架[54]。具体的维度与指标如表2-2所示。

表 2-2　数学教师教育实践中使用的知识

维度	指标	含义
大概念主题	反思性实践	教师教育研究者的实践主题
	教师学习	
	教师信念与态度	
	技术	
	教师实践	
	社会公正	
	儿童数学思维	
内容知识	学科内容知识	理解结构：基本概念、原则和关键事实的组织，理解理论和模型有效建立的过程，证明接受事实的能力，解释它们的重要性，并将它们与其他概念相联系，理解为什么一个主题是学科的中心
	教学内容知识	最有用的表征，最有力的类比、描述和例子，使主题易于理解，理解什么使学习主题容易或困难，了解学生的观念和迷思概念，重新组织学生理解的策略
	课程知识	教学科目和主题所设计项目的知识，对可用的教学材料的了解，决定何时使用和不使用特定材料进行教学的能力，横向和纵向的课程知识
面向教学的数学知识	一般内容知识	教学之外的情境中也使用的数学知识和技能
	专门内容知识	教学所特有的数学知识和技能（展现数学思想、改编任务、评价学生阐述）
	水平内容知识	数学课程中不同数学主题之间联系的数学知识
	内容与学生知识	对学生的了解和对数学的了解相结合的知识（预测学生可能会想什么的能力，预测什么是有趣的、激发学生的能力，倾听和解释学生思维的能力，预测学生在任务中表现的能力，有关学生的常见观念和迷思概念的知识）
	内容与教学知识	对教学的了解和对数学的了解相结合的知识（对教学内容进行排序，选择例子及何时使用它们，评估教学的优势和劣势，理解不同的教学方法和程序）
	内容与课程知识	关于课程标准、教科书及其他教学资源的知识（针对特定学科和课题设计的完整的教学方案，各种可用的教学材料，以及在使用特定课程或材料时具有的优点和不足）

续表

维度	指标	含义
实践性知识	实践性知识的内容	教师：个人价值观、信念、学生需求，其他； 周围环境：课堂，与他人的关系，学校的目标； 学科内容：内容中的观点，教学与学习技巧； 教学：教学行为，组织，结果评估； 课程：课程和材料的发展，学生的需求
	实践性知识的倾向	情景：教室，学校，与同事的关系； 个人：反映个人价值观，教学有意义； 社会：受社会条件的影响和约束； 经验：经验如何发展教师的知识； 理论：作为实践指导的理论，对工作的限制
	实践性知识的结构	实践规则：在特定的情境下做什么、怎么做，影响着教师在情境中的教学方法； 实践原则：比规则更宽泛的陈述，可能是理论观点、经验的结果； 形象：教师情感、价值观、需求和信念的结合，形成教学应该是什么样的形象

(6) 中学数学教研员的专业知识和能力框架

萨顿（Sutton）将教练（Coach）定义为教师的专业发展指导者，其职责为促进教师的教学实践和学科知识，从而最终提升学生的学业成就。相应地，数学教练（Mathematics Coach）即数学教师的专业发展指导者，其职责为通过基于研究的、基于改革的和基于标准的教学策略和包含了为何、是何与如何进行数学教学的数学学科知识，促进教师专业素养的提升[55]。

基于对数学教练的定义，萨顿将数学教练的知识领域分为 8 个部分，分别为教师学习、教师发展、教师实践、学生学习、评价、交流、关系和领导力。

章建跃等人基于鲍尔和萨顿等人的工作，构建了中学数学教研员的专业知识和能力框架[43]。其中包含的维度及其指标如表 2-3 所示。

表 2-3 中学数学教研员的专业知识和能力框架

维度	指标
学科和跨学科专业知识	有深厚的高等数学功底，以及理解高观点下的中学数学
	深刻理解中小学数学知识，把握内容的内在联系及发展规律
	很强的数学解题能力及编题能力
	丰富的交叉学科知识

续表

维度	指标
学生学习知识	了解学生学习具体数学概念的过程（学习轨迹）
	了解学生的常见概念错误，掌握一些有效纠正和避免这些错误的方法
	掌握有效的方法去鼓励学生发表他们的想法，能根据学情调整和改进教学
教学能力	能够理解教科书的编写意图，并在教学设计中体现知识的发生、发展过程
	掌握学生的认知基础，并根据教科书要求，有层次地设计问题
	掌握数学课堂教学技巧，有效实施教学
	较熟练地掌握信息技术教学手段
教学评价知识和能力	掌握评价学生的学业成绩和学习成就的手段和方法
	掌握帮助学生准备各类考试的技巧
	能设计、实施和分析种类不同的学生成绩评价工具
教学指导和教研能力	掌握评价课堂教学效果的各种方法，能给教师提出中肯的意见和有效的建议
	能有效组织数学教研活动
	能指导教师进行教科研和论文写作
	具有较强的沟通、协调及组织能力
培养骨干教师队伍，提供教育政策咨询	及时发现和培养优秀教师，有效组建教研活动的核心团队
	基于对学校和课堂的深入调研，及时向教育主管部门提供有效实施新课程和高效教学的建议
	有较强的收集、整理教学资料的能力，能撰写高水平考试分析报告等

因素分析显示，可以将6个维度分为两个主要部分：① 教、学、指导能力和领导力；② 学习内容、学生评价和信息技术运用方面的知识。

2.1.2 数学教师教育者的专业知识分项研究

（1）面向教师教育的数学知识

在"面向教学的数学知识"理论的基础上，佐夫提出了"面向教师教育的数学知识"理论[40]。

在面向教学的数学知识理论中，数学教师所需要的知识由六部分组成（图2-13）。

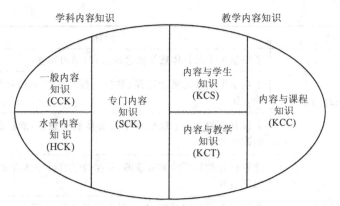

图 2-13 面向教学的数学知识

前 3 个成分称为学科内容知识,后 3 个成分称为教学内容知识。表 2-4 给出了面向教学的数学知识各成分的内涵及相应的例子。

表 2-4 面向教学的数学知识各成分的内涵与实例

成分		内涵	实例
学科内容知识	一般内容知识	教学之外的情境中也使用的数学知识和技能	知道三角形内角和等于 180°
	专门内容知识	教学所特有的数学知识和技能	知道为什么三角形内角和等于 180°
	水平内容知识	数学课程中不同数学主题之间联系的数学知识	知道三角形内角和定理与多边形内角和之间联系
教学内容知识	内容与学生知识	对学生的了解和对数学的了解相结合的知识	知道学生学习三角形内角和定理时可能会遇到的困难
	内容与教学知识	对教学的了解和对数学的了解相结合的知识	知道如何设计三角形内角和定理的教学更有效
	内容与课程知识	关于课程标准、教科书及其他教学资源的知识	知道三角形内角和定理在初中平面几何中的地位

佐夫将数学教师教育者的工作定位为把教师原有的数学知识转化为面向教学的数学知识,从而将数学教师教育者的工作与面向教学的数学知识相联系。通过对数学教师教育者的研究,佐夫抽取出数学教师教育者最重要的 3 项任务:解释与表征的选择、例子的选取和对数学任务实施的管理。解释与表征的选择,是指解析相应概念或操作的表征,从而选择恰当的表征来发展教师的知识;例子的选取,是指针对相应的数学教学目标选择合适的例子并安排这些例子的顺序,从而逐步揭示数学概念的内涵;对数学任务实施的管理,主要包括数学教师教育者如何创设合适的情境引发教师的活动,并评价教师的活动。

佐夫进一步分析完成各项任务所需要的数学知识,提出了面向教师教育的数学知识,其中包含两种成分。一是更精深的面向教学的数学知识;二是有关数学学科的知识,其中包括关于数学结构的知识,如定义、性质、定理和引理及它们在数学中的作用,关于描述、解释、判断和推理的知识及它们在数学中的作用。面向教学的数学知识为数学教师教育者和数学教师营造了数学环境,使得数学教师教育者可以回应教师的问题和参与数学交流。有关数学学科的知识则帮助数学教师教育者发展或使用数学概念的定义,从而创建相应的性质和定理,进而将性质与定义应用于随后的数学工作中。

在佐夫之后,金(Kim)也研究了面向教师教育的数学知识,其进一步将关于数学学科的知识分为三类,分别为数学事实与结构、数学认识和数学价值。数学事实包括数学中公认的事实,不随人的意志而转移;数学结构包含一系列数学对象,它们通过某种关系或规则彼此关联。数学认识是指对数学对象之间关系的认识,即掌握如数学家一样的思维方式,涉及数学方法论知识,包括对公理和定义的认识、对探索和证明的认识和审美感受。数学价值是指数学证明的价值[41]。

下面以三角形内角和定理为例来说明金的关于数学学科的知识的内涵,见表 2-5。

表 2-5　三角形内角和定理背后的关于数学学科的知识

类别	子类	实例
数学事实与结构	数学事实	在欧氏几何中,三角形内角和定理作为一个数学事实永远存在,不随人的意志而转移
	数学结构	几何学包含欧氏几何和非欧几何,三角形内角和定理在不同的数学结构中具有不同的形式
数学认识	对定义和公理的认识	意识到欧氏几何中三角形内角和定理成立的基础在于承认平行公理
	对探索和证明的认识	讲述三角形内角和定理的证明时,意识到其经过了猜想定理成立、寻找特殊的例子验证,再到证明这一过程
	审美感受	从等边三角形内角和等于 180°出发,猜想可将其推广到一般三角形内角和都等于 180°,包含着数学家对于数学美的感知
数学价值	牢固基础	三角形内角和定理在得到证明之后,就成为确定的定理在后续定理的证明中使用,从而形成数学的牢固基础
	坚实构造	通过三角形内角和定理的证明,可以强调其逻辑的严密性和完整性,从而为数学提供坚实的构造

(2) 教师教育中需要的数学知识

科克伦·史密斯(Cochran-Smith)等人提出了有关教师实践中的知识[56]。基于以上认识,休珀法恩(Superfine)等人研究了数学教师教育者在实践中的知识[57]。

经研究发现,数学教师教育者在三个方面的知识与 K-12 教师的知识有所区别。包括将学生错误与教学行动相联系、将算法与 K-6 的课程相联系和将研究与数学内容学习相联系。休珀法恩等人将这三个方面的知识统称为教师教育中需要的数学知识。

将学生错误与教学行动相联系是指数学教师教育者表现出有关学生错误的知识及确定这些错误可能原因的教学手段。他们使用这些知识来引出对于学生错误本质的探索,并且使得职前教师学会如何对学生实施教学。尽管 K-12 的教师能够在教学实践中使用有关学生错误的知识来理解学生的思维,他们通常不具备探索这些错误本质方法的知识。

将算法与 K-6 的课程相联系是指数学教师教育者能够表明不同的算法在 K-6 课程中的作用,特别地,数学教师教育者阐明了不同算法的学习顺序,并且与职前教师对有关教学实践的内容学习相联系。K-12 的教师通常使用他们的课程知识作为课堂中学生任务和活动的基础,而数学教师教育者则将课程知识与职前教师对 K-6 课程中的数学内容学习相联系。

将研究与数学内容学习相联系是指数学教师教育者能够采用有关数学教育的研究成果来解释数学教学中的内容。K-12 的教师可能会采用有关 K-12 学生学习的研究来说明其教学实践,与之相对,数学教师教育者则并不直接采用有关 K-12 学生学习的研究来指导他们对职前教师的教学,而是考虑利用相关的研究使得职前教师更好地学习数学知识。

(3) 数学教师教育者的数学水平知识

基于面向教学的数学知识中的水平内容知识,扎兹基斯(Zazkis)等人提出了数学教师教育者的数学水平知识[58]。

鲍尔等人在面向教学的数学知识中提出了水平内容知识这一概念。扎兹基斯等人拓展了水平内容知识的内涵,将其与高等数学知识相联系,提出了数学水平知识。特别地,扎兹基斯等人借鉴了哲学家胡塞尔(E. Husserl, 1859—1938)提出的内水平和外水平这两个概念。内水平是指一个物体中不受到关注的方面,比如关注一把椅子时,可能会关注它的椅背、摇动和高度,而内水平包含了椅子具有的其他方面的特征,这些特征没有被关注。相对地,外水平则包括那些不是物体本身所具有的特征,但是这些特征与物体所处的环境紧密相关,以椅子为例,则包括它所处环境的装饰。

扎兹基斯等人将数学教师的数学水平知识界定为高观点下的初等数学知识,具体分为内水平知识和外水平知识两类。这两类知识的具体内涵如表2-6所示。

表 2-6 数学教师的数学水平知识

类别	子类别	实例
内水平知识	高观点下的数学概念	利用群论解释不同情境中的负指数概念
外水平知识	数学概念之间的联系	利用导数解释体积与表面积、面积与周长,以及相应计算的关系
	主要的学科思想和结构	根据计数基本原理得到180的所有因子的个数

在此基础上,扎兹基斯等人将数学教师教育者的数学水平知识界定为引起职前与在职教师关注的数学知识,并且引起他们的深思,从而发展他们的数学水平知识。与教师的数学水平知识类似,数学教师教育者的数学水平知识也分为内水平知识和外水平知识。其中,水平的含义即与对象相关的联系、特征和一般化的性质,以及对象所处的更广阔的结构。内水平知识是指与对象有关的特殊性质,但是这些性质并不是关注的焦点。外水平知识是指主要的学科思想、实践和使得特殊能够包含在一般中的结构。对于教师的数学水平知识,关注的对象是数学及其性质、思想、实践和结构。对于数学教师教育者的数学水平知识,关注的对象是学生或数学教师有关数学及其性质、思想、实践和结构的思考。与数学教师的数学水平知识相比,数学教师教育者的数学水平知识更加宽广和复杂。

(4) 数学教师教育者的教学内容知识

在舒尔曼提出教学内容知识的概念之后。奇克(Chick)等人提出了一个数学教师的教学内容知识的框架[59],基于这一框架,奇克等人进一步提出了数学教师教育者的教学内容知识框架[60]。

奇克等人将数学教师的教学内容知识分成3个部分,分别是清晰的教学内容知识、教学情境中的内容知识和内容情境中的教学知识。

在此基础上,奇克等人同样将数学教师教育者的教学内容知识分为3个部分。表2-7中为3个部分知识的具体内涵阐释。

表 2-7　数学教师教育者的教学内容知识框架

分类	子类别	内涵
清晰的教学内容知识	教学策略	讨论或使用一般或特殊的教学策略进行有关教学内容知识的教学
	学生思维	讨论或回应教师有关教学内容知识的可能想法
	学生思维-迷思概念	讨论或处理教师对教学内容知识的迷思概念
	学生情感（与内容相关）	讨论或处理教师有关教学内容知识相关的情感反应
	任务的认知需求	确定影响（教师教育者）任务的复杂程度的不同方面
	概念表征	描述或展现建构一个教学内容知识概念的方式
	解释	解释教学内容知识的课题、概念或程序
	有关例子的知识	使用例子来强调教学内容知识的概念
	有关资源的知识	讨论或使用可用于支持教学内容知识教学的资源
	课程知识	讨论一个教学内容知识的课题如何与教师教育课程更好地契合
	内容知识的目标	讨论教师教育课程中包含教学内容知识的原因及它们会如何被使用
教学情境中的内容知识	内容的本质（关于信念）	表达对教学内容知识的欣赏，对教师教育课程的课程内容和结构进行批判
	对数学的深刻理解	展现出对教学内容知识不同方面深刻和全面的概念性理解
	将内容解构为核心要素	确定一个概念中关键的教学内容知识要素，这些要素对于理解和应用概念起到了基础性作用
	数学结构和联系	在不同教学内容知识的概念和课题之间建立联系
	程序性知识	展现出解决教学内容知识的问题的技能
	解决方法	展示解决一个教学内容知识问题的方法
内容情境中的数学知识	测评方式	讨论或使用测评性的任务来检测教师的教学内容知识
	学习的目标	描述教师的学习目标
	取得与保持学生的关注	讨论让教师参与学习的策略
	课堂技术	讨论一般性的课堂教学实践
	学生情感（一般）	讨论教师学习教学内容知识的典型情感反应

2.2 数学教师教育者具备的专业知识

在构建了数学教师教育者的知识框架之后,研究者往往会采用多种手段对数学教师教育者的知识展开测评。研究者主要利用问卷调查和访谈的方式了解数学教师教育者具备的专业知识情况。

2.2.1 作为数学家的数学教师教育者所具备的专业知识

基于数学教师教育者的教学三角形,莱金等人调查了作为数学家的数学教师教育者所具备的知识。通过对 4 位承担数学教师教育项目的大学数学教师的访谈发现,4 位数学教师教育者分别持有数学是一门动态和发展中的科学、高等数学是学生和教师的丰富资源、高等数学是教师发展和扩充知识的源泉,以及数学家是教师的榜样等观念。在此基础上,莱金等人进一步分析了 4 位数学教师教育者在不同观念下所具备的知识[47]。

2.2.2 中学数学教研员所具备的专业知识

基于中学数学教研员的专业知识和能力框架,章建跃等人让中学数学教研员对其专业知识和能力进行了自评。通过问卷调查发现中学数学教研员认为自己在把握学生学习状况、掌握各种教学技巧和理解教科书等方面有能力。同时,中学教研员对高等数学知识、交叉学科知识及指导教学科研论文和论文写作等方面不够自信[43]。

2.3 数学教师教育者反映的专业知识

研究者主要利用现场观察的公式了解数学教师教育者反映的专业知识情况。

2.3.1 数学教师教育者在大学教师教育课程中所反映的专业知识

基于面向教师教育的数学知识框架,奥拉诺夫(Olanoff)调查了数学教师教育者有关分数乘除法的知识,其选取了3位资深的数学教师教育者作为研究对象,观察和分析其有关分数乘除法的教师教育课堂。研究发现数学教师教育者在其中的主要任务包括:引入分数乘法、帮助学生理解分数乘法和检测学生理解。涉及的相应知识包括:理解分数乘除法的多元表征及表征之间的联系,决定哪些课题可以帮助教师在表征之间建立联系和为学生设定明确的学习目标。同时,3位数学教师教育者对以上部分知识的掌握依然有所缺乏[61]。

在面向教师教育的数学知识框架的基础上,马辛吉拉(Masingila)等人考察了一门基于问题解决的教师教育课程,其选取了负责这门课程的3位数学教师教育者作为研究对象,其中1位是资深数学教师教育者,2位是新手数学教师教育者。通过研究发现,3位数学教师教育者在课程中通过以下形式体现了面向教师教育的数学知识:理解和决定个别和整体课程的数学目标、选择和促进任务、用问题来促进教师的学习并使他们参与数学过程[62]。

基于教师教育中需要的数学知识框架,休珀法恩等人调查了面向职前教师的大学数学课程,其课程内容包括位置制、数的运算、有理数和数论。其研究对象为负责课程的4位数学教师教育者。研究发现,将学生错误与教学行动相联系的知识表现为数学教师教育者向教师展示学生整数乘法的错误,并介绍如何在课堂中使用更多的问题检测错误的产生原因。将算法与K-6的课程相联系的知识表现为数学教师教育者向教师说明两种不同的乘法算法在课程中的地位和顺序。将研究与数学内容学习相联系的知识表现为数学教师教育者引用有关数字多种表征学习的相关研究来解释位置制学习的重要性[57]。

基于数学教师教育者的数学水平知识框架,扎兹基斯等人观察了一位资深数学教师教育者的一段特殊的教师教育经历,其教学内容有关面积单位的转换。在教学过程中,学生提出了一个出人意料的面积转换方法,数学教师教育者通过研究发现其中涉及几何变换中的不变量概念,并且将其改编成一个数学教师教育任务用于课堂中。在此过程中,数学教师教育者拓展了数学教师的数学水平知识,从而表现出数学教师教育者的数学水平知识[58]。

2.3.2 数学教师教育者在教师专业发展项目中所反映的专业知识

基于数学教师教育实践中使用的知识,佐林格调查了3位数学教师教育者在开展教师专业发展项目的过程中表现的知识。通过访谈和观察发现,教学内容知识在3位数学教师教育者的专业发展项目中表现得最多,其次是学科内容知识和课程知识[54]。

基于数学教师教育者的教学内容知识,奇克等人观察了数学教师教育者的一项线上教师专业发展项目。在项目中,数学教师教育者与教师一起讨论"3个饿汉"问题,即:"如果有3个人相继吃了袋子里剩下的苹果的三分之一,最后发现剩下8个苹果,袋子里原来有多少个苹果?"数学教师教育者指导教师讨论解决这一问题。研究发现了数学教师教育者在指导教师的过程中展现了设置情境、通过提问促进教师思考等多个方面的数学教师教育者的教学内容知识[60]。

2.4 文献述评总结

从以上文献中可以发现,数学教师教育者的专业知识研究主要分为三个部分,分别是数学教师教育者需要的专业知识研究、数学教师教育者具备的专业知识研究和数学教师教育者反映的专业知识研究。

在数学教师教育者需要的专业知识研究中,研究者的主要目的是提出数学教师教育者的专业知识框架。其中,数学教师教育者的专业知识整体研究旨在从整体上刻画数学教师教育者所具备的专业知识。在现有的框架中,研究者将数学教师教育者的专业知识分类如表2-8所示。

表2-8 数学教师教育者的专业知识分类

数学教师教育者的专业知识框架	专业知识分类
对数学教师教育者的教学三角形	对数学教师的内容挑战、对数学教师学习的管理和对数学教师的敏感度
数学教师教育者知识的三棱锥模型	专业传统、学习者知识和实践智慧
数学教师教育者(研究者)的知识图谱	学科内容知识、教学内容知识和课程知识
数学教师发展指导者的专业知识	数学知识、教学知识和行动知能
数学教师教育实践中使用的知识	大概念知识、内容知识、面向教学的数学知识、实践性知识
中学数学教研员的专业知识和能力框架	教、学、指导能力和领导力,关于数学、交叉学科、学生评价和信息技术手段的运用的知识

从表2-8可以看出,尽管不同的研究者对于数学教师教育者的专业知识分类有所差别,但是在不同的分类中,数学教师教育者的学科内容知识和教学内容知识始终是数学教师教育者两类重要的专业知识。

在此基础上,数学教师教育者的专业知识分项研究旨在从学科内容知识、教学内容知识等角度更精细地刻画数学教师教育者所具备的专业知识。

如表 2-9 所示，从学科内容知识的角度，研究者提出了面向教师教育的数学知识、教师教育中需要的数学知识和数学教师教育者的数学水平知识三种框架；从教学内容知识的角度，研究者提出了数学教师教育者的教学内容知识。

表 2-9　数学教师教育者的分项知识框架

类别	数学教师教育者的专业知识框架	专业知识分类
学科内容知识	面向教师教育的数学知识	面向教学的数学知识、有关数学学科的知识
	教师教育中需要的数学知识	学生错误与教学行动相联系、算法与 K-6 的课程相联系、研究与数学内容学习相联系
	数学教师教育者的数学水平知识	内水平知识、外水平知识
教学内容知识	数学教师教育者的教学内容知识	清晰的教学内容知识、教学情境中的内容知识、内容情境中的教学知识

数学教师教育者具备的专业知识研究即采用问卷调查和访谈的方式全面了解数学教师教育者的专业知识。已有的研究中，问卷调查主要采用了自评的方式，访谈则主要针对数学教师教育者对其教师教育课程的看法。因此，现有的数学教师教育者的专业知识静态测评具有一定的主观性，缺乏基于具体数学知识点的问卷调查和访谈研究。本研究即基于面向教师教育的数学知识，进一步开展基于具体数学知识点的问卷调查和访谈研究。

数学教师教育者反映的专业知识研究即采用现场观察的方式，在具体的教师教育情境中了解数学教师教育者反映出的专业知识。已有的研究中，主要观察的教师教育情境为大学中的职前教师教育课程，对于在职教师教育实践则较少关注。数学教研活动是国内重要的在职教师教育形式，本研究主要关注数学教师教育者在数学教研活动中体现的专业知识。

具体而言，本章的文献述评揭示了以下几点：

① 总体而言，数学教师教育者的专业知识框架还没有得到有效地建立。但是，研究者普遍意识到数学教师教育者的数学知识是数学教师教育者专业知识的重要组成部分。目前虽有研究者初步建立了面向教师教育的数学知识框架，但还缺乏进一步细致的研究。

② 与数学教师的专业知识测评研究相比，数学教师教育者的专业知识测评研究还处于初级阶段。目前仍然以自评及访谈的形式为主，造成测评结果的主观性较大，缺乏对应具体知识点的测评研究，还未有较为成熟的研究工具。

③ 除了通过问卷和访谈了解数学教师教育者的专业知识之外，目前在国际上逐渐开始关注专业知识在具体情境中的反映。在已有的研究中，虽然也有研

究者关注数学教师教育者在教师教育课程中反映出的专业知识,但是对于在职教师教育情境中,数学教师教育者反映出哪些专业知识还较少涉及。

综合以上可以发现,尽管数学教师教育者的研究在近年来受到越来越多的关注,但是相关研究仍刚刚起步,还有很多值得探索的领域。本研究在已有文献的基础上,主要针对以上提到的3点开展相关的研究。

第3章 研究方法

3.1 研究设计

针对3个研究问题,本研究的研究设计(图3-1)分为3个阶段,分别为文献分析与框架确立、问卷调查与深度访谈及现场观察与案例分析。

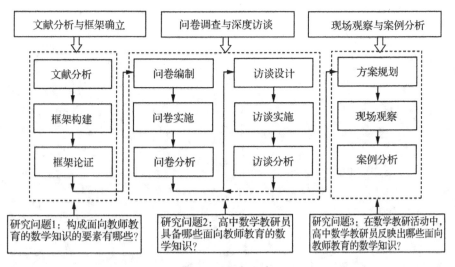

图3-1 研究设计

3.1.1 文献分析与框架确立

本研究的第一个研究问题为构成面向教师教育的数学知识的要素有哪些。

其研究目的为建立面向教师教育的数学知识框架。因此,采用的研究方法为专家论证法,在本研究中具体采用的方法为德尔菲法。具体的研究过程经历了文献分析、框架构建和框架论证3个阶段。

在文献分析阶段,梳理相关的数学教师教育者的知识框架,从中选取和数学教师教育者的数学知识相关的成分和子类别,对相应的成分和子类别进行编码,以备后续分析。

在框架构建阶段,反复比较已有文献中相关的成分和子类别,合并类似的成分和子类别,从而得到本研究中初始的面向教师教育的数学知识框架,为后面的框架论证作准备。

在框架论证阶段,针对之前得到的初始的面向教师教育的数学知识框架展开论证,组建专家组和监测组,在每一轮的论证中将待定的面向教师教育的数学知识框架发给专家组,由专家组给出修改建议,经过监测组讨论之后修改框架,经过3轮论证之后得到最终的框架,从而得到研究问题1的研究结果。

3.1.2 问卷调查与深度访谈

本研究的第二个研究问题为高中数学教研员具备哪些面向教师教育的数学知识。其研究目的为了解高中数学教研员具备的面向教师教育的数学知识。因此,采用的研究方法为调查法,在本研究中具体采用的方法为问卷调查和深度访谈。其中问卷调查的研究过程经历了问卷编制、问卷实施和问卷分析3个阶段,深度访谈的研究过程经历了访谈设计、访谈实施和访谈分析3个阶段。

问卷调查的第一个阶段为问卷编制。根据之前得到的面向教师教育的数学知识框架,结合高中数学中重要的数学主题,设计了问卷的基本框架。接着,针对每一个数学主题整理相关的数学教师教育研究文献,从中选取问卷中的问题,从而形成初步的调查问卷,之后经过同行评议、问卷试测和专家论证等阶段,形成最终版的调查问卷。

问卷调查的第二个阶段为问卷实施。先招募研究对象,在征得研究对象同意之后发放调查问卷,最终回收调查问卷,并整理和汇总调查问卷的结果。

问卷调查的第三个阶段为问卷分析。首先采用质性文本分析法对问卷中的每一个问题的回答进行编码,接着基于面向教师教育的数学知识框架对之前得到的编码进一步进行联系和整合,并统计相应的编码数。

深度访谈的第一个阶段为访谈设计。首先根据已有文献及之前编制的调查问卷设计了访谈提纲,接着通过同行评议修改访谈提纲,最后通过两轮访谈提纲的测试最终得到正式的访谈提纲。

深度访谈的第二个阶段为访谈实施。首先在之前问卷调查的对象中邀请访谈对象，之后采用得到的访谈提纲实施访谈，最终收集访谈过程中的录音和相关材料并进行整合汇总。

深度访谈的第三个阶段为访谈分析。首先转录访谈过程中的录音，采用质性文本分析法对转录出的文字材料进行编码，然后基于面向教师教育的数学知识框架对获得的编码进行联系和整合，并统计相应的编码数。

最后将问卷调查得到的编码和深度访谈得到编码进行联系和整合，得到每一个成分及其子类别的详细描述及相应编码出现次数，从而得到研究问题2的研究结果。

3.1.3 现场观察与案例分析

本研究的第三个研究问题为在数学教研活动中，高中数学教研员反映出哪些面向教师教育的数学知识。其研究目的为了解高中数学教研员在教研活动中反映的面向教师教育的数学知识。因此，采用的研究方法为案例研究法。在本研究中具体采用的方法为多案例研究，主要原因为从多个案例中总结出来的结论比从一个案例中总结出来的结论更扎实、更具说服力。具体的研究过程经历了方案规划、现场观察和案例分析三个阶段[63]。

在方案规划阶段，根据问卷调查和深度访谈获得的研究结果确定观察方案。首先，根据研究问题确定观察问题，接着，从观察时间、观察地点和观察内容等方面设计观察计划，最后进一步细化观察计划得到观察方案。

在现场观察阶段，根据之前设计的观察方案，从深度访谈的研究对象中进一步选取观察对象，每一个观察对象观测多次教研活动。在观测过程中收集教研活动材料并对教研活动进行录音，在教研活动后访谈观察对象。

在案例分析阶段，首先采用单案例分析方法，针对每一个案例，转录其教研活动中的录音及教研活动后的访谈，基于面向教师教育的数学知识对录音和访谈材料进行编码并统计每一个成分和子类别的编码数量。接着采用跨案例分析方法，合并和统计多个案例的编码结果，了解高中数学教研员在教研活动中整体表现出的面向教师教育的数学知识，从而得到研究问题3的研究结果。

3.2 研究对象

3.2.1 专家论证对象

专家组包含17名数学教师教育者，分别为8名数学教师教育研究者、4位数学教研员和5位数学专家型教师。其具体的身份、教育背景、教龄信息如表3-1所示。

表 3-1 专家论证对象的具体信息

专家	身份	教育背景	教龄
E1	数学教师教育研究者	博士	3
E2	数学教师教育研究者	博士	23
E3	数学教师教育研究者	博士	28
E4	数学教师教育研究者	博士	25
E5	数学教师教育研究者	博士	15
E6	数学教师教育研究者	本科	26
E7	数学教师教育研究者	博士	30
E8	数学教师教育研究者	博士	19
E9	数学教研员	硕士	40
E10	数学教研员	硕士	30
E11	数学教研员	本科	38
E12	数学教研员	本科	38
E13	数学专家型教师	硕士	27
E14	数学专家型教师	本科	35
E15	数学专家型教师	硕士	25
E16	数学专家型教师	本科	27
E17	数学专家型教师	硕士	27

从表3-1中可以看出，这些专家组的成员的教育背景以博士和硕士为主，在数学教师教育研究方面有较为丰富的研究经验，并且通常都具有较长的教学经历（平均教龄约为26.8年），具有丰富的教师教育实践经验。

3.2.2 问卷调查对象

来自 S 市的 30 位高中数学教研员完成并返回了调查问卷。他们来自 S 市的 16 个区,工作于 S 市 16 个区的教育学院、教师进修学院和教育发展研究院。

30 位高中数学教研员中,22 位高中数学教研员具有本科学历,8 位高中数学教研员具有研究生学历。

30 位高中数学教研员的教龄范围为 11 年到 38 年,平均教龄为 30.5 年。图 3-2 为参与问卷调查的高中数学教研员的教龄频率分布直方图。从图 3-2 中可以看出大部分教研员的教龄分布在 30 年左右,并且 30 年以上的高中数学教研员占了大部分。

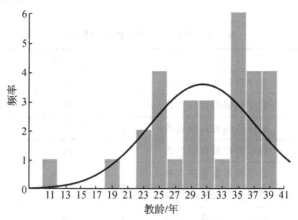

图 3-2　问卷调查对象的教龄信息

3.2.3 深度访谈对象

来自 S 市 7 个区的 8 位高中数学教研员同意参与后续访谈,其中包括 1 位女性、7 位男性。表 3-2 为访谈对象的教育背景、职称和教龄等具体信息。

表 3-2　访谈对象的具体信息

教研员	教育背景	职称	教龄
T1	硕士	高级教师	24
T2	本科	高级教师	25
T3	本科	高级教师	24
T4	硕士	正高级教师	34
T5	本科	高级教师	18
T6	本科	高级教师	32

续表

教研员	教育背景	职称	教龄
T7	本科	高级教师	36
T8	本科	高级教师	29

从表 3-2 中可以看出，参与访谈的高中数学教研员大多数为本科学历，职称为高级教师，教龄为范围为 18 年到 36 年。

3.2.4 案例研究对象

来自 S 市 4 个区的 4 位高中数学教研员同意观察他们的教研活动，表 3-3 为访谈对象的教育背景、职称、教龄的具体信息。

表 3-3 访谈对象的具体信息

教研员	地区	教育背景	职称	教龄
OT1	A	本科	正高级教师	38
OT2	B	本科	高级教师	18
OT3	C	硕士	正高级教师	30
OT4	D	本科	高级教师	29

OT1 是一位经验丰富的高中数学教研员，在担任教研员之前，OT1 在 S 市一所高中担任数学教师，在任教期间，取得了优异的教学成绩，因此，从 2001 年开始，OT1 进入 A 区教育学院担任高中数学教研员。作为数学教研员，OT1 认为作为教研员要为教师服务，指导教师专业发展，培养青年教师，促进区域性的教学质量的提升。在研究方面，需要研究教学、研究教科书及课堂教学的实施，通过研究促进教师的专业发展，具体包括命题研究、教育教学相关的课题研究。

OT2 是一位较为年轻的高中数学教研员，在担任教研员之前，OT2 在 S 市一所重点高中担任数学教师，在任教期间，教学能力较为突出，在其带领下班级取得了较为优异的成绩，同时 OT2 对于数学教育研究具有一定的兴趣，因此，从 2018 年开始，OT2 进入 B 区教育学院担任高中数学教研员。作为数学教研员，OT2 认为需要具有丰富的知识，既要看到未来也要看到现在，要找到一些教育规律，给教师带来实在的建议，促进不同学校之间教师的交流，为老师的专业发展提供恰当的帮助。

OT3 有着丰富的教研经验，从 2001 年开始，OT3 已经加入了 S 市的高中青年教师研究小组，其中很多工作就是教研工作，同时，OT3 也经常辅助教研员命题和开展学科培训，经过一定的经验积累，自 2005 年开始，OT3 进入 C 区教育学院担任高中数学教研员。作为数学教研员，OT3 认为作为教研员要为整个区域的学科的宏观、长期的发展负责,作为教研员要有服务意识,要有情怀,甘当教师成长的铺路石,同时,教研员要不断进修、不断学习,要了解国家教育改革的变化,有前瞻性。在教研工作方面,OT3 对自己设定了一个目标,就是每年,或者每学期至少到每个学校去一次,跟所有的教师见面,对于所有新入职教师的课能尽快地了解一遍,对老师的需求有所掌握并提供一些建议。

OT4 的教研经验较为丰富,在担任教研员之前,OT4 是 S 市一所高中的数学教师,从 2001 年开始,OT4 有机会教授一套中学实验教科书,在此期间接触了较多的教研工作,开始对教研工作感兴趣,直到 2008 年,OT4 正式入职成为高中数学教研员,2012 年调入 D 区教育学院。作为教研员,OT4 主要追求课堂的灵性、教研的灵感和教师专业发展的灵动。在具体教研活动开展过程中,OT4 认为要抓一些关键的资源,从而促进教师专业发展,推动学生的个性发展,撬动区域教学质量的整体发展。

3.3 研究工具

3.3.1 论证手册

为了构建面向教师教育的数学知识框架,本研究设计了相应的论证手册,采用了德尔菲法论证框架。根据林斯顿(Linstone)的研究,德尔菲法通常需要经历三轮论证,更多轮次的论证将倾向于导致更少的重要变化。在每一轮次中,将向专家组发送一份线上的专家论证手册。根据上一轮论证的结果,专家论证手册将会做相应的调整[64]。

在本研究中,专家论证手册中的问题采用了李克特五级量表的方式设计,其中评分等级为 5 分代表非常合适,评分等级为 4 分代表合适,评分等级为 3 分代表不一定,评分等级为 2 分代表不合适,评分等级为 1 分代表非常不合适。

经过三轮论证之后,得到最终的论证手册(见附录1)。

3.3.2 调查问卷

基于专家论证的结果,本研究设计了调查问卷,从而了解研究对象所具备的面向教师教育的数学知识。为了保证调查问卷内容的效度和信度,调查问卷的编制主要经历了问卷设计、同行评议、问卷预测(第一轮)、专家论证和问卷预测(第二轮)的过程(图 3-3)。

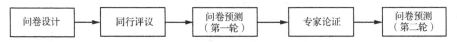

图 3-3　调查问卷的编制过程

调查问卷主要围绕检测高中数学教研员的面向教师教育的数学知识而设计。根据高中数学的主要知识领域,选定了函数、三角函数、数列、解析几何和立体几何作为调查问卷的测试主题。围绕每个测试主题设计一个大题,每个大题分为 4 个小题。为了获取高中数学教研员在解答问题的过程中思考与推理的详细信息,问题的形式全部设计为开放题。

基于前一项研究获得的面向教师教育的数学知识框架,以函数、三角函数、数列、解析几何和立体几何为内容载体,查阅相关文献[65-75],从学科内容知识、教学内容知识、高观点下的数学知识和数学哲学知识 4 个成分及其子类别编制调查问卷。具体题目分布及其参考文献如表 3-4 所示。

表 3-4　调查问卷的题目分布

所考查的知识成分	所考查的知识子类别	内容载体	题号
学科内容知识	一般内容知识	函数	1(1)
	专门内容知识	三角函数	2(1)
	专门内容知识	数列	3(1)
	关联内容知识	解析几何	4(1)
	关联内容知识	立体几何	5(1)
教学内容知识	内容与学生知识	函数	1(2)
	内容与学生知识	解析几何	4(2)
	内容与教学知识	数列	3(2)
	内容与教学知识	立体几何	5(2)
	内容与课程知识	三角函数	2(2)
高观点下的数学知识	学科高等知识	函数	1(3)
	学科高等知识	数列	3(3)
	学科结构知识	解析几何	4(3)
	学科结构知识	立体几何	5(3)
	学科应用知识	三角函数	2(3)

续表

所考查的知识成分	所考查的知识子类别	内容载体	题号
数学哲学知识	本体论知识	函数	1(4)
	认识论知识	三角函数	2(4)
	认识论知识	立体几何	5(4)
	方法论知识	数列	3(4)
	方法论知识	解析几何	4(4)

经过同行评议、问卷预测（第一轮）、专家论证和问卷预测（第二轮）的修改之后，得到正式的调查问卷（见附录2）。

3.3.3 访谈提纲

在问卷调查的基础上，本研究设计了相应的访谈提纲，从而进一步了解研究对象有关调查问卷回答的详细信息。为了保证访谈提纲的内容效度和信度，访谈提纲的编制主要经历了访谈提纲设计、访谈提纲修改、访谈提纲预测（第一轮）和访谈提纲预测（第二轮）的过程（图3-4）。

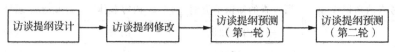

图3-4 访谈提纲的编制过程

在调查问卷编制的设计阶段，同时开始设计访谈提纲，其主要仿照调查问卷的内容与结构进行设计。因此，访谈提纲同样设置了函数、三角函数、数列、解析几何和立体几何5个主题。其中每个主题分为2个部分：第1个部分为对调查问卷的回顾，从而刺激受访者回忆起对调查问卷中问题的回答内容；第2个部分为相应的访谈问题，其目的为与受访者深入交流其对调查问卷中问题的想法和思想，访谈问题采用半开放形式。

经过访谈提纲修改、访谈提纲预测（第一轮）和访谈提纲预测（第二轮）之后，最后得到正式的访谈提纲（见附录3）。

3.3.4 观察方案

在问卷调查和深度访谈的基础上，本研究设计了相应的观察方案，从而更加详细和深入地了解在教研活动中体现的面向教师教育的数学知识。在质性研究中，观察方案的制订通常分为确定观察问题、制订观察计划和设计观察方案3个阶段[76]。

根据观察问题和观察计划，在观察方案中需要记录教研活动的主题、教研活动的时间、教研活动的地点、教研活动参与的对象、教研活动的整个过程和教研活动之后对观察对象的访谈过程。其中对观察对象的访谈问题参考了相关的文献。

通过以上 3 个阶段,最终确定本研究的观察方案(见附录 4)。

3.4 数据收集

3.4.1 专家论证

本研究中使用德尔菲法开展专家论证。德尔菲法的实施需要组建两个团队,分别是监测组和专家组。监测组由数学教育研究者构成,本研究邀请了 6 名数学教育研究者构成监测组,监测组的主要责任为设计、发展和管理专家论证的整个过程,包括选择和联系专家组成员、准备材料、数据收集和分析。

监测组成立之后,开始组建专家组,专家组成员的标准为资深的数学教师教育者,同时,为了保证专家组中更多元的观点,专家组成员中需要包括数学教师教育研究者、数学教研员和数学专家型教师三类人群。基于以上标准,邀请了 17 名数学教师教育者组成专家组,其中包括 8 名数学教师教育研究者,4 位数学教研员和 5 位数学专家型教师。为了便于专家论证的实施,将专家组分为两个小组,分别为 A 组和 B 组,其人数为 10 人和 7 人。

德尔菲法通常需要经历三轮论证,在每一轮的论证中,本研究采用线上的方式将论证手册发放给专家组成员。

(1) 第一轮专家论证

第一轮的专家论证主要由 A 组的专家参与,首先将根据现有文献编制的第一轮专家论证手册发给 10 位 A 组的专家,专家们需要给出框架中的每一个子类别的评分等级,并解释给出的评分等级及提出继续修改的建议,在必要时,专家可以增加新的子类别。

在回收了 10 位专家的论证结果之后,监测组开始对第一轮的专家论证结果进行分析,并且基于专家的意见修改框架。

(2) 第二轮专家论证

第二轮的专家论证由 A 组和 B 组的专家一起参与,专家组需要给出第一轮论证后修改的子类别的评分等级,同时,专家们需要确定他们是否同意加入新的子类别。

在回收了 17 位专家的论证结果之后,监测组开始分析第二轮的专家论证结果,并且基于专家的意见修改框架。

(3) 第三轮专家论证

第三轮的专家论证由 B 组的专家继续参加,本轮专家论证的关注焦点为第二轮专家论证中仍然存在争议的子类别,这一轮的专家论证有助于框架的最终形成。

在回收了 7 位专家的论证结果之后,监测组开始分析第三轮的专家论证结果,并基于专家的意见修改框架,从而形成最终的框架。

3.4.2 问卷调查

通过问卷调查收集数据的过程主要分为三个阶段,分别是研究对象招募阶段、调查问卷发放阶段与调查问卷回收阶段。

(1) 研究对象招募阶段

本研究的研究对象设定为 S 市的高中数学教研员,因此,通过邮件和微信等方式联系了 S 市各区的 32 位高中数学教研员,经过联系与沟通,最终有 30 位高中数学教研员参与了本次问卷调查。

(2) 调查问卷发放阶段

电子版的调查问卷通过电子邮件的方式发送给 S 市的相关高中数学教研员,纸质版的调查问卷通过邮寄的形式寄给 30 位 S 市的高中数学教研员。各位高中数学教研员可以在电子版或纸质版的调查问卷上填写。

(3) 调查问卷回收阶段

在 2 个月的时间中,30 位高中数学教研员都完成了调查问卷,将其发回或寄回给研究者,研究者将各位教研员发回或寄回的调查问卷归类汇总,以备后续分析。

3.4.3 深度访谈

深度访谈在问卷调查之后进行,通过深度访谈收集数据的过程主要分为 3 个阶段,分别是访谈对象邀请阶段、访谈正式实施阶段与访谈数据回收阶段。

(1) 访谈对象邀请阶段

在回收完调查问卷之后,根据调查问卷中的回答,选取需要进一步了解的回答,最终选定 8 位 S 市高中数学教研员作为后续深度访谈的对象。在选定了深度访谈的对象之后,向8位S市高中数学教研员发出访谈邀请,在获得同意之后商定了访谈时间和访谈地点,访谈形式分为线上和线下两种。

(2) 访谈正式实施阶段

每一位S市高中数学教研员的平均访谈时长为2个小时,线上访谈地点为网络会议室,线下访谈地点为办公室或会议室。在教研员允许的情况下,对访谈进行录音。除了录音材料之外,在访谈过程中会同时收集访谈对象的一些手写材料。同时,研究者会针对访谈内容做一些访谈笔记。

(3) 访谈数据回收阶段

在1个月的时间中,对8位S市高中数学教研员实施了深度访谈,将访谈录音、访谈中收集的材料和访谈笔记都做了归类整理,以备后续分析。

3.4.4 现场观察

现场观察的研究对象为4位S市高中数学教研员,分别为OT1、OT2、OT3和OT4。经过4位教研员的同意,深入他们的教研活动中进行现场观察。为了保证研究的内部效度和信度,在现场观察的过程中收集多元的数据,其包括教研活动的材料、教研活动的录音,以及教研活动后的访谈,从而使得不同的研究数据之间可以进行三角互证。为了充分了解教研活动中体现的面向教师教育的数学知识,对每位高中数学教研员进行2次教研活动观察。

(1) OT1的现场观察过程

在对OT1进行现场观察之前,经过和OT1的交流,了解了OT1的教研规划。OT1提到其教研主题的制订主要围绕市教研主题,同时兼顾区教育学院的主要目标,本学期制订的具体教研主题为整体把握单元和技术改进教学。因此选取观察的OT1的2次教研活动都是围绕以上教研主题的,分别为平均值不等式和对数的概念。

在对OT1的现场观察过程中,收集的教研活动材料、教研活动录音和教研活动后的访谈数据信息如表3-5所示。

(2) OT2的现场观察过程

在对OT2进行现场观察之前,经过和OT2的交流,了解了OT2的教研规划。OT2提到其教研活动首先服从市教研的主题,同时和区中的学术活动结合,根据以上情况,本学期制订的具体教研主题为新教材培训和有关习题课的研究。因此选取观察的OT2的2次教研活动分别围绕以上教研主题,分别为幂函数的概念和函数的基本性质。

在对OT2的现场观察过程中,收集的教研活动材料、教研活动录音和教研活动后的访谈数据信息如表 3-6 所示。

表 3-5　OT1 的数据收集汇总

数据收集	时间	地点	教研主题	材料/时长	学习者
第一轮观察 • 观察 • 观察后访谈	2020-09-30	A 区的 A1 学校	平均值不等式	观察：2 小时 3 分钟 观察后访谈：25 分钟	A 区各校高一的数学教师
第二轮观察 • 观察 • 观察后访谈	2020-11-04	A 区的 A2 学校	对数的概念	观察：2 小时 2 分钟 观察后访谈：32 分钟	A 区各校高一的数学教师

表 3-6　OT2 的数据收集汇总

数据收集	时间	地点	教研主题	材料/时长	学习者
第一轮观察 • 观察 • 观察后访谈	2020-11-10	B 区的 B1 学校	幂函数的概念	观察：2 小时 26 分钟 观察后访谈：37 分钟	B 区各校高一的数学教师
第二轮观察 • 观察 • 观察后访谈	2020-12-22	B 区的 B2 学校	函数的基本性质	观察：2 小时 1 分钟 观察后访谈：34 分钟	B 区各校高一的数学教师

（3）OT3 的现场观察过程

在对 OT3 进行现场观察之前，经过和 OT3 的交流，了解了 OT3 的教研规划。OT3 提到在本学期中重要的教研任务之一为让所有的老师熟悉新课标和新教材，尤其高一年级的教师第一次使用新教材，需要让他们尽快熟悉新教材背景下的教材。因此选取观察的 OT3 的 2 次教研活动都是涉及高一新教材主题的，分别为幂函数的概念和出租车运价问题。

在对 OT3 的现场观察过程中，收集的教研活动材料、教研活动录音和教研活动后的访谈数据信息如表 3-7 所示。

（4）OT4 的现场观察过程

在对 OT4 进行现场观察之前，经过和 OT4 的交流，了解了 OT4 的教研规划。OT4 提到在本学期中重要的教研任务之一为研究教学中的关键事件，关键是捕捉关键事件中的人，同时，OT4 参与了一项 S 市的科研项目，主要研究专家型教师的课堂教学特征。因此选取观察的 OT4 的 2 次教研活动都是与这一科研项目有关，分别为反函数的概念和反函数的图像。

在对 OT4 的现场观察过程中,收集的教研活动材料、教研活动录音和教研活动后的访谈数据信息如表 3-8 所示。

表 3-7　OT3 的数据收集汇总

数据收集	时间	地点	教研主题	材料/时长	学习者
第一轮观察 • 观察 • 观察后访谈	2020-11-03	C 区的 C1 学校	幂函数的概念	观察:1 小时 31 分钟 观察后访谈:26 分钟	C 区各校高一的数学教师
第二轮观察 • 观察 • 观察后访谈	2020-12-29	C 区的 C2 学校	出租车运价问题	观察:2 小时 14 分钟 观察后访谈:23 分钟	C 区各校高一的数学教师

表 3-8　OT4 的数据收集汇总

数据收集	时间	地点	教研主题	材料/时长	学习者
第一轮观察 • 观察 • 观察后访谈	2020-12-18	D 区的 D1 学校	反函数的概念	观察:2 小时 34 分钟 观察后访谈:34 分钟	D 区各校高一的数学教师
第二轮观察 • 观察 • 观察后访谈	2020-12-26	D 区的 D2 学校	反函数的图像	观察:3 小时 11 分钟 观察后访谈:22 分钟	D 区各校高一的数学教师

3.5　数据分析

3.5.1　专家论证

本研究中专家论证的数据分析经历了文献分析、框架构建和框架论证三个阶段。

在文献分析阶段,对已有知识框架中的相关子类别进行编码。首先,选取相关的数学教师教育者的知识框架。然后,从选取的框架中析取和数学知识相关的成分。最后,对析取的相关成分中和数学知识相关的子类别进行编码。

在框架构建阶段,根据编码的相关子类别构建初步框架。首先,通过反复比较合并编码的相关子类别。从而重构为新的子类别,然后,反复比较新的子类别,从而生成新的成分。最后,基于新的成分和子类别,构建初步的面向教师教育的数学知识框架。

在专家论证阶段,对初步的面向教师教育的数学知识框架展开论证。本研究总共经历了三轮专家论证,每一轮论证的分析方式如下所述。

根据相关的文献,如果有80%以上的专家同意相关的成分和子类别,则相应的成分和子类别得到确认[77]。因此,对第一轮专家论证中专家给出的每一个问题的评分等级按照以下标准分为3类:

① 确认(V)。如果有80%以上的专家的评分等级超过4,则相应的成分和子类别得到确定,不再进行修改。

② 轻微修改(MI)。如果有70%—80%的专家的评分等级超过4,则相应的成分和子类别需要进行一定的修改。

③ 重大修改(MA)。在其他情况下,相应的成分和子类别需要进行较大程度的修改。

对于需要轻微修改和重要修改的成分和子类别,收集专家给出的相应解释和修改建议,与监测组成员一起商议修改,从而形成新的成分和子类别。

3.5.2 问卷与访谈

当问卷调查和深度访谈的数据收集完成之后,数据分析经历了项目与工具分析、类别分析和整体分析3个阶段。

(1) 项目与工具分析

在项目与工具分析阶段,对于问卷调查和深度访谈中研究对象的每一个问题的回答,使用持续比较的研究方法进行编码,形成每一个问题的编码表,从而为后面的类别分析奠定基础[78]。

对于调查问卷中每一个问题的问答,经过编码之后的持续比较形成对应的编码表。为了保证编码的信度,笔者邀请了另外两位数学教育研究者与笔者共同编码。调查问卷中一共有20个问题,两位研究者与笔者共同编码前4个问题,各自编码之后,笔者的编码结果将与另外两位数学教育研究者相比较。之后,笔者将比较不同的编码结果,并与另外两位数学教育研究者讨论了编码出现不一致的情形,从而确定最后的编码方案。接着笔者完成剩下16个问题的编码,并统计每一个编码出现的次数,以备后续分析。

对于深度访谈中每一个问题的问答的分析,首先需要转录每次访谈的录音,经过转录之后,整理和汇总每一个问题的不同受访者的回答,针对每一个问题将其回答进行分类,形成编码表。

同样,为了保证编码的信度,邀请了另外两位数学教育研究者与笔者共同编码了前4个问题,经过比较之后确定最后的编码方案。接着笔者完成剩下16个问题的编码。当所有问题的回答都编码完成之后,统计每一个编码出现的次数。

(2) 类别分析

在类别分析阶段,根据面向教师教育的数学知识框架,分别联系和整合问卷调查和深度访谈中的所有问题的编码,形成针对研究问题的主要研究结果。

在本研究中,对于调查问卷和深度访谈中的每一个问题问答的编码将根据面向教师教育的数学知识框架进行联系和整合。

(3) 整体分析

在整体分析阶段,根据面向教师教育的数学知识框架,进一步联系和整合问卷调查与深度访谈中的编码,形成针对研究问题的最终研究结果。

在本研究中,根据面向教师教育的数学知识框架,进一步联系和整合调查问卷与深度访谈中每一个成分及其子类别的编码,确定两者一致与不一致的地方,从而得到每一个成分及其子类别的详细描述及相应编码出现次数。

3.5.3 现场观察

在本研究中,现场观察主要采用了多案例研究的方法,因此,相应的数据分析经历了单案例分析和跨案例分析两个阶段。

(1) 单案例分析

在此阶段,将每个案例作为一个整体进行分析,针对每个高中数学教研员,分析其在2次教研活动中体现的面向教师教育的数学知识。

首先,转录教研活动的录音及教研活动后的访谈,接着,需要对面向教师教育的数学知识框架中的每一个成分及其子类别设置相应的编码指标。根据以上编码指标,可以对转录的教研活动的录音及教研活动后的访谈进行编码。

为了保证编码的信度,邀请了另外两位数学教育研究者一起进行部分编码,从而检验编码的一致性。在编码完成之后,统计每一轮观察及观察后访谈的编码数量。

将两轮观察及观察后访谈编码数量进行合计之后,得到每一位现场观察的高中数学教研员在两轮观察中每一个成分及其子类别的编码数量。

最后,对单案例分析中每一位现场观察的高中数学教研员在教研活动中表现的面向教师教育的数学知识进行总结,从中区分中高中数学教研员在教研活动中表现的主要知识来源、次要知识来源及外围知识来源。

其中,主要知识来源为在每一个成分中编码数量最高的子类别;次要知识来源为编码数量小于主要知识来源,但在所有子类别中编码数量占比大于10%的子类别;外围知识来源为在子类别中编码数量占比小于10%的子类别。

(2) 跨案例分析

在此阶段,联系和整合4个案例,从而在整体上了解4位高中数学教研员在教研活动中表现出的面向教师教育的数学知识,在一定程度上消除地域、具体数学主题的影响。

在具体分析中,将计算4个案例中所有成分或子类别的编码数量,并且按照同样的标准确定4位高中数学教研员在教研活动中表现的主要知识来源、次要知识来源及外围知识来源。

第4章 面向教师教育的数学知识框架

为了构建面向教师教育的数学知识框架,需要梳理已有框架中涉及数学教师教育者数学知识的成分和子类别,从而构建初步的面向数学教育的数学知识框架。最后,对初步构建的面向教师教育的数学知识框架进行论证。以下3个小节分别呈现文献分析、框架构建和框架论证的结果。

4.1 文献分析

本环节以梳理已有框架中涉及数学教师教育者数学知识的成分和子类别为目标。首先,需要选取涉及数学教师教育者数学知识的已有框架;其次,从中析取相应的成分;最后,对析取的成分中的子类别进行编码,以备后续分析。以下详细展示分析结果。

4.1.1 已有框架选取

在第2章文献述评中,将已有的数学教师教育者的专业知识框架分为两类,一类知识框架从整体上刻画了数学教师教育者的专业知识,另一类知识框架则是专门针对数学教师教育者某方面的专业知识。

在从整体上刻画数学教师教育者的专业知识的6个框架中,基本涉及了数学教师教育者的数学知识。在专门针对数学教师教育者的某方面专业知识的4个框架中,面向教师教育的数学知识、教师教育中需要的数学知识和数学教师教育者的数学水平知识这3个框架与数学教师教育者的数学知识直接相关。

综合以上分析，本研究选取的数学教师教育者的专业知识框架相关信息如表 4-1 所示。

表 4-1 本研究选取的数学教师教育者的专业知识框架

所属类型	提出时间	专业知识框架
综合框架	2004	数学教师教育者的教学三角形
	2008	数学教师教育者知识的三棱锥模型
	2009	数学教师教育者（研究者）的知识图谱
	2012	数学教师发展指导者的专业知识
	2014	数学教师教育实践中使用的知识
	2017	中学数学教研员的专业知识和能力框架
专门框架	2010	面向教师教育的数学知识
	2014	教师教育中需要的数学知识
	2018	数学教师教育者的数学水平知识

4.1.2 相关成分析取

从以上选取的数学教师教育者的专业知识综合框架中，可以进一步析取与数学知识相关的成分（表 4-2）。

表 4-2 数学教师教育者的专业知识综合框架中与数学知识相关的成分

专业知识综合框架	专业知识分类	与数学知识相关的成分
数学教师教育者的教学三角形	数学教师的内容挑战、对数学教师学习的管理和对数学教师的敏感度	数学教师的内容挑战
数学教师教育者知识的三棱锥模型	专业传统、学习者知识和实践智慧	专业传统、学习者知识
数学教师教育者（研究者）的知识图谱	学科内容知识、教学内容知识和课程知识	学科内容知识
数学教师发展指导者的专业知识	数学知识、教学知识和行动知识	数学知识
数学教师教育实践中使用的知识	大概念知识、内容知识、面向教学的数学知识、实践性知识	内容知识、面向教学的数学知识
中学数学教研员的专业知识和能力框架	教、学、指导能力和领导力，关于数学、交叉学科、学生评价和信息技术手段的运用的知识	关于数学、交叉学科、学生评价和信息技术手段的运用的知识

对于以上选取的 3 个数学教师教育者的专业知识专门框架,将其相关的知识成分全部析出(表 4-3)。

表 4-3 数学教师教育者的专业知识专门框架中的相关成分

专业知识专门框架	专业知识分类
面向教师教育的数学知识	面向教学的数学知识、有关数学学科的知识
教师教育中需要的数学知识	将学生错误与教学行动相联系、将算法与 K-6 的课程相联系和将研究与数学内容学习相联系
数学教师教育者的数学水平知识	内水平知识和外水平知识

4.1.3 相关类别编码

根据以上选取的 9 个框架及其相关的成分,进一步对析取成分中的子类别进行编码,以备后续分析。

在数学教师教育者的教学三角形中,与数学知识相关的成分为数学教师的内容挑战,其相应的子类别如表 4-4 所示。

表 4-4 数学教师教育者的教学三角形中的相应子类别

子类别	含义	编码
对教师的数学挑战	证明的必要性;定理和定义的意义;数学语言的严谨性;问题解决策略和算法之间的差别;对数学美的欣赏;数学史和数学抽象	Z&L1
对教师的教学挑战	激发学生的数学思维和数学探索,并且促进学生参与数学思考;课堂组织和课程安排;发展学生的知识和个性及相应的发展方法	Z&L2

在数学教师教育者知识的三棱锥模型中,与数学知识相关的成分为专业传统和学习者知识,其相应的子类别如表 4-5 所示。

表 4-5 数学教师教育者知识的三棱锥模型中的相应子类别

成分	子类别	含义	编码
专业传统	专业传统	现有的数学教师教育课程、教师教育实践和数学教学研究等相关知识	P&P1
学习者知识	专业传统	现有学校数学课程、实践和研究等相关知识	P&P2
	学习者知识	职前教师具有的知识	P&P3
	实践智慧	课堂教学相关的知识	P&P4

在数学教师教育者(研究者)的知识图谱中,与数学知识相关的成分为学科内容知识,其相应的子类别如表 4-6 所示。

表 4-6 数学教师教育者(研究者)的知识图谱中的相应子类别

子类别	含义	编码
教授大学课程的相关知识	数学教师的学科内容知识;数学教师的教学内容知识;数学教师的课程知识	C1
指导博士生的相关知识	有关数学教育研究者工作的知识;有关数学教师教育者工作的知识	C2

在数学教师发展指导者的专业知识中,与数学知识相关的成分为数学知识,其相应的子类别如表 4-7 所示。

表 4-7 数学教师发展指导者的专业知识中的相应子类别

子类别	含义	编码
数学知识	了解中小学一门学科的内容、方法和性质	G1

数学教师教育实践使用的知识中,与数学知识相关的成分为内容知识和面向教学的数学知识,其相应的子类别如表 4-8 所示。

表 4-8 数学教师教育实践中使用的知识中的相应子类别

成分	子类别	含义	编码
内容知识	学科内容知识	理解结构:基本概念、原则和关键事实的组织,理解理论和模型有效建立的过程,证明接受事实的能力,解释它们的重要性,并将它们与其他概念相联系,理解为什么一个主题是学科的中心	Z1
	教学内容知识	最有用的表征,最有力的类比,描述和例子,使主题易于理解,理解什么使学习主题容易或困难;了解学生的观念和迷思概念,重新组织学生理解的策略	Z2
	课程知识	教学科目和主题所设计项目的知识,对可用的教学材料的了解,决定何时使用和不使用特定材料进行教学的能力,横向和纵向的课程知识	Z3
面向教学的数学知识	一般内容知识	教学之外的情境中也使用的数学知识和技能	Z4
	专门内容知识	教学所特有的数学知识和技能	Z5
	水平内容知识	数学课程中不同数学主题之间联系的数学知识	Z6
	内容与学生知识	对学生的了解和对数学的了解相结合的知识	Z7
	内容与教学知识	对教学的了解和对数学的了解相结合的知识	Z8
	内容与课程知识	关于课程标准、教科书以及其他教学资源的知识	Z9

在中学数学教研员的专业知识和能力框架中,与数学知识相关的成分为关于数学、交叉学科、学生评价和信息技术手段的运用的知识,其相应的子类别如

表 4-9 所示。

表 4-9 中学数学教研员的专业知识和能力框架中的相应子类别

子类别	含义	编码
学科专业知识	有深厚的高等数学功底；深刻理解中小学数学知识；丰富的交叉学科知识	Zh1
学生学习知识	了解学生如何学习具体数学概念的过程；了解学生的常见概念错误	Zh2
教学能力	能够理解教科书的编写意图，并在教学设计中体现知识的发生、发展过程；根据学生认知基础和教科书要求，有层次地设计问题；掌握数学课堂教学技巧，有效实施教学；较熟练地掌握信息技术教学手段	Zh3
教学评价知识和能力	掌握评价学生学习成就的手段和方法；掌握帮助学生准备各类考试的技巧；能设计不同的学生成绩评价工具	Zh4

在面向教师教育的数学知识中，与数学知识相关的成分为更精深的面向教学的数学知识、有关数学学科的知识，其相应的子类别如表 4-10 所示。

表 4-10 面向教师教育的数学知识中的相应子类别

成分	子类别	含义	编码
面向教学的数学知识	一般内容知识	教学之外的情境中也使用的数学知识和技能	Zo1
	专门内容知识	教学所特有的数学知识和技能	Zo2
	水平内容知识	数学课程中不同数学主题之间联系的数学知识	Zo3
	内容与学生知识	对学生的了解和对数学的了解相结合的知识	Zo4
	内容与教学知识	对教学的了解和对数学的了解相结合的知识	Zo5
	内容与课程知识	关于课程标准、教科书及其他教学资源的知识	Zo6
有关数学学科的知识	数学事实与结构	"数学事实"包括有关数学中公认的事实，不随人的意志而转移；"数学结构"包含一系列数学对象，它们通过某种关系或规则彼此关联	Zo7
	数学意识	"数学意识"是指对数学对象之间关系的认识，即掌握如数学家一样的思维方式，涉及数学方法论知识，包括对公理与定义的认识、对探索与证明的认识和审美感受	Zo8
	数学价值	数学证明的价值	Zo9

在教师教育所需要的数学知识中，与数学知识相关的成分为将学生错误与教学行动相联系、将算法与 K-6 的课程相联系、将研究与数学内容学习相联系，其具体含义与编码如表 4-11 所示。

表 4-11　教师教育中需要的数学知识中的相应成分

成分	含义	编码
将学生错误与教学行动相联系	数学教师教育者表现出有关学生错误的知识及确定这些错误可能原因的教学手段	S1
将算法与 K-6 的课程相联系	数学教师教育者能够表明不同的算法在 K-6 课程中的作用,特别地,数学教师教育者能阐明不同算法的学习顺序,并且与职前教师对有关教学实践的内容学习相联系	S2
将研究与数学内容学习相联系	数学教师教育者能够采用有关数学教育的研究成果来解释数学教学中的内容	S3

在数学教师教育者的数学水平知识中,与数学知识相关的成分为内水平知识和外水平知识,其具体含义与编码如表 4-12 所示。

表 4-12　数学教师教育者的数学水平知识中的相应子类别

成分	子类别	含义	编码
内水平知识	高观点下的数学概念	从高观点看待与对象有关的特殊性质,但是这些性质并不是关注的焦点	Za1
	数学概念之间的联系	从高观点看待数学概念之间的联系	Za2
外水平知识	主要的学科思想和结构	主要的学科思想、实践和使得特殊能够包含在一般中的结构	Za3

4.2　框架构建

在梳理了已有框架中涉及教师教育者数学知识的成分和子类别之后,开始构建初步的面向数学教育的数学知识框架。首先,合并相关的子类别,进一步重构为新的子类别;其次,反复比较新的子类别,从而生成新的成分;最后,基于新的成分和子类别,构建初步的框架。

4.2.1　相关类别合并

(1) 一般内容知识

在已有框架中涉及数学教师教育者数学知识的子类别中,有一些子类别提到了数学教师教育者需要掌握一般内容知识,即教学之外的情境中也使用的数学知识和技能（Z4，Zo1）。其具体包括基本的数学概念、原则与方法（Z1，G1），在内容上包括中小学基本的数学知识（Zh1），如测量、代数、概率、数的概念、统计、几何、比例推理等方面的知识（C1）。因此，重构得到的第一个子类别为一般内容知识。

（2）专门内容知识

在已有框架中涉及数学教师教育者数学知识的子类别中，有一些子类别提到了数学教师教育者需要掌握专门内容知识，即教学所特有的数学知识和技能（Z5，Zo2）。其具体包括对数学知识和理论的理解、证明和解释（G1，Z1），要求数学教师教育者了解概念的不同表征、具有很强的数学解题能力及编题能力（C1，Zh1）。因此，重构得到的第二个子类别为专门内容知识。

（3）水平内容知识

在已有框架中涉及数学教师教育者数学知识的子类别中，有一些子类别提到了数学教师教育者需要掌握水平内容知识，即数学课程中不同数学主题之间联系的数学知识（Z6，Zo3）。其具体包括对数学知识结构与关系的理解（G1，Zh1），将一个数学概念与其他概念相联系，理解为什么一个主题是学科的中心（C1，Z1）。因此，重构得到的第三个子类别为水平内容知识。

（4）内容与学生知识

在已有框架中涉及数学教师教育者数学知识的子类别中，有一些子类别提到了数学教师教育者需要掌握内容与学生知识，即对学生的了解和对数学的了解相结合的知识（Z7，Zo4，P&P3）。其具体包括了解学生如何学习具体数学概念的过程和迷思概念（Z2，Zh2），数学教师教育者通常可以利用课堂测评、相关的数学教育研究等途径获取相关知识（C1，C2，S1，S3）。因此，重构得到的第4个子类别为内容与学生知识。

（5）内容与教学知识

在已有框架中涉及数学教师教育者数学知识的子类别中，有一些子类别提到了数学教师教育者需要掌握内容与教学知识，即对教学的了解和对数学的了解相结合的知识（Z8，Zo5）。其具体包括在课堂教学中激发学生的数学思维和数学探索，发展学生的数学知识，促进学生的数学理解（Z2，Z&L2，P&P4）。在具体的教学中，数学教师教育者需要有层次地设计问题，掌握数学课堂教学技巧，较熟练地掌握信息技术教学手段，掌握评价学生的学业成绩的方法（S1，C1，C2，Zh3，Zh4），数学教师教育者可以通过相关的数学教育研究成果了解相关知识（P&P1，S3）。因此，重构得到的第5个子类别为内容与教学知识。

(6) 内容与课程知识

在已有框架中涉及数学教师教育者数学知识的子类别中,有一些子类别提到了数学教师教育者需要掌握内容与课程知识,即关于课程标准、教科书及其他教学资源的知识(Z9,Zo6)。其具体包括了解教学科目和主题的课程安排,可用的教学材料,能够决定何时使用和不使用特定材料进行教学(C1,Z&L2,Zo6,P&P2)。特别地,数学教师教育者可以将数学内容与相关的数学课程安排紧密地结合在一起,并且从数学教学研究中获取相关知识(C2,S2)。因此,重构得到的第6个子类别为内容与课程知识。

(7) 学科高等知识

在已有框架中涉及数学教师教育者数学知识的子类别中,有一些子类别提到了数学教师教育者需要掌握学科高等知识,即有深厚的高等数学功底,从而理解高观点下的中小学数学(Zh1)。其具体包括从高观点理解中小学数学概念、数学性质、数学定理等(Za1),因此,重构得到的第7个子类别为学科高等知识。

(8) 学科结构知识

在已有框架中涉及数学教师教育者数学知识的子类别中,有一些子类别提到了数学教师教育者需要掌握学科结构知识,即主要的学科思想、实践和使得特殊能够包含在一般中的结构知识(Zo7,Za3)。其具体包括从高观点看待数学概念、数学性质和数学定理之间的联系(Za2)。因此,重构得到的第8个子类别为学科结构知识。

(9) 学科应用知识

在已有框架中涉及数学教师教育者数学知识的子类别中,有一些子类别提到了数学教师教育者需要掌握学科应用知识,即丰富的交叉学科知识(Zh1)。其具体包括数学课程与其他课程的联系,数学在教育、心理、社会、人文和科学等学科中的应用(Z3)。因此,重构得到的第9个子类别为学科应用知识。

(10) 本体论知识

在已有框架中涉及数学教师教育者数学知识的子类别中,有一些子类别提到了数学教师教育者需要掌握数学本体论知识,即对数学公理、定义、定理等数学研究对象的认识(Zo7)。其具体包括定义和定理的意义、数学语言的严谨性等(Z&L1)。因此,重构得到的第10个子类别为本体论知识。

(11) 认识论知识

在已有框架中涉及数学教师教育者数学知识的子类别中,有一些子类别提到了数学教师教育者需要掌握数学认识论知识,即对数学探索、数学证明、数学审美等数学研究过程的认识（Zo8）。其具体包括对证明的必要性的理解、数学美的欣赏、数学史和数学抽象等（Zo9，Z&L1）。因此，重构得到的第11个子类别为认识论知识。

（12）方法论知识

在已有框架中涉及数学教师教育者数学知识的子类别中，有一些子类别提到了数学教师教育者需要掌握数学方法论知识，即数学的主要思想和方法（G1），其具体包括数学解题策略、算法思想等（Z&L1）。因此，重构得到的第12个子类别为方法论知识。

4.2.2 相应成分生成

（1）学科内容知识

一般内容知识、专门内容知识和水平内容知识三个子类别可以进一步组成一个新的成分，即学科内容知识，含义为对中小学数学知识的深刻理解。作为一名数学教师教育者，需要对中小学的数学知识具有深刻的理解。其中，一般内容知识代表数学教师教育者熟悉中小学基本的数学概念、定理和性质等知识；专门内容知识代表数学教师教育者能够在此基础上掌握数学概念的不同表征、给出定理的不同证明方法、解释性质的合理性等；水平内容知识代表数学教师教育者不但对于每一个概念、定理和性质有深刻的理解，同时能够联系不同概念、定理和性质，形成一定的知识结构。

（2）教学内容知识

内容与学生知识、内容与教学知识和内容与课程知识三个子类别可以进一步组成一个新的成分，即教学内容知识，含义为对中小学数学教学知识的深刻理解。作为一名数学教师教育者，需要对中小学的数学教学知识具有深刻的理解。其中，内容与学生知识代表数学教师教育者能够理解学生数学学习的心理顺序、有关数学的迷思概念等；内容与教学知识代表数学教师教育者能够激发学生的数学学习动机、设计数学教学顺序等；内容与课程知识代表数学教师教育者能够理解数学课程标准、掌握数学教科书和了解各种数学教学资源。

（3）高观点下的数学知识

学科高等知识、学科结构知识和学科应用知识三个子类别可以进一步组成一个新的成分，即高观点下的数学知识，含义为从高等数学的视角和更广阔的人文、社会、科学背景下理解中小学数学知识。作为一名数学教师教育者，只有中小学的数学知识和数学教学知识是不够的，还需要能够从高观点下理解数学知识。其中，学科高等知识代表数学教师教育者能够从高观点理解中小学的数学概念、定理和性质;学科结构知识代表数学教师教育者能够从高观点理解中小学数学概念、定理和性质之间的联系;学科应用知识代表数学教师教育者能够在教育、社会、人文和科学等背景下理解中小学数学概念、定理和性质。

（4）数学哲学知识

本体论知识、认识论知识和方法论知识三个子类别可以进一步组成一个新的成分，即数学哲学知识，含义为对数学学科本质的理解。作为一名数学教师教育者，不但需要能够从高观点下理解数学知识，还要在此基础上深刻理解数学学科本质。其中，本体论知识代表数学教师教育者能够理解数学定义、公理和定理等数学研究对象;认识论知识代表数学教师教育者能够理解数学探索、数学证明和数学审美等数学研究过程;方法论知识代表数学教师教育者能够掌握主要的数学思想和方法。

4.2.3 初步框架构建

根据以上新的成分和子类别，构建初步的面向教师教育的数学知识框架如表 4-13 所示。

表 4-13 初步的面向教师教育的数学知识框架

成分	子类别	含义	对应编码
学科内容知识	一般内容知识	教学之外的情境中也使用的数学知识和技能	C1, G1, Z1, Z4, Zh1, Zo1
	专门内容知识	教学所特有的数学知识和技能	C1, G1, Z1, Z5, Zh1, Zo2
	水平内容知识	数学课程中不同数学主题之间联系的数学知识	C1, G1, Z1, Z6, Zh1, Zo3
教学内容知识	内容与学生知识	对学生的了解和对数学的了解相结合的知识	P&P3, C1, C2, Z2, Z7, Zh2, Zo4, S1, S3
	内容与教学知识	对教学的了解和对数学的了解相结合的知识	Z&L2, P&P1, P&P4, C1, C2, Z2, Z8, Zh3, Zh4, Zo5, S1, S3
	内容与课程知识	关于课程标准、教科书及其他教学资源的知识	Z&L2, P&P2, C1, C2, Z3, Z9, Zo6, S2

续表

成分	子类别	含义	对应编码
高观点下的数学知识	学科高等知识	与具体数学内容相关的高等数学知识	Zh1，Za1
	学科结构知识	与具体数学内容相关的数学学科主要概念与结构知识	Zo7，Za2，Za3
	学科应用知识	与具体数学内容相关的跨学科知识	Z3，Zh1
数学哲学知识	本体论知识	关于数学学科研究对象的知识	Z&L1，Zo7
	认识论知识	关于数学学科认识过程的知识	Z&L1，Zo8，Zo9
	方法论知识	关于数学研究的思想与方法的知识	Z&L1，G1

从表4-13中可以看出，初步构建的面向教师教育的数学知识框架分成4个成分和12个子类别，接下来以三角形内角和定理为例，进一步说明以上不同的知识成分和子类别所代表的不同知识（表4-14）。

表4-14　三角形内角和定理中的面向教师教育的数学知识

成分	子类别	实例
学科内容知识	一般内容知识	三角形内角和等于180°
	专门内容知识	为什么三角形内角和等于180°
	水平内容知识	三角形内角和定理与多边形内角和之间联系
教学内容知识	内容与学生知识	学生学习三角形内角和定理时可能会遇到的困难
	内容与教学知识	如何设计三角形内角和定理的教学更有效
	内容与课程知识	三角形内角和定理在课程标准中所处的地位
高观点下的数学知识	学科高等知识	三角形内角和在不同的数学体系中有不同的形式
	学科结构知识	三角形内角和定理背后的几何公理体系
	学科应用知识	三角形内角和定理在物理学科中的应用
数学哲学知识	本体论知识	三角形内角和定理是发明的还是发现的
	认识论知识	对三角形内角和定理从发现到证明过程的认识
	方法论知识	三角形内角和定理发现与证明背后的数学思想方法

从表4-14中可以看出，依据初步构建的面向教师教育的数学知识框架，可以找到对应的不同类别的三角形内角和定理的知识。作为数学教师教育者，针对三角形内角和定理，需要掌握以上不同方面的知识。

4.3 框架论证

在初步构建了面向教师教育的数学知识框架之后,对框架展开论证。在每一轮的论证中将待定的面向教师教育的数学知识框架发给专家组,由专家组提出修改建议,经过监测组讨论之后修改框架,再经过三轮论证得到最终的框架。

4.3.1 专家论证结果

在三轮论证的过程中,其中如果有 80% 以上的专家认同这一子类别,则该子类别得到确认,不再修改,并且不再进入下一轮的论证;如果有 70%—80% 的专家认同这一子类别,则该子类别需要进行一定的修改,修改之后进入下一轮的论证;如果有 70% 以下的专家认同这一子类别,则该子类别需要进行较大程度的修改,修改之后进入下一轮论证。在本研究中,面向教师教育的数学知识框架中子类别的论证结果如表 4-15 所示。

表 4-15　面向教师教育的数学知识框架中子类别的论证结果

成分	子类别	第一轮论证	第二轮论证	第三轮论证
学科内容知识	一般内容知识	重大修改(50%)	确认(88.2%)	
	专门内容知识	轻微修改(70%)	确认(82.4%)	
	关联内容知识	重大修改(40%)	确认(82.4%)	
教学内容知识	内容与学生知识	重大修改(30%)	确认(88.2%)	
	内容与教学知识	重大修改(50%)	确认(94.1%)	
	内容与课程知识	确认(80%)		
高观点下的数学知识	学科高等知识	轻微修改(70%)	轻微修改(70.6%)	确认(85.7%)
	学科结构知识	重大修改(60%)	轻微修改(76.5%)	确认(85.7%)
	学科应用知识	重大修改(50%)	确认(88.2%)	
数学哲学知识	本体论知识	确认(80%)		
	认识论知识	确认(80%)		
	方法论知识	轻微修改(70%)	确认(88.2%)	

4.3.2 最终框架形成

经过三轮的论证之后，最终形成面向教师教育的数学知识框架（表4-16）。

表4-16 经过论证的面向教师教育的数学知识

成分	子类别	含义	相关例子
学科内容知识	一般内容知识	对中小学学生普遍要求的数学知识，通常为数学学科中有关"是什么""怎么做"的知识，包括数学中的基本概念、运算、法则、公式与定理等	函数的概念；有理数乘法法则；三角形内角和定理
	专门内容知识	数学教学所特有的数学知识，通常为数学学科中有关"为什么"的知识，包括概念的不同表征、运算与法则的解释、公式与定理的证明、理解非常规的问题解决方法和数学问题提出等	函数概念的不同表征；有理数乘法法则的解释；三角形内角和定理的证明
	关联内容知识	数学学科中不同数学内容之间的联系及数学内容与其他学科内容之间的联系，包括不同概念之间的联系、数学内容在物理学科中的应用等	函数概念与方程概念的联系；有理数法则与有理数除法法则的联系；三角形内角和定理在物理测量中的应用
教学内容知识	内容与学生知识	关于学生如何学习特定数学内容的知识，包括学生怎么理解特定的数学内容、可能出现哪些困难、障碍等	学生怎么理解函数概念；学生怎么解释有理数乘法法则；学生学习三角形内角和定理时可能会遇到的困难
	内容与教学知识	关于如何教授学生特定数学内容的知识，包括熟知教学目标及设计意图、恰当地组织数学内容的教学顺序、评价数学教学等	如何选择合适的例子引入函数概念；如何设计有理数乘法法则的教学顺序；如何评价不同的三角形内角和定理教学方式的优缺点
	内容与课程知识	关于课程标准、教科书及其他教学资源的知识，包括特定的数学内容在课程标准中的要求、特定的数学内容在教科书中的编排等	课程标准中对函数概念教学的要求；教科书中有理数乘法法则的编排；其他教学资源中有关三角形内角和定理的知识

续表

成分	子类别	含义	相关例子
高观点下的数学知识	学科高等知识	中小学数学课程内容背后所蕴含的高等数学知识，包括中小学数学课程中的数学概念在高等数学中的推广，从高等数学的角度分析中小学数学课程的数学问题等	在泛函分析中将函数推广为泛函；在抽象代数中解释"负负得正"无法证明；在非欧几何中三角形内角和小于或大于180°
	学科结构知识	从高等数学的视角分析中小学数学课程内容之间的联系，包括从高等数学的结构分析中小学不同数学概念、运算和公式之间的联系等	从函数求导的角度分析圆面积公式与圆周长公式的联系；从群论的角度分析加法运算与乘法运算的联系；从几何公理体系理解三角形内角和定理与其他几何定理的联系
	学科应用知识	与实际应用相结合的高等数学知识，包括经济数学知识、生物数学知识和物理数学知识等	利用函数构造分析经济关系；群论在化学领域中用于描述分子对称性和晶体对称性；非欧几何中的三角形内角和定理在现代物理学中的应用
数学哲学知识	本体论知识	关于数学研究对象的知识，包括数学的研究对象是什么、数学的研究对象如何存在等	在函数的研究中涉及数学的哪些研究对象；有关有理数乘法法则的数学研究对象的本原是什么；三角形内角和定理是客观存在的还是依赖于人类心灵的
	认识论知识	关于数学认识过程的知识，包括数学发展的源泉、如何检验数学结果等	函数定义是如何发展的；推动有理数乘法法则发展的动力有哪些；检验三角形内角和定理真理性的标准是什么
	方法论知识	关于数学研究方法的知识，包括基本和重大的数学思想方法、与一般科学方法相应的数学方法、数学中特有的方法等	函数概念的研究中涉及的重大数学思想方法；有理数乘法法则中涉及的与一般科学方法相应的数学方法；三角形内角和定理的研究中涉及的数学特有的方法

经过论证之后的面向教师教育的数学知识框架分为 4 个成分,每个成分包含 3 个子类别,因此,一共包含了 12 个子类别。与初步构建的面向教师教育的数学知识框架相比,经过论证的框架并没有增加新的成分与子类别,但是在子类别的界定上更加清晰,并且含义更加明确和丰富。

4.3.3 框架相关说明

在论证过程中,专家对于面向教师教育的数学知识框架中的各个子类别都给出了建设性的评价。对于每一轮专家给出的修改建议,监测组的成员都会详细地讨论,从而修改相应的子类别。因此,在经过论证之后,最终得到的面向教师教育的数学知识框架中,吸收了很多专家的宝贵建议。与此同时,对于专家提出的一些建议,监测组的成员在经过详细的讨论和考虑之后,很遗憾没有采纳进最后的框架之中,以下对此做一些相关的说明。

关于高观点下的数学知识与学科内容知识,有专家提出,这两个成分是否有区分的必要?为何不将其与水平内容知识合并?实际上,的确可以将高观点下的数学知识看作学科内容知识的一部分。在现有文献中,扎兹基斯等人拓展了鲍尔等人提出的水平内容知识,从而将水平内容知识改造为高观点下的数学知识。在本研究中将高观点下的数学知识与学科内容知识相区分,以下做一定的说明。

首先,水平内容知识有其自身重要的意义,与高观点下的数学知识合并会削弱对这部分知识本身的关注。鲍尔等人原先提出的水平内容知识中强调了中小学数学概念之间的联系。实际上,这也是数学教师或数学教师教育者知识的重要组成部分,体现了一位数学教师或数学教师教育者的数学素养。因此,本研究为了加强对此部分知识的关注,同时避免水平内容知识与高观点下的数学知识相混淆,便将水平内容知识改称为关联内容知识。

其次,高观点下的数学知识与学科内容知识相比,体现了更高的思维层次,如果将两者合并会减少人们对于高观点下的数学知识的重视。实际上,中小学教师在大学中学习了很多高等数学的知识,但是,如何将高等数学知识和初等数学相结合?如何使教师的知识更加现代化?这是两个一直没有解决好的问题。本研究中将高观点下的数学知识单独区分,即希望引起中小学教师对于高观点下的数学知识更多的重视。

关于数学哲学知识与其他成分的知识,有专家提出,数学哲学知识划分的依据是什么?如何区分数学哲学知识与学科内容知识、教学内容知识?更一般地,数学哲学知识与数学信念如何区分?实际上,数学哲学知识与其他成分的知识相比,的确相对来说比较陌生,因此,以下需要做进一步的说明。

首先,在本研究中,将数学哲学知识进一步分为本体论知识、认识论知识和方法论知识三类,其分类可以与数学哲学的相关研究相互印证[79],其中,有关数学方法论的知识对于中国的数学教师来说比较熟悉,也体现了中国数学教育的特色。参照相关研究,本研究将数学方法论知识进一步做了划分。

其次,在本研究中,将数学哲学知识界定为关于数学学科的知识,其与其他数学知识存在一定的区别。有研究者提出过"关于数学的知识(Knowledge about Mathematics)"和"有关数学学科的知识"(Knowledge of the Discipline of Mathematics),即对应了本研究中的数学哲学知识。因此,数学哲学知识与其他成分的知识存在一定的差异。某种程度上,数学哲学知识即代表着数学的精神、思想和方法,当学生毕业进入社会之后,可能没有机会应用具体的数学知识,但是这种数学的精神、思维方式和研究方法等会使他们受益终身[80]。

最后,有专家提到了数学哲学知识与数学信念之间的区分。有研究者将学校数学哲学作为数学教师专业知识的组成部分[81],至于如何将其与数学信念相区分,其涉及有关知识本质的讨论。实际上,人们对知识本质的理解是在不断发展的[82],随着知识作为客观事实的观点受到严重挑战,有学者提出将个人的数学信念作为知识的一部分,并在探讨教师知识时将信念纳入其中。参考教师信念的相关研究,知识和信念的区别如下:信念涉及人们对某类事实的信任程度,而知识则不涉及人们是否信任;不同的人会持有不同的信念,而知识则相对受到人们的公认。在本研究中,数学哲学知识主要为研究者通过学术研究获得的、得到公认的研究成果,而非个人在数学研究过程中主观经验和感悟,因此与数学信念存在一定区别。

关于教师的数学知识与数学教师教育者的数学知识,在论证的过程中,专家和监测组的成员在反复讨论以下问题:数学教师的数学知识和数学教师教育者的数学知识有哪些区别?数学教师教育者的数学知识比数学教师高在哪里?因此,以下做进一步的说明。

首先,数学教师教育者需要有深厚的面向教学的数学知识。根据贾沃斯基的观点,数学教师教育者的知识与数学教师的知识存在交集,同时,数学教师的数学知识也是数学教师教育者的数学知识的基础。其意味着作为一名数学教师教育者,首先要有数学教师需要的数学知识,即要有面向教学的数学知识,因此,在本研究中,面向教师教育的数学知识包含了面向教学的数学知识中的学科内容知识与教学内容知识两个成分。

其次,数学教师教育者需要有丰富的高观点下的数学知识。除了学科内容知识与教学内容知识,面向教师教育的数学知识框架中还包括了高观点下的数学知识。尽管在面向教学的数学知识没有明显包含高观点下的数学知识,实际上,作为一名数学教师,同样需要一定的高观点下的数学知识。但是,教师的高观点下的数学知识并不是自然生成的,需要数学教师教育者的促进与引导。有研究者提到,虽然教师在大学数学课程中学习了很多高等数学知识,但是居高未必能自然临下。作为一名数学教师教育者,更需要将高等数学知识与中学数学知识相联系,因此,在本研究中,面向教师教育的数学知识中包含了高观点下的数学知识,希望引起数学教师教育者在教师教育过程中对此类知识的重视。

最后,数学教师教育者需要有透彻的数学哲学知识。除了面向教学的数学知识与高观点下的数学知识,面向教师教育的数学知识框架中还包括了数学哲学知识。数学哲学知识在数学教师教育者的教师教育过程中发挥了独特的作用。作为一名数学教师教育者,其主要责任为发展教师的面向教学的数学知识。已有研究表明,有关数学学科的知识超越了面向教学的数学知识范围。为了发展教师的面向教学的数学知识,数学教师教育者往往需要跳出具体数学知识本身思考问题,其数学哲学知识在此过程中发挥了重要作用。第一,数学哲学知识为面向教学的数学知识发展提供了逻辑基础。数学哲学知识明确了数学的研究对象,基于概念、运算、法则、公式与定理等数学对象在数学中作用的充分理解,数学教师教育者可以更有效地帮助数学教师理解数学基本知识。第二,数学哲学知识为面向教学的数学知识发展提供了认识途径。数学哲学知识明确了数学的认识过程,基于对数学表征、数学证明等数学认识过程的充分理解,数学教师教育者可以更充分地帮助数学教师理解深层次的数学知识。第三,数学哲学知识为面向教学的数学知识发展提供了研究方法,数学哲学知识明确了数学的研究方法,基于对归纳类比、数形结合等数学研究方法的充分理解,数学教师教育者可以更有依据地帮助数学教师理解不同数学内容的关联。

总而言之,面向教师教育的数学知识是面向教学的数学知识的递进与延伸,作为一名数学教师教育者,在其承担教师教育工作时,要比一般数学教师,想得更深、站得更高、悟得更透,才能更好地促进数学教师的专业发展。当然,这并不意味着数学教师不具备面向教师教育的数学知识。实际上,若一名数学教师具备了面向教师教育的数学知识,则其就存在成为一名数学教师教育者的潜质,面向教师教育的数学知识将为其教师教育工作提供强有力的支撑。

第5章 高中数学教研员具备的面向教师教育的数学知识

为了调查高中数学教研员所具备的面向教师教育的数学知识,需要分析高中数学教研员在问卷调查和深度访谈中体现的面向教师教育的数学知识。以下分 5 个小节呈现分析结果,前 4 个小节分别呈现高中数学教研员具备的学科内容知识、教学内容知识、高观点下的数学知识和数学哲学知识,在每一个知识成分中分别呈现其相应子类别的分析结果。在第 5 个小节中呈现总体分析结果。

5.1 学科内容知识

5.1.1 一般内容知识

与一般内容知识相关的问题为调查问卷中问题 1(1) 和访谈中与问题 1(1) 对应的访谈问题。此问题所属的知识领域为函数,涉及的具体知识点为函数的概念。函数是高中数学中的基本概念,本题考察了数学教师教育者对函数定义的理解。

根据对数学教师教育者的相关回答的分析,编码为解析式定义、变量依赖定义、变量对应定义、集合映射定义和序偶关系定义。不同编码数量的统计如图 5-1 所示。

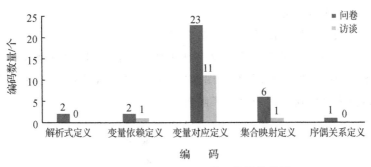

图 5-1 问题 1(1)中不同编码数量的统计

由图 5-1 可以看出,大部分数学教师教育者从变量对应的角度认识函数定义,其次分别为集合映射定义和变量依赖定义,最少的为解析式定义和序偶关系定义。问卷中获得的编码数量分布与访谈中获得的编码数量分布类似。以下分析每一个编码的具体情况。

(1) 解析式定义

解析式定义即将函数看作解析式。

在问题 1(1)的情境中给出了 6 个例子,数学教师教育者在调查问卷中需要识别这 6 个例子中哪些表示了函数,其中,在识别例子(c)和例子(e)的时候,有教师教育者从解析式的角度判断这两个例子表示了函数。

其中,例子(c)代表的是分段函数,即

$$y=\begin{cases}-3x^3+3, & x\geqslant 0,\\ 5, & x<0.\end{cases}$$

例子(e)代表的是常值函数,即 $y=4$。

有数学教师教育者认为以上例子均为函数的解析法表示,因此将其判定为函数。以上结果说明,在某些特殊的情形中,数学教师教育者会从解析式的角度判断其是否表示了函数。

在已有研究中,数学教育研究者发现有数学教师认为例子(c)不是函数,其原因为将函数的"垂线检验法"误用为"水平线检验法",从而认为在例子(c)的函数图像中,一个自变量的值对应了两个因变量的值,因此认为例子(c)不是函数。而在例子(e)的判断中,数学教师不存在问题。因此,与已有研究结果相比,中国的数学教师教育者并不存在分段函数上判断的困难。

在历史上,数学家对于函数的认识就是从解析式开始的,数学家欧拉(L. Euler,1707—1783)在《无穷分析引论》中将函数定义为:一个变量的函数是由该变量和一些数或常量以任何方式组成的解析式[83]。因此,教师教育者将函数看作解析式的观点与历史上数学家对于函数的认识类似。

(2) 变量依赖定义

变量依赖定义即将函数看作变量之间的依赖关系。

数学教师教育者对于函数的这一认识体现在问题1(1)的例子(b)的判断中。例子(b)代表的是分段函数的图像(图5-2),有数学教师教育者从函数图像具备的特征来判断这个例子表示了函数。

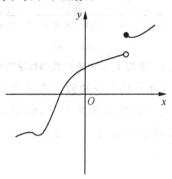

图5-2 问题1(1)的例子(b)

通过进一步访谈发现,有数学教师教育者认为从变量依赖关系的角度判断函数有更广泛的应用,其提到"我还是觉得变量说具有更广泛的运用,函数观点的实际就是变化。在某一变化关系中的两个变量,它们有相依关系,它们都不变就不存在对应关系了。就一个对一个,那你为何要研究它?你说它是函数,有多大的意义?"(T4)。

通过以上结果可以发现,T4对于函数的变量依赖定义具有一定的偏好,其受到了某版本初中数学教科书的影响,在此版本的初中数学教科书中将函数定义为变量之间的依赖关系。同时,在对T4的访谈中可以发现,由于变量依赖定义具有一定的直观性且具有较强的实际意义,从而容易受到数学教师教育者的青睐。

已有研究中发现,数学教师对于例子(b)的判断并不存在困难,此结果与本研究的研究结果相似。

在历史上,变量依赖定义源于欧拉在《微分基础》前言中的函数定义:如果某些量依赖于另一些量,当后面这些量变化时,前面这些变量也随之变化,则前面的量称为后面的量的函数。欧拉在这一定义中对其之前提出的解析式定义做了更新,解析式定义和变量依赖定义对后世产生了深远的影响[84]。因此,数学教师教育者对于变量依赖定义的偏好与历史上数学家的想法一致。

(3) 变量对应定义

变量对应定义即将函数看作变量之间的对应关系。

在问题1(1)情境中给出的6个例子中,对于前5个例子,数学教师教育者都能较为轻松地通过变量之间的对应关系判断其是否表示了函数。在用变量之间的对应关系识别例子(f)的时候,部分数学教师教育者表示出存在一定的困难。

例子(f)中要求数学教师教育者判断集合{(1,4),(2,5),(3,9)}是否表示了函数。有数学教师教育者认为其不是函数,理由为"f 是三个点组成的集合,不是函数",实质上为没有从中抽象出变量的对应关系。

通过进一步的访谈发现,部分数学教师教育者是从坐标上的点的角度考虑例子(f)中的对应关系的,如有数学教师教育者提到"f 可以看作集合中有三个点,从解析几何的角度考虑,坐标中有三个点,就是一个横坐标对一个纵坐标,一一对应,一个 x 对应一个 y,它是唯一确定的,所以我认为这也是函数"(T8)。从 T8 的访谈中可以发现对于数学教师教育者不熟悉的函数类型,他们往往会将不熟悉的例子转化为熟悉的例子,从而借助变量对应关系进行判断。

通过调查发现,大部分数学教师教育者将函数看作变量之间的对应,其主要受到了高中数学教科书的影响。高中数学教研员自然非常熟悉教科书中的定义,因此可以理解大部分数学教师教育者采用变量对应定义判断函数。

在已有的研究中,有数学教师认为例子(f)不是函数,其理由为函数必须按照一定的算术或代数规则表现出两个集合之间元素的对应,实质问题在于不理解函数中对应的任意性。在本研究中,数学教师教育者同样在识别例子(f)表现出存在困难,但与已有的研究不同,其原因主要为对函数的这一表现形式不熟悉。在已有的研究中,也有教师采用了与本研究中的数学教师教育者类似的策略,但是在考虑坐标轴中的三个点时,教师产生了疑惑和犹豫,教师不确定离散的点是否可以构成函数[85]。在本研究中,类似的困难在数学教师教育者中并不存在。

历史上,德国数学家狄利克雷(G. L. Dirichlet,1805—1859)在 1829 年的一篇论文中给出了函数的变量对应关系定义,其将函数定义为:设 a,b 是两个确定的值,x 可取 a,b 之间一切值的变量。如果对于每一个 x,有唯一有限的 y 值与它对应,使得当 x 从 a 到 b 连续变化时,y 也逐渐变化,那么 y 就称为该区间上 x 的一个连续函数。在整个区间上,y 无需按照同一种规律依赖于 x,也无需单单考虑能用数学运算来表示的关系。

在狄利克雷的函数定义中,主要强调了函数对应的唯一性和任意性。在本研究中,数学教师教育者主要关注函数对应的唯一性,对于任意性则关注较少,这与当时数学家遇到的困难是类似的。

(4) 集合映射定义

集合映射定义即将函数看作两个集合之间的映射关系。

在问题1(1)的情境中,对于例子(a),部分数学教师教育者利用集合映射定义判断其为函数。例子(a)中给出了两个集合之间元素对应的图像(图5-3),要求数学教师教育者判断其是否表示了函数。

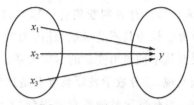

图 5-3　问题 1(1) 的例子(a)

有数学教师教育者认为,上图满足函数集合映射的定义,其中没有出现一对多的情况,因此是函数。通过进一步的访谈得知,数学教师教育者对于例子(a)的判断上存在犹豫,如有数学教师教育者提到:"在高中,主要将函数看作一种对应,也没有说是映射,那我感觉(a)不一定是。然后我就判断哪些不是,反过来说,就是,如果你一个 x 对应两个 y 就算不是。在(a)中没有产生这种反例,至于两个 x 对应同一个 y 就不管了,所以(a)是可以相当于映射表征的。"(T5)从对 T5 的访谈中可以看出,数学教师教育者并不熟悉这种映射的函数表达形式,因此在判断上存在一定困难,但是通过对应的唯一性,最后仍然可以识别出这一类型的函数。

在已有的研究中,数学教师对于例子(a)的判断不存在明显的困难,与此研究结果相比,国内的数学教师教育者在这一例子的判断上体现出更大的困难,这与目前的高中数学教科书中没有讲解映射的概念存在一定的关联。

在历史上,布尔巴基学派将函数的概念置于集合之间的映射这一更加一般的框架之中。1939 年,其在《集合论》中给出的函数定义为:设 E 和 F 是两个集合,它们可以不同,也可以相同。E 中的一个变元 x 和 F 中的变元 y 之间的一个关系称为一个函数关系,如果对每一个 $x \in E$,都存在唯一的 $y \in F$,它满足与 x 的给定关系。我们将联系的每一个元素 $x \in E$ 和 $y \in F$ 的运算称为函数。

布尔巴基学派在此定义中强调了函数对应的唯一性[86],在本研究中,虽然数学教师教育者对于映射这一概念并不熟悉,但是对于函数对应的唯一性则较为熟悉。

(5) 序偶关系定义

序偶关系定义即将函数看作有序实数对构成的集合。

在问题1(1)的情境中,与此定义最为接近的为例子(f),有数学教师教育者从序偶关系的角度判定其表示了函数。如前文所示,例子(f)中要求数学教师教育者判断集合 $\{(1,4),(2,5),(3,9)\}$ 是否表示函数。有数学教师教育者从序偶关系的角度判断其表示了函数关系。但在进一步的访谈中发现,在本研究中,数学教师教育者对于函数的序偶关系定义普遍比较陌生,有访谈者提到:"可以理解为点集,当然也可以看成其他的集合,习惯上认为这个就是点集。虽然函数没有这种表示方式,但是如果要定义也可以。"(T1)从以上访谈中可以看出,数学教师教育者对于序偶关系下的函数定义比较陌生,其主要原因在于高中数学教科书中不涉及此类定义,数学教师教育者在日常工作中也较少接触这一定义。

在已有的研究中,研究者发现,教师对于函数的序偶关系具有一种不适感,并认为其显得有点"古怪"。首先,这一定义需要多次阅读才能理解;其次,教师认为在序偶关系定义中,两个变量之间不存在依存关系,自变量和因变量体现得不明显。在本研究中,数学教师教育者对此定义表现出更多的为陌生感,但是普遍能够接受这一定义形式。

历史上,德国数学家豪斯道夫(F. Hausdorff,1869—1942)在他的名著《集合论纲要》中用"序偶"来定义函数:设 P 是一个由有序元偶 $P=(a,b)$ 组成的集合,对于 P 中出现的每一个元偶 $p(p \in P)$,我们称 b 为 a 的映象。在特殊情况下,每个 a 只有唯一的一个映象 b,则被此 a 决定且与 a 相关的元 b,我们以 $b=f(a)$ 记录,并称它是 a 的单义函数。

1939年,布尔巴基学派在《集合论》中给出了函数的序偶关系定义[87]。序偶关系定义是目前函数的最一般、最形式化和最严格的定义,由于其高度的形式化,在许多国家的教科书中没有采用此定义,因此在本研究中,数学教师教育者对此定义感到陌生也就不足为怪了。

5.1.2 专门内容知识

与专门内容知识相关的问题为调查问卷中问题2(1)和问题3(1)及访谈中与问题2(1)和问题3(1)对应的访谈问题。其所属的知识领域分别为三角函数和数列,涉及的具体知识点为三角函数的概念和数列的通项公式,以下分别呈现两个问题的分析结果。

1. 三角函数

问题2(1)考察了数学教师教育者对不同三角函数定义的理解。根据对数学教师教育者的相关回答的分析,编码为终边定义更一般、终边定义适合衔接、单位圆定义更直观和单位圆定义更有用。不同编码数量的统计如图5-4所示。

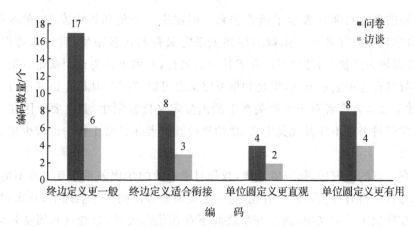

图 5-4　问题 2(1) 中不同编码数量的统计

如图 5-4 可以看出，大部分数学教师教育者倾向于终边定义，其理由分别为终边定义更一般和终边定义适合衔接；也有部分数学教师教育者倾向于单位圆定义，其理由分别为单位圆定义更有用和单位定义更直观。问卷中获得的编码数量分布与访谈中获得的编码数量分布类似。以下分析每一个编码的具体情况。

(1) 终边定义更一般

终边定义更一般，即数学教师教育者认为任意角三角函数的终边定义更具有一般性。

在问题 2(1) 的情境中，给出了任意角三角函数的两个定义，其中终边定义为：在任意角 α 的终边上任取一点 P，设 P 的坐标为 (x,y)，$OP=r$，则 $r=\sqrt{x^2+y^2}(r>0)$，则规定 $\sin\alpha=\dfrac{y}{r}$，$\cos\alpha=\dfrac{x}{r}$，$\tan\alpha=\dfrac{y}{x}$。即正弦、余弦、正切都是以角为自变量，以坐标的比值为函数值的函数，我们称它们为三角函数。

有数学教师教育者倾向于采用终边定义，其主要原因为在终边定义中，点 P 的位置可以任意选，三角函数的取值与点 P 的位置无关，牵涉到的要素比较少，因此体现了定义的一般性。在进一步的访谈中，数学教师教育者也进一步强调了这一点，有访谈者提到："按照定义，三角函数与角的大小有关，与边无关，角的终边上的点是任取的。用了单位圆的定义以后，数学不是特别优秀的学生难以理解。倒过来，先有终边上任意一个点的定义，再给出单位圆定义，从一般到特殊，学生接受就比较容易。同时，一开始采用单位圆定义，终边长度扩展到 2 要重新定义一遍，就不符合数学原先的知识。"(T8) 从以上访谈中可以看出，数学教师教育者认为终边定义的一般性使得其更容易被学生接受。

在已有的研究中，有教师倾向于终边定义，其理由为终边定义上点的位置可以任意选取。在本研究中，数学教师教育者同样提出了终边上点的任意性，但是并没有从限制学生思维的角度考虑，而是更多地考虑学生思维的接受度。

三角函数的概念有着悠久的历史，但是，三角函数一直被定义在半径任意的圆上，一直到19世纪，三角函数的终边定义才开始出现[88]。因此，三角函数的终边定义出现较晚，更具有一般性，并且在出现之后就受到了当时大部分数学家的青睐。这与本研究中，数学教师教育者对三角函数终边定义的看法及倾向一致。

(2) 终边定义适合衔接

终边定义适合衔接，即数学教师教育者认为任意角三角函数的终边定义使得学生更好地从锐角三角比过渡到任意角三角函数。

有数学教师教育者提到任意角三角函数的终边定义是锐角三角比的推广和延伸。在实际教学中，将学生在初中阶段学习的直角三角比放入直角坐标系中，再延伸到任意角的终边定义，学生比较容易理解和接受。在进一步的访谈中，数学教师教育者也进一步强调了初高中衔接的问题，有访谈者提到："终边定义比较容易理解。因为初中在直角三角形中定义了正弦、余弦、正切，这样引申过来就非常方便。唯一的区别是如果不在第一象限，就有符号的问题。通过纵坐标比横坐标代入符号，延伸过来就比较方便，建立在初中的基础上，因此容易掌握，我还是考虑到初高中的衔接问题。"(T3)从以上访谈中可以看出，数学教师教育者认为终边定义与初中的直角三角比接近，符合学生数学定义学习的连贯性。

在已有的研究中，有教师倾向于终边定义，其理由为学生对终边定义更加熟悉。在本研究中，数学教师教育者同样考虑了学生的认知基础，不过是更多地从学生初高中衔接的角度进行阐述。

在历史上，三角函数的终边定义与直角三角形中定义的锐角三角函数有着较大的联系。在19世纪的三角学教科书中，三角函数的终边定义出现过从锐角三角函数过渡到任意角三角函数的情形。可见，历史上教科书的编写者与本研究中数学教师教育者的看法类似，可以将锐角情形下的三角函数终边定义作为直角三角形中的三角比到任意角情形下的三角函数中终边定义的过渡。

(3) 单位圆定义更直观

单位圆定义更有用，即数学教师教育者认为任意角三角函数的单位圆定义更加简洁易懂，且具有几何直观。

在问题2(1)的情境中，给出了任意角三角函数的两个定义，其中单位圆定义为：

设 α 是一个任意角,它的终边与单位圆交于点 $P(x,y)$,那么:

① y 叫作 α 的正弦,记作 $\sin \alpha$,即 $\sin \alpha = y$;

② x 叫作 α 的余弦,记作 $\cos \alpha$,即 $\cos \alpha = x$;

③ $\dfrac{y}{x}$ 叫作 α 的正切,记作 $\tan \alpha$,即 $\tan \alpha = \dfrac{y}{x} (x \neq 0)$。

正弦、余弦、正切都是以角为自变量,以单位圆上点的坐标或坐标的比值为函数值的函数,我们将它们统称为三角函数。

有数学教师教育者提到任意角三角函数的单位圆定义在定义的简洁性和直观性方面的优势。在进一步的访谈中,数学教师教育者也进一步强调了初高中衔接的问题,有访谈者提到:"单位圆定义是一种简化,实际上是从三角比过渡来的,比较简洁,但是也比较特殊。"(T6)从以上访谈中可以看出,数学教师教育者认为单位圆定义同样可以看作由直角三角比过渡而来,具有一定的简洁性,但同时也强调了这是一种特殊的情况。

在已有的研究中,有教师倾向于单位圆定义,其理由为单位圆定义具有数形结合的特点,用单位圆研究三角函数的性质更直观。在本研究中,数学教师教育者同样肯定了单位圆定义的直观性,但也表现出对其特殊性的疑虑。

在 19 世纪的三角学教科书中,才开始出现三角函数的单位圆定义,但是另一方面,在 17 世纪的三角学著作中,三角函数就在圆中进行定义了,一些三角学教科书还将三角函数称为圆函数,可见圆与三角函数有着密切的关系。圆中的三角函数能够在历史上受到广泛认可,其原因之一即在于定义的直观性和简洁性,这与今天数学教师教育者对单位圆定义的认知是一致的。

(4) 单位圆定义更有用

单位圆定义更有用,即数学教师教育者认为任意角三角函数的单位圆定义对于后续三角函数之间关系和三角函数性质的研究更加方便。

有数学教师教育者提到在三角函数的单位圆中,更容易发现三角函数的变化与角度变化之间的关系,利用圆的性质,通过数形结合的方法能够较为自然地发现三角函数的性质。在进一步的访谈中,数学教师教育者也进一步强调了单位圆对于后续研究的重要作用。有访谈者提到:"终边定义前面容易理解,但是你要讲三角函数性质的时候,不得不又回到单位圆下。所以教科书的处理,最后还是要出现单位圆,逃避不了这个问题。那学生就有可能会觉得后面又产生了一个构造。"(T3)从以上访谈中可以看出,数学教师教育者认为单位圆定义在三角函数的学习中也是必不可少的,虽然终边定义回避了学生在刚开始学习三角函数时会遭遇的困难,但是在后续学习中,学生仍然会遇到类似的问题。

在已有的研究中,有教师倾向于单位圆定义,其理由为从单位圆定义出发能够自然过渡到对三角函数性质的了解。在本研究中,数学教师教育者同样考虑了单位圆定义对后续内容学习的帮助作用。

在历史上,单位圆定义虽然出现于19世纪的三角学教科书中,但在20世纪的三角学教科书中则较少出现。可见,历史上教科书的编写者更加偏向于在三角学教科书中采用终边定义,即使如此,部分教科书的编写者会在后续内容中补充单位圆定义,这也充分说明了单位圆定义在后续内容学习中的重要性。

2. 数列

问题3(1)考察了数学教师教育者对数列通项公式的理解。根据对数学教师教育者相关回答的分析,编码为数列角度分析、函数角度分析、方程角度分析和表述角度分析。不同编码数量的统计如图5-5所示。

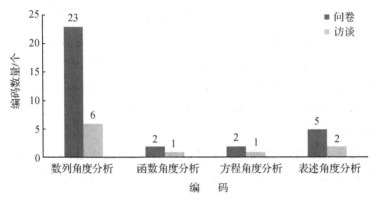

图 5-5 问题 3(1)中不同编码数量的统计

由图5-5可以看出,大部分数学教师教育者倾向于从数列概念的角度解释数列的通项公式不唯一,还有部分数学教师教育者分别从函数角度和方程角度解释了数列通项公式的任意性,少部分数学教师教育者从问题表述的角度分析了每一种说法的合理成分。问卷中获得的编码数量分布与访谈中获得的编码数量分布类似。以下分析每一种编码的具体情况。

(1) 数列角度分析

数列角度分析即从数列概念本身出发,说明一个数列的通项公式并不唯一。

在问题3(1)的情境中,学生已经学完数列的知识,他们被要求解决下列问题:"给定一个数列$3,6,9,12,\cdots$,这个数列的通项公式为$T(n)$。你觉得数列的下一项会是什么?"学生给出了不同4个回答,数学教师教育者需要判断哪位学生的回答是正确的并说明理由。

有数学教师教育者认为c同学的回答是正确的,即"$T(n)$有无数个表达式,所以这个问题有无数个可能的答案"。其主要原因为数列是按照一定顺序排列的一列数,只给出数列的前几项而没有特别说明,是没法确定后面项的,因此,这个数列和通项公式都不是唯一确定的。有访谈者提到:"数列是按照一定顺序排列的数。什么是一定顺序?都可以人为规定。所以这个答案应该是无数个,c 同学的回答是比较合理的。"(T3)从以上访谈中可以看出,数学教师教育者对于数列概念的理解较为深入,强调了数列的有序性,但是没有将有序性和规律性混淆。

已有的研究发现,这问题对于未来教师较为困难。在本研究中,数学教师教育者对这一问题的回答正确率较高,表现出数学教师教育者对数列概念的较深理解。

在古巴比伦时期的数学泥版上,等比数列是最常见的数列[89],在古埃及的纸草书中,记载着多个有关等差数列、等比数列的问题[90]。因此,在人类文明的早期,研究较多的即为等差数列和等比数列,以上反映了在数列研究的历史中,人们对于数列规律的研究存在一定偏好,这也说明了教师在数列的通项公式并不唯一这一认识上可能存在困难。在本研究中,数学教师教育者能够比较清晰地认识到这一困难并加以解释,体现了较高的认知水平。

(2) 函数角度分析

数列角度分析即将数列看作一种特殊的函数,从而借助函数的分段表示、函数图像和函数对应关系说明 c 同学的回答是正确的,即有无数个数列的通项公式。

从函数分段表示的角度,有数学教师教育者提到可以将这个数列看作无穷数列,通过建立分段表示,从而有无数个可能的答案;从函数图像的角度,有数学教师教育者提到经过有限点的函数图像不确定;从函数对应关系的角度,有数学教师教育者提到将数列看作一种对应关系,即项的序号与项之间的对应关系,从而说明数列后续的项可以任意对应。在访谈中有数学教师教育者进一步提到:"比如说 3,6,9,12 相当于 4 个点,一个函数经过了这 4 个点。那么这个函数的第 5 个点改变,这个函数的形态就改变。"(T5)从以上访谈中可以发现,数学教师教育者能够较好地利用函数的性质解释数列通项公式的特征。

已有的研究发现,学生对数列的理解一般分为两类,一类学生将数列看作函数,另一类学生将其和有序的元素相结合[91]。在本研究中,数学教师教育者对于数列的理解也显示出这两种倾向,但是数学教师教育者能够调用更多的函数知识解决数列中的问题。

有学者认为,古巴比伦数学泥版的数表中数字之间的对应即代表着函数概念的早期萌芽,因此,函数与数列这两个概念在数学发展的历史上有着天然的联系。但是直到19世纪后半叶至20世纪初,在代数教科书中也并不从函数的观点来看待数列[92],这说明了人类对数列认识的漫长历史中,数列与函数始终风马牛不相及。只是到了20世纪,函数概念成为中学数学课程核心概念之后,数列才逐渐被视为特殊的函数。在本研究中,数学教师教育者能够较为熟练地将数列看作特殊的函数,说明了数学教师教育者对于数列的认识较为深入。

(3) 方程角度分析

方程角度分析即从方程角度直观理解数列通项公式,即将数列通项公式看作一个方程,根据已知的四项条件,不能确定唯一的方程。

数学教师教育者将求解数列的通项公式看作求解方程的过程,将方程参数的不确定性与数列通项公式的不确定性相联系,从而解释数列通项公式不唯一。在访谈中,有数学教师教育者进一步对此进行了解释,其提到:"可以从方程的角度来看这个问题。比如有一个高次的方程,方程中有4个系数需要确定,用4个值代进去,正好可能解出4个系数,那方程就唯一。如果方程有5个不确定的参数,4个值代进去,解不出5个参数,自然而然就形成无数种解,因此就产生无数种数列的通项公式。所以从方程角度也可以理解。"(T5)从以上访谈中可以发现,数学教师教育者能够较好地将方程与数列通项公式相结合,利用方程的思想解决数列中的问题。

已有的研究表明,数学教师能够从函数的角度理解数列,但是较少数学教师能够从方程的角度理解数列。在本研究中,数学教师教育者能够将数列通项公式与方程相联系,表现出数学教师教育者对于数列通项公式的更深理解。

在古埃及,人们已经总结出等比数列的前 n 项和 S_n 与前 $n-1$ 项和 S_{n-1} 之间的递推关系,利用这种方法,可以导出等比数列前 n 项和公式。类似的,法国数学家拉克洛瓦(S. F. Lacroix, 1765—1843)采用了掐头去尾法得到了等比数列前 n 项和公式。以上推导方法都渗透了方程的思想。在本研究中,数学教师教育者将这种方程的思想推广到数列通项公式,体现出数学教师教育者对于数列中体现的方程思想的独到理解。

(4) 表述角度分析

表述角度分析即站在不同的角度理解数列的通项公式,即根据教学目标、认知基础说明不同的想法有其合理性。

有数学教师教育者认为 a 同学的回答是合理的,即"由于这个数列的通项公式为 $T(n)=3n(n=1,2,3,\cdots)$,所以下一项就是 $T(5)=3\times5=15$,没有其他的答案了",因为如果需要掌握等差数列的通项公式,则该答案具有一定的合理性。有数学教师教育者认为 b 同学的回答有一定道理,即"$T(n)$ 的第 n 项可能

等于 $3n$，也可能等于其他表达式，所以应该有一系列可能的答案，但是这些可能的答案不会太多"，因为在其中肯定了有一系列的答案。有数学教师教育者认为 d 同学的回答有一定道理，即"$T(n)$ 的表达式不存在，所以这个问题有无数个可能的答案"，因为日常生活中的绝大部分数列是没有通项公式的。在访谈中有数学教师教育者进一步提到："如果要抠字眼，这个地方是会出现一定问题的。如果是给定一个数列，既然定了，那一定是有的，所以你定一个，他找到一个，已经回答你问题了。他只有最熟悉的一种数列，就给了你一种方式。这个表述上可能会有点歧义，所以不能说学生都错。首先要肯定他的合理性，但是不完整，就是没有理解这个问题的意图。"(T2)从以上访谈中可以发现，数学教师教育者从问题的表述出发，提出其中的"给定"一词可能会对学生产生引导，因此，需要理解学生的不同回答，同时，需要肯定不同学生的回答。

已有的研究发现，学生经常会将数列概念中的"顺序"理解为数列的项之间某种关系。在本研究中，数学教师教育者能够理解学生的这些迷思概念，并从一定程度上予以理解。

在历史上，数列在生活中有着广泛的应用，从古巴比伦人对于月相的研究到意大利天文学家皮亚齐（G. Piazzi，1746—1826）对谷神星的发现，对于数列规律的研究使得人们可以发现生活中很多奇妙的规律，因此，在本研究中，数学教师教育者能够肯定学生对于数列规律的思考，实际上也体现了数学教师教育者对于数列的深远认识。

5.1.3 关联内容知识

与关联内容知识相关的问题为调查问卷中问题 4(1) 和问题 5(1) 及访谈中与问题 4(1) 和问题 5(1) 对应的访谈问题。其所属的知识领域分别为解析几何和立体几何，涉及的具体知识点为圆锥曲线的概念和旋转体的体积公式，以下分别呈现两个问题的分析结果。

1. 解析几何

问题 5(1) 考察了数学教师教育者对解析几何中核心概念的理解。根据对数学教师教育者的相关回答的分析，编码为坐标法、曲线与方程、曲线性质与方程推导和曲线交点与方程的解。不同编码数量的统计如图 5-6 所示。

由图 5-6 可以看出，大部分数学教师教育者认为曲线与方程为解析几何中的核心概念，有一些数学教师教育者认为几何问题代数解和代数问题几何化为解析几何中的核心概念，少部分数学教师教育者认为坐标法为解析几何的核心概念。问卷中获得的编码数量分布与访谈中获得的编码数量分布类似，同时，访谈中获得的编码更多强调了坐标法。以下分析每一个编码的具体情况。

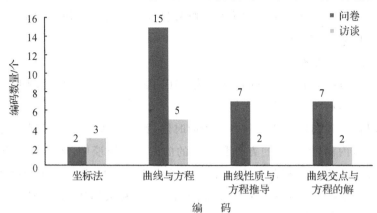

图 5-6 问题 4(1)中不同编码数量的统计

(1) 坐标法

坐标法,即认为以坐标系为基本工具的坐标法是解析几何中的大概念。

在问题 4(1)的情境中,学生已经学完解析几何的知识,教师介绍了以下材料:"在笛卡儿引入直角坐标系之前,波斯数学家奥马·海亚姆用几何方法解决了三次方程 $x^3+p^2x=p^2q(p\neq 0,q\neq 0)$。他画出一个圆 $x^2+y^2=qx$ 和一个抛物线 $py=x^2$ 的图像,通过找到这两个图像的交点,从而解出了这个三次方程。"学生被要求解决以下问题:这两个图像的交点与方程的解有何关系?

有数学教师教育者认为以上材料体现了坐标法这一解析几何的大概念。在访谈中,数学教师教育者认为坐标法是解析几何的基础,有访谈者提到:"最主要的就是坐标法,解析几何最核心就是坐标法,把点和方程相联系。"(T4)也有访谈者提到:"坐标法提供了一座桥梁,将代数和几何问题互相转化,可以说没有坐标法,就没有解析几何。"(T6)因此,数学教师教育者将坐标法作为大概念的主要原因为坐标法是解析几何的基础,同时,坐标系承担了将代数与几何问题相互转化的作用。

在已有的研究中,有数学教师将 (x,y) 作为变化的坐标理解为解析几何中的一个大概念,因为在代数背景中,x,y 代表了变化的量,进一步将其扩展为具有几何背景的坐标系平面上的点,使得代数和几何表征相互联系。在问题 4(1)的情境中,具体表现为将圆和抛物线的代数表征和几何表征相联系。在本研究中,数学教师教育者也将坐标法理解为解析几何中的大概念之一,并强调了其联系代数与几何的重要作用。

德国科学史家金特 (S. Günther, 1848—1923)曾将解析几何的历史分成三个阶段[93]。其中,坐标系的建立对于解析几何的发展起到了奠基的作用,正是基于坐标系的建立,解析几何得以不断地发展完善。在本研究中,数学教师教育者虽然未能从历史发展的角度具体解释坐标法在解析几何中的重要地位,但具有相似的观点和意识。

(2) 曲线与方程

曲线与方程,即数学教师教育者认为在问题4(1)的情境中体现的曲线与方程这一概念是解析几何中的大概念。

在具体阐述曲线与方程这一概念的时候,数学教师教育者提到了此概念中包含的丰富内涵,如曲线的方程和方程的曲线。在访谈中,数学教师教育者进一步补充了曲线与方程的概念在初高中数学学习中的重要作用,有访谈者提到:"我觉得曲线与方程能够把一个曲线图形用方程去描述,就是解析几何本身产生的原因。就像笛卡儿(R. Descartes, 1596—1650)所说,可以把几何问题变成代数问题,代数问题变成方程问题,就解决了原来的几何问题。所以曲线与方程是至关重要的,至于其他的具体有哪些曲线,研究的方式都是类似的。曲线可以变成方程去研究,对学生思维方面是一种革新,初中已经学过类似的知识,比如抛物线可以写出代数式子。"(T5)因此,在问卷调查和访谈中显示,数学教师教育者将曲线与方程作为一个核心概念,并认为其可以统领解析几何中的其他概念。

在已有的研究中,有数学教师将笛卡儿联系(The Cartesian Connection)作为解析几何中的大概念。所谓的笛卡儿联系,即图像上的一个点在曲线$R(x,y)=0$上当且仅当它的坐标满足$R(x,y)=0$,在问题4(1)的情境中,具体表现为将满足方程$x^2+y^2=qx$的解(x,y)与圆的图像上的点(x,y)相联系,以及将满足方程$py=x^2$的解(x,y)与抛物线的图像上的点(x,y)相联系。在本研究中,数学教师教育者对笛卡儿联系这一名词并不熟悉,但是用曲线与方程这一概念表达了相似的含义。

在解析几何历史发展的三个阶段中,关键的第三阶段是17世纪的法国数学家费马(P. de Fermat, 1601—1665)和笛卡儿在方程与曲线之间建立了联系,从而创立了解析几何这一学科。因此,曲线与方程这一概念在解析几何发展历史上起着重要的作用,代表着解析几何进入了新的历史发展阶段。在本研究中,数学教师教育者在访谈中同样提到了笛卡儿在其方面所做的贡献,说明数学教师教育者在选取曲线与方程这一大概念时同样考虑了解析几何的历史发展过程。

(3) 曲线性质与方程推导

曲线性质与方程推导,即数学教师教育者认为在问题4(1)的情境中体现的根据方程作出曲线的图像是解析几何中的大概念。

根据方程推导研究图形的性质是数学教师教育者反复提到的解析几何的核心概念,其内涵包括用方程的思想研究几何图形的性质。在访谈中,数学教师教育者进一步提到:"解析几何中比较重要的一个概念是用代数方法去解决几何问题。首先要理解曲线和方程的对应关系,根据方程作出对应曲线的图像,通过方程的求解得到曲线的交点,就是从代数角度去研究几何问题。"(T1)可以发现,数学教师教育者对于运用方程推导研究曲线性质较为熟悉。

已有的研究发现,数学教师在课堂上更多关注从方程到图像的转化问题,而对于图像到方程的转化则关注较少。[94]在本研究中,数学教师教育者主要提及的即为从方程出发研究图形性质。实际上,从图形性质出发推导轨迹方程也是用代数方法解决几何问题的重要研究领域。

在历史上,费马和笛卡儿建立了方程与曲线之间的联系,从而创立了解析几何。实际上,费马与笛卡儿分别强调了解析几何研究的两个方向,其中费马强调的是研究一次和二次方程所表示曲线的性质,笛卡儿强调了推导轨迹的方程。在本研究中,数学教师教育者强调通过代数的方法研究曲线的性质,实际上正是强调了解析几何研究的其中一个方向。

(4)曲线交点与方程的解

曲线交点与方程的解,即数学教师教育者认为在问题4(1)的情境中体现的通过找到两条曲线的交点来求解方程是解析几何中的大概念。

在问卷调查中,数学教师教育者提出了在问题4(1)的情境中,奥马·海亚姆的研究实际上正是利用曲线交点研究方程的解问题。在访谈中,数学教师教育者认为将两个方程的解对应到曲线的交点是解析几何中较为重要的思想,其提到:"我觉得解析几何主要是一种观念,建系以后就得到方程,两个方程的解对应为图像的交点,这蛮重要的。就是几何中的一些关系到了代数中,用什么形态去理解它。"(T5)因此,数学教师教育者认为曲线交点与方程的解对应在解析几何中较为重要的原因为其代表了一种观念,即将几何中的位置关系转换为代数中的某种形式。

已有的研究发现,数学教师将两个曲线交点的横坐标与对应方程的解的关系看作解析几何中的一个大概念,即两个曲线 $y=f(x)$ 和 $R(x,y)=0$ 的交点的横坐标是方程 $R(x,f(x))=0$ 的解,这实际上也是笛卡儿联系的另一个方面。在问题4(1)的情境中,具体表现为将圆 $x^2+y^2=qx$ 和一个抛物线 $py=x^2$ 这两个图像的交点与三次方程的解相联系。因此,可以将曲线交点与方程的解之间的对应看作曲线与方程这一大概念的另外一面。进一步,可以将其分为两个方面,一个方面为将曲线的交点看作方程的解,另一个方面为利用方程的解得到曲线的交点。在本研究中,数学教师教育者主要提到了前一个方面。

在历史上,笛卡儿在其著作《几何学》中创立了解析几何,其主要目的为研究代数方程根的几何作图,即利用较低次曲线的交点来求高次方程的根,其工作正是奥马·海亚姆的延续。因此,从解析几何历史发展的角度,在本研究中数学教师教育者认为曲线的交点与方程的解对应作为解析几何的大概念是较为合适的。

2. 立体几何

问题5(1)考察了数学教师教育者对圆柱的体积公式、圆锥的体积公式和球的体积公式之间联系的理解。根据对数学教师教育者的相关回答的分析,编码为运算关系、大小关系、比例关系和体积关系。不同编码数量的统计如图5-7所示。

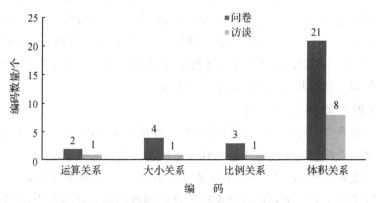

图5-7 问题5(1)中不同编码数量的统计

由图5-7可以看出,大部分数学教师教育者从三个旋转体的体积之间的关系来理解三个旋转体体积公式之间的联系,也有部分数学教师教育者分别从比例关系、大小关系和运算关系理解三个旋转体的体积公式。问卷中获得的编码数量分布与访谈中获得的编码数量分布类似。以下分析每一种编码的具体情况。

(1) 运算关系

运算关系即认为圆锥体积公式、圆柱体积公式和球体积公式都与圆的面积和高的乘积有关。

在问题5(1)的情境中,学生已经学完立体几何的知识,他们需要解决下列问题:"有一个高和底面半径都为r的圆柱,一个高和底面半径都为r的圆锥和一个半径为r的半球。请计算这三个几何体的体积,并比较这三个几何体的体积的大小。"

有数学教师教育者注意到,在以上情境中,通过计算可得圆柱的体积为πr^3、圆锥的体积为$\frac{1}{3}\pi r^3$和半球的体积公式为$\frac{2}{3}\pi r^3$,从形式上看,它们都是半径为r的圆的面积πr^2与半径r的乘积的几分之几。在访谈中,数学教师教育者也提到了这一运算上的特征,其提到:"首先,这三个都是立方级别的,这个和底面积和高有关,那接下来的就是看系数。"(T6)因此,数学教师教育者留意到了这3个体积公式在计算中的特征,都是有关立方的计算,其实质上可以拆分为底面积与高的乘积。

在已有的研究中,有数学教师提到了圆柱的体积公式和球的体积公式都与圆的面积有关。在本研究中,数学教师教育者进一步留意到了3个体积公式中圆面积和高的乘积关系,因此,对于公式的结构特征有着更为深入的理解。

公元前3世纪,欧几里得(Euclid,约前330—前275)在《几何原本》第12卷中就提出了如下命题:"相似圆锥或相似圆柱之比如同它们底的直径的三次方""有等底的圆锥或圆柱之比如同它们的高之比""球和球的比如同它们直径的三次比"[95]。因此,在人类认识圆柱、圆锥和球体积的早期,已经认识到它们体积中存在的立方关系了,这与数学教师教育者的认识是类似的。

(2)大小关系

大小关系即在一定条件下,比较圆锥体积、圆柱体积和半球体积的大小,从而得到三者体积之间的大小关系。

根据问题5(1)的情境,数学教师教育者通过计算得到$V_{圆锥}<V_{半球}<V_{圆柱}$,同时,也可以通过几何直观观察出半球的体积介于圆柱的体积和圆锥的体积之间。在访谈中,数学教师教育者提到了几何直观对于三者体积大小关系比较的重要性,其提到:"我当时在教学生的时候,因为先学的是圆柱,然后是圆锥,最后是球,当时把每个几何体的模型一摆,让学生看哪个最大,哪个最小,学生很容易发现圆柱是最大的,圆锥是最小的。"(T6)因此,数学教师教育者较为强调从直观感知的角度让学生理解三个几何体之间的大小关系。

在已有的研究中,有数学教师提到了可以将一个半径为r的球放入一个高为$2r$和底面半径为r的圆柱之中。在本研究中,数学教师教育者也提到了利用几何直观比较三种立体之间大小的关系,不过主要强调的是使用教具进行比较,而不是将某一个几何体放入另一个几何体中。

在欧几里得之后,数学家阿基米德(Archimedes,前287—前212)发现了球体积公式,在发现的过程中,阿基米德利用了球、球的外切圆柱和以球的大圆为底、半径为高的圆锥体积之间的关系。因此,在推导球体积公式的过程中,球的外切圆柱和以球的大圆为底的圆锥起到了重要的作用。在本研究中,数学教师教育者能够将三者相互比较,对学生的相关能力培养具有促进作用。

(3) 比例关系

比例关系即在高、底面半径和半径相等的情况下,得到圆锥、半球和圆柱体积之比为 1:2:3。

有数学教师教育者注意到,圆锥的体积公式、半球的体积公式和圆柱的体积公式中的系数成一定的比例,即 1:2:3。在访谈中,数学教师教育者提到了猜想三种几何体之间比例系数的过程,其提到:"首先都是一个级别,都是立方级别的,底面积乘高都一样是 πr^3。三者之间不同的就是系数,之前已经通过观察得知 $V_{圆锥} < V_{半球} < V_{圆柱}$,圆锥体积是 $\frac{1}{3}\pi r^3$,圆柱体积是 πr^3,就容易猜想出半球是 $\frac{2}{3}\pi r^3$。这个联系抓住了,学生这样去掌握这个结论,是非常有帮助的。"(T6) 因此,数学教师教育者基于之前发现的三者体积之间的运算关系和大小关系,进一步让学生猜测得到比例关系,实际上加深了学生对于三者体积公式的理解。

在已有的研究中,有数学教师虽然能够将球放入外切圆柱之中,但是没有进一步猜测两者之间的比例关系。在本研究中,数学教师教育者充分利用了圆锥、圆柱和球之间的大小关系,从而进一步得到互相之间的比例关系,显示了数学教师教育者对三者体积关系的深入理解。

在历史上,数学家阿基米德严格证明了

$$V_{球} = \frac{2}{3}V_{外切圆柱}。$$

在我国,曾经将球与外切圆柱的体积之比当作 $\frac{\pi}{4}$,其后,数学家刘徽利用"牟合方盖"对其进行了改进,数学家祖暅得到了球和外切圆柱的正确比例。因此,历史上的数学家在推导球体积公式的过程中,需要不断地通过计算球体积与外切圆柱的体积之比。在本研究中,数学教师教育者也同样强调了 3 个几何体的体积之比,与历史上球体积公式的推导有相似之处。

(4) 体积关系

体积关系即通过构造模型,利用祖暅原理说明圆柱的体积等于同底等高的圆锥的体积与球的体积之和。

有数学教师教育者利用祖暅原理说明解释了圆柱的体积等于圆锥的体积加上半球的体积。在访谈中,数学教师教育者进一步提到:"首先有祖暅原理,这是逻辑起点。祖暅原理有了以后要进行构造,首先要想到在圆柱中放一个倒立的圆锥,然后在同一高度截取,发现圆环的面积和半球的同高的地方面积是相等的。构造对学生来说一直是最难的,你给了模型他懂的,他自己想模型的难度太大。但是如果说公式之间的关联,只能从这个模型中找。"(T2)因此,数学教师教育者虽然提到可以通过模型说明三个几何体的体积之间的联系,但是也说明了这个模型不容易构造,需要较高的空间想象能力。

在已有的研究中,数学教师没有通过祖暅原理说明三者之间体积的关系。在本研究中,数学教师教育者则对于祖暅原理较为熟悉,有数学教师教育者提到在教科书及教科书辅导材料中提及相关的知识,因此他们对此较为熟悉。

1629 年,意大利数学家卡瓦列利(B. F. Cavalieri, 1598—1647)提出并证明了与祖暅原理一致的命题,并用其得到了 $V_{圆柱}-V_{圆锥}=V_{半球}$ 这一结论,实际上,其老师意大利天文学家伽利略(G. Galilei, 1564—1642)在《关于两门新科学的对话》中已说明了以上命题。因此,历史上的数学家通过祖暅原理发现了圆柱、圆锥和半球的体积之间的关系。在本研究中,数学教师教育者通过祖暅原理得到的结论与历史上的数学家相似。

5.2 教学内容知识

5.2.1 内容与学生知识

与专门内容知识相关的问题为调查问卷中问题 1(2) 和问题 4(2) 及访谈中与问题 1(2) 和问题 4(2) 对应的访谈问题。其所属的知识领域分别为函数和解析几何,涉及的具体知识点为函数的概念和曲线与方程,以下分别呈现两个问题的分析结果。

1. 函数

问题 1(2) 考察了数学教师教育者对学生函数学习困难的了解。根据对数学教师教育者的相关回答的分析,编码为需要有表达式、需要有规律、需要连续、理解不了对应和必须一一对应。不同编码数量的统计如图 5-8 所示。

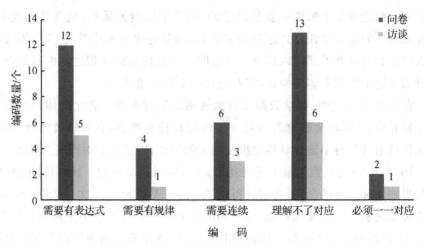

图 5-8　问题 1(2) 中不同编码数量的统计

由图 5-8 可以看出，大部分数学教师教育者认为学生对函数学习的困难在于认为函数需要有表达式和理解不了对应，也有部分数学教师教育者认为困难之处在于学生认为函数需要有规律、函数需要连续和函数必须一一对应。问卷中获得的编码数量分布与访谈中获得的编码数量分布类似。以下分析每一种编码的具体情况。

(1) 需要有表达式

需要有表达式即学生可能会认为函数一定要有表达式，即写成 $y=f(x)$ 的形式，同时表达式只能有一个。

在问题 1(2) 的情境中给出了 6 个例子，数学教师教育者认为学生在判断例子(a)、例子(b)、例子(d)、例子(e) 和例子(f) 的时候，可能会由于其中不存在函数表达式，从而判断以上例子不是函数。如例子(e) 为常值函数 $y=4$，数学教师教育者认为学生可能觉得其中没有自变量，从而判断其不是函数；例子(f) 为集合 $\{(1,4),(2,5),(3,9)\}$，数学教师教育者认为学生可能觉得其代表了三个点，没有表达式，因此不是函数。在访谈中，数学教师教育者进一步提出学生将函数看作表达式可能是受到了初中函数概念教学的影响，其提到："初中可能没有讲得这么深，其实函数应该不是一个表达式，应该更体现出是一个对应关系，这个学生可能不一定完全理解。初中的定义可能就是更偏向于表达式，没有突出对应关系，因为没有集合的观点。"(T1)

尽管例子(c) 为分段函数

$$y=\begin{cases}-3x^3+3, & x\geq 0,\\ 5, & x<0,\end{cases}$$

但是数学教师教育者认为学生可能觉得其中存在两个表达式，因此判断其不是函数。在访谈中,数学教师教育者认为学生对于分段函数的理解存在一定的困难,主要原因同样是受到初中函数概念教学的影响,其提到:"因为有了原来的基础,有些学生认为初中不学分段函数,因此只能有一个解析式,所以就认为例子(c)不是函数。"(T8)

以上结果说明,数学教师教育者主要从初中学生的函数教学出发,考虑原有知识的负迁移,从而说明学生在函数学习中的困难。

在已有研究中,数学教师认为学生没有将例子(c)看作函数的理由为学生可能认为函数中只能包含一个法则,没有将例子(e)看作函数的理由为其中不包含自变量 x。在本研究中,数学教师教育者也提到了类似的观点,但是数学教师教育者进一步将其与学生之前对函数的学习相联系,体现了对学生更深入的理解。

在历史上,数学家欧拉给出了函数的解析式定义,同时不承认分段函数。此后,随着数学家对函数认识的进一步加深,不再将函数看作解析式,分段函数也被正式承认为函数。因此,学生将函数看作解析式具有一定的历史相似性。在本研究中,数学教师教育者更多地从函数的教学实践方面考虑学生遇到的困难。

(2) 需要有规律

需要有规律即学生可能会认为函数的图像必须是有规律的。

在问题1(2)的情境中,数学教师教育者认为学生在判断例子(b)的时候(图5-2),可能会由于其图像没有规律,其既不是单调递增的,也不是单调递减的,从而认为其不是函数。因此,数学教师教育者认为学生可能觉得没有规律的曲线不是函数。在访谈中,有数学教师教育者认为学生熟悉的函数类型对学生判断函数有影响,其提到:"我觉得学生可能还是受到具体的例子的影响。学生是从特殊到一般,从具体到抽象去认识概念的。在没有达到一定量的积累的时候,很难对抽象的概念有一个很深的理解或者灵活应用的能力。"(T5)因此,数学教师教育者认为学生学过的有规律的函数图像会对学生理解不规律的函数图像产生障碍。

在已有研究中,数学教师也表现出对函数图像特征的特别关注,如单调性、周期性等。在本研究中,数学教师教育者进一步提到了图像特征对于学生函数判断的干扰作用。

在历史上,由于对弦振动问题的争论,数学家认识到函数图像可以是随手画的曲线,从此,函数的变量依赖定义登上历史舞台。在本研究中,数学教师教育者同样认识到了函数曲线的任意性对于学生认识函数的困难。

（3）需要连续

需要连续即学生可能认为函数图像必须是连续的或者是光滑的。

在问题1(2)的情境中，数学教师教育者认为学生在判断例子(b)的时候（图5-2），可能会由于其有间断点，图像并不光滑，从而认为其不是函数。更进一步，数学教师教育者认为学生可能认为函数的定义域必须是实数轴上的一段区间。在访谈中，有数学教师教育者同样认为这是受到了学生遇到的函数类型的影响，其提到："这与他曾经学过的例子和遇到的例子有关。碰到没有遇到的例子，他就踌躇了，有可能就要理解错误。所以我还是觉得是他的学习过程和方式导致的。"(T5)因此，数学教师教育者认为学生在之前遇到的基本是连续函数，从而会影响学生的判断。

在已有研究中，数学教师提到了由于例子(b)中图像是不连续的，因此会对学生函数的判断造成障碍。在本研究中，数学教师教育者进一步提到了当函数定义域是离散的点时，学生也会对其判断产生一定的困难。

在欧拉之后，数学家对函数的"任意性"有了更深的认识，但是仍然局限于解析式或曲线，数学家狄利克雷将函数看作变量之间的任意对应，从而使得数学家进一步加深了对函数的理解。在本研究中，数学教师教育者提到了函数的连续性对学生理解函数的影响，其实质仍然是学生对函数任意性理解的困难。

（4）理解不了对应

理解不了对应即学生可能对函数概念中的"对应关系"不理解。

数学教师教育者认为函数本质上是一种"对应关系"，学生在判断的过程中，由于没有深刻理解函数的本质，从而会导致判断失误，如在问题1(2)的情境中，当学生在判断例子(a)时，由于没有理解集合之间产生特殊的对应是函数，因此会认为其不是函数。在访谈中，有数学教师教育者认为，学生对于对应概念的理解困难在于高中概念理解要求的提高，其提到："高中数学和初中数学的差别还是蛮大的。初中可能会偏操作、计算，高中偏概念理解，就对你要求比较高。"(T3)因此，数学教师教育者认为对应这一概念对于高中生还是比较难理解的，因为其对学生的要求较高。

在已有研究中，数学教师提到了学生在判断例子(f)的时候会由于不熟悉函数的序偶形式，从而判断其不是函数，如果能够将其化成集合对应的形式，则学生较容易判断。在本研究中，数学教师教育者认为学生不但对于序偶形式的函数理解较为困难，而且集合对应形式的函数对于学生来说也比较陌生。

进入20世纪之后，随着集合论的建立与代数学的发展，函数作为集合之间对应的概念才逐渐在数学界流行起来。在此基础上，布尔巴基学派给出了函数的集合对应定义和序偶关系定义。因此,集合对应这一概念是数学抽象化发展到较高程度之后形成的概念。在本研究中,数学教师教育者提到了"对应关系"对于学生而言较为抽象,较难理解,但在数学历史发展视角下具有一定的合理性。

(5) 必须一一对应

需要连续即学生可能认为自变量与因变量必须是一一对应的。

在问题1(2)的情境中,数学教师教育者认为学生在判断例子(a)的时候,可能会由于在这一例子中三个自变量对应了一个因变量,从而判断这个例子不是函数。在访谈中,有数学教师教育者认为学生习惯于一一对应,其提到:"因为学生习惯一一对应,老师在介绍函数定义的时候还是要强调可以多对一。所以说到导致学生错误的原因,我觉得是现在学生对于数学定义的理解,很多时候停留在形。"(T2)因此,数学教师教育者认为学生在有关对应关系的理解方面存在一定的惯性思维,从而导致学生认为函数是一一对应的。

在已有研究中,数学教师提到了在学生判断例子(a)的时候会认为值域中的元素只能由一个元素与其对应,从而认为其不是函数。在本研究中,数学教师教育者的观点与之类似,但是进一步将其与学生的惯性思维和形象思维相联系。

在欧拉的《无穷分析引论》中,函数分为单值函数和多值函数,在多值函数中,每一个变量 x 可以对应多个 y,在函数的变量依赖定义中,强调了 y 随着 x 的变化而变化[83]。因此,在以上两个定义中,没有明确提出对于 x 对应 y 的数量的限制条件,在狄利克雷给出了函数的变量对应定义中,进一步明确了对于每一个 x,只能有唯一有限的 y 值与它对应。因此,在历史上对于对应条件的限制也在不断地变化完善过程中。在本研究中,数学教师教育者认为学生在一一对应上存在一定的障碍是与人类认识函数过程中遇到的障碍类似的。

2. 解析几何

问题4(2)考察了数学教师教育者对学生曲线与方程学习困难的了解。根据对数学教师教育者的相关回答的分析,编码为代数与几何的转换、方程与图像的转换、交点与解的转换和几何性质与方程求解。不同编码数量的统计如图5-9所示。

由图5-9可以看出,大部分数学教师教育者认为学生在代数与几何的转换方面存在困难,部分数学教师教育者认为学生在交点与解的转换和几何性质与方程求解方面存在困难,认为学生在方程与图像的转换方面存在困难的数学教师教育者占比较少。与问卷中获得的编码数量分布相比,访谈中获得的编码数量分布较为平均。以下分析每一种编码的具体情况。

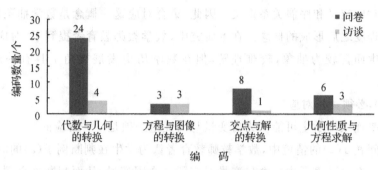

图 5-9　问题 4(2) 中不同编码数量的统计

(1) 代数与几何的转换

代数与几何的转换即学生在将代数问题转化为几何问题的过程中存在一定的困难。

在问题 4(2) 的情境中,介绍了波斯数学家奥马·海亚姆为了解决三次方程 $x^3+p^2x=p^2q$,他画出了圆 $x^2+y^2=qx$ 和抛物线 $py=x^2$ 的图像,从而将一个代数问题转化为一个几何问题。数学教师教育者认为学生的困难在于不能合理化归,将三次方程的求解转化为两个简单的圆锥曲线间的交点问题。在访谈中,有数学教师教育者进一步提到:"用几何方法来解决代数问题,对学生肯定是有问题的,初中也没有这种训练,高中也不强调。高中强调用代数解决几何问题,这个方向可以说在近两年来越来越明显。"(T3)因此,数学教师教育者认为学生从代数到几何转化的困难主要源于训练的不足,其根源为课程发展的方向偏向从几何到代数的转化。

在已有研究中,研究者发现高中生很难建立起代数与几何之间的联系,在解决有关方程的问题时,他们往往会用代数方法直接解决问题,而不会采用几何方法[96]。在本研究中,数学教师教育者也提到了类似的观点,同时,数学教师教育者将其进一步与学生的训练和课程的发展相联系。

在费马和笛卡儿发明解析几何之前,代数和几何往往被视为两个不同的领域。直到 17 世纪,解析几何建立,代数和几何才开始建立广泛而深刻的联系。因此,在解析几何学习初期,让高中生完全理解代数和几何的联系也是困难的。在本研究中,数学教师教育者从课程发展的角度表现出对于学生理解代数与几何联系困难的理解。

(2) 方程与图像的转换

方程与图像的转换即学生在将圆锥曲线方程转化为圆锥曲线图像过程中存在一定的困难。

在问题 4(2) 的情境中,需要画出圆 $x^2+y^2=qx$ 和抛物线 $py=x^2$ 的图像。

数学教师教育者认为学生在同一个坐标系中作出以上两条曲线对应的图像具有一定的困难。在访谈中,有数学教师教育者进一步强调了以上方程中带有参数,因此对于学生的作图也带来了一定的困难,其提到:"由于在两个方程中都带有参数,学生可能画不出图像,或者考虑不出所有的情况。"(T4)因此,数学教师教育者认为学生对于方程转化为图像的困难主要在于需要考虑不同参数导致的不同图像。

在已有研究中,研究者发现职前教师在将 $x^2+y^2=qx$ 转化为图像的过程中存在困难,而且也很难将抛物线方程与抛物线的定义相联系。在本研究中,数学教师教育者认为学生可能在将方程转化为图像的过程中也存在困难,但主要原因在于需要考虑不同的情况,而非学生对于方程转化为图像本身的认识方面存在困难。

在历史上,法国数学家费马正是从给定方程出发,研究其所表示的曲线,其中包括直线、圆、椭圆、双曲线和抛物线等,与前辈阿波罗尼奥斯和奥雷姆相比,费马的创新之处即在于能够从方程出发,研究点的轨迹——曲线。因此,根据给定的方程得到其表示的曲线是解析几何诞生的重要标志,学生对于从方程到曲线的转化存在困难也印证了解析几何发明的艰难性。在本研究中,数学教师教育者认识到了学生此方面的困难,同时也阐述了学生遭遇困难的缘由。

(3) 交点与解的转换

交点与解的转换即学生在将两条曲线的交点与方程的解之间对应的时候存在困难。

在问题4(2)的情境中,需要找到圆和抛物线两个图像的交点,从而得到三次方程的解,数学教师教育者认为学生在将此交点的横坐标与方程的解相对应存在困难。在访谈中,有数学教师教育者认为学生可能会对交点与方程的解之间的对应性感到疑惑,其提到:"学生可能会发现交点有两个坐标,即有两个量,而解只有一个量,究竟存在什么关系?"(T7)因此,数学教师教育者认为学生在将交点与方程的解对应的过程中存在种种困难,包括交点横坐标的几何意义和坐标中的两个量与解的关系。

在已有研究中,研究者同样提到将圆和抛物线的交点与方程的解相对应对于职前数学教师而言存在困难;同时,当他们将交点坐标与方程的解对应了之后,仍然有很多职前教师没有进一步将 x 轴坐标与解相对应。在本研究中,数学教师教育者也提到了类似的观点,在已有研究中发现的错误类型比本研究中数学教师教育者提到的错误更为丰富。

法国数学家笛卡儿在《几何学》的最后一卷中延续了韦达的工作,从而导致解析几何的诞生,因此,将曲线的交点与方程的解相对应是解析几何产生的背景之一,学生在此方面存在困难,也印证了解析几何思想诞生的困难程度。在本研究中,数学教师教育者提出学生具有此方面的困难,实际上也来源于数学教师教育者对于解析几何思想的深刻理解。

(4) 几何性质与方程求解

几何性质与方程求解即学生在利用圆和抛物线的几何性质来说明其交点为方程的根方面存在困难。

在问题4(2)的情境中,介绍了在笛卡儿引入坐标系之前,波斯数学家奥马·海亚姆通过构造圆和抛物线两个图像的交点,从而得到方程的解,因此在奥马·海亚姆的时代,曲线与方程的概念尚未建立,奥马·海亚姆采用几何方法说明了圆和抛物线两个图像交点是方程的解。数学教师教育者认为学生在此方面的理解存在一定困难。在访谈中,有数学教师教育者认为由于目前的学生没有了历史上的数学家对于圆锥曲线几何性质的熟练掌握,从而会在用几何方法说明的时候存在困难,其提到:"其实就看作一个线段而言,难就难在性质的应用、推导的方法,这是要很熟练的人才能去做的,尤其现在的学生对圆锥曲线的几何性质不是很熟悉。我有个感觉,就是现在就算是真正的平面几何专家,可能也只是对某些图形比较熟悉,不可能像古人一样研究得那么深入。"(T5)因此,数学教师教育者认识到学生对于圆锥曲线的几何性质的陌生导致了其对于用几何方法论证的时候存在困难。

在已有研究中,研究者发现职前教师表示出了对于奥马·海亚姆利用几何语言证明两条曲线的交点表示了方程的解的困惑。在本研究中,数学教师教育者也提到了学生在使用几何语言说明方程的解方面存在一定的困难,并进一步将其与学生几何知识的缺乏相联系。

历史上,奥马·海亚姆对三次方程进行了系统的分类并通过圆锥曲线的性质解出了所有类型的三次方程。在问题4(2)的情境中,奥马·海亚姆实际上利用了圆和抛物线的基本几何性质,通过线段之间的比例推理,才验证了圆与抛物线的交点即为三次方程的解[97]。因此,在本研究中,数学教师教育者推断出在学生几何知识缺乏的情况下难以理解奥马·海亚姆的方法是较为合理的。

5.2.2 内容与教学知识

与内容与教学知识相关的问题为调查问卷中问题3(2)和问题5(2)及访谈中与问题3(2)和问题5(2)对应的访谈问题。其所属的知识领域分别为数列和立体几何,涉及的具体知识点为数列的通项公式和旋转体的体积公式,以下分别呈现两个问题的分析结果。

1. 数列

问题 3(2) 考察了数学教师教育者对如何教授数列通项公式的认识。根据对数学教师教育者的相关回答的分析,编码为举例子说明、数列角度分析、函数角度分析、方程角度分析和推理角度分析。不同编码数量的统计如图 5-10 所示。

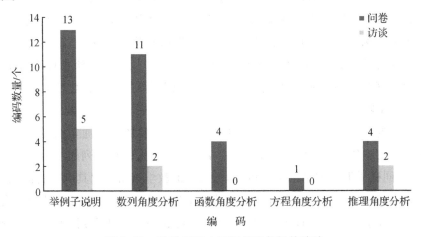

图 5-10 问题 3(2) 中不同编码数量的统计

由图 5-10 可以看出,大部分数学教师教育者认为数列通项公式的任意性可以通过举例子和从数列概念的角度向学生讲解,也有部分数学教师教育者认为可以结合函数、方程和推理向学生说明。问卷中获得的编码数量分布与访谈中获得的编码数量分布类似,在访谈的编码中相对而言更加强调举例子说明。以下分析每一种编码的具体情况。

(1) 举例子说明

举例子说明即创设恰当情境,并通过具体例子帮助学生理解在仅仅给定前几项的情况下,数列通项公式不是唯一的。

在问题 3(1) 的情境中,学生已经学完数列的知识,他们被要求解决下列问题:"给定一个数列 $3,6,9,12,\cdots$,这个数列的通项公式为 $T(n)$。你觉得数列的下一项会是什么?"面对学生的不同回答,数学教师教育者需要帮助学生解决其中存在的问题。

有数学教师教育者认为可以通过举出不同的例子说明这个数列不一定就是等差数列,从而说明这个数列有无数个表达式。其中包括:周期数列,如 $3,6,9,12,3,6,9,12,\cdots$,即从第 5 项开始,不断地重复前面四项。分段表示的数列,如

$$T(n)=\begin{cases} 3n, & 1\leqslant n\leqslant 4, \\ a, & n\geqslant 5 (a\in \mathbf{R}), \end{cases}$$

即从第5项开始,不断重复某一个数字。符合规律的其他数列表达式,如

$$T(n)=3n+(n-1)(n-2)(n-3)(n-4)f(n).$$

利用以上例子向学生说明表达式不唯一,且通过分段表示和构造,可以得到无数种表达式。在访谈中,为了让学生进一步理解表达式不唯一,有数学教师教育者认为可以采用生活实例说明,其提到:"可以通过实例解释,这个日常生活中的事例太多了。就像排列中一样,抓黑白两球,连续抓了4个黑的,第5个不一定还是黑的,这个学生是能够接受的。"(T7)从以上访谈中可以看出,数学教师教育者能够分别从数学内部和数学外部举例,从而帮助学生理解数列的通项公式不唯一。

已有的研究发现,在引出数列的概念时,有经验的教师通常会设计大量数列实例。在本研究中,数学教师教育者在面对向学生解释数列通项公式的不唯一性时,同样采取了列举例子的策略,与教师的教学策略相比具有一定的共性。

数列的历史发展可以为有关数列的例子提供丰富的素材,如在古巴比伦的泥版上呈现了一个有关月相的数列:前5项构成一个等比数列,第5-15项构成一个等差数列,这一数列既可以看作一个周期数列,也可以看作一个分段表示的数列,同时也具有生活气息,容易吸引学生兴趣。

(2) 数列角度分析

数列角度分析即从数列的概念出发,帮助学生理解数列的本质,从而说明数列通项公式不是唯一的。

有数学教师教育者可以从数列定义的角度帮助学生解答困惑,即数列的定义为"按一定顺序排列的一列数",让学生理解数列不一定有规律,从而说明数列的下一项可以是任意的数,因此有无穷多个表达式。在访谈中,数学教师教育者进一步强调了数列中的顺序并不意味着数列具有规律,其提到:"讲数列定义的时候,并没有说这个数列是有规律的。通项公式只不过体现出它的一个规律性,但不一定是唯一的规律。"(T1)从以上访谈中可以看出,数学教师教育者认识到了学生有关数列的迷思概念,从而针对性地提出相应的教学策略。

已有的研究发现,学生可能会将数列概念中的"顺序"理解为具有一定的"规律"。在本研究中,数学教师教育者同样认识到了学生在此认识上的偏差,并进一步给出了相应的教学策略。

在历史上,早期人们关注更多的是等差数列和等比数列,其后才开始研究一般的数列,以至于最后给出一般数列的定义,因此,在本研究中,数学教师教

育者的教学策略实际上借鉴了人类认识数列的一般过程,通过逐步引导,使得学生认识到数列的内涵,从而消除学生的迷思概念。

(3) 函数角度分析

函数角度分析即引导学生将数列看作特殊的函数,利用函数的性质让学生理解数列的通项公式不唯一。

有数学教师教育者认为可以将问题 3(1) 的情境中的数列 3,6,9,12,… 中的前 4 项与对应的项序号看作有序数对,即 (1,3)、(2,6)、(3,9)、(4,12),那么经过这 4 个点的函数图像不确定,应该有无数种不同的结果,因此有无数个函数表达式,从而说明这一数列有无数种表达式。

已有的研究发现,尽管数列一般是在函数之后学习的,但是仍然只有部分的学生能够正确地将数列看作特殊的函数。因此,在本研究中,数学教师教育者从函数的角度帮助学生认识问题 3(1) 的情境中的数列有无穷多个表达式的过程中,需要注意引导学生将数列看作特殊的函数。

数列研究的历史表明,虽然函数与数列之间有着天然的联系,但是人类明确认识到数列是特殊的函数则经历了漫长的过程,因此,在本研究中,数学教师教育者虽然提出了利用函数的性质使得学生理解数列通项公式不唯一的策略,但是仍然需要注意教学中对于数列是特殊的函数的引导过程,使得学生能够自然地接受教师的教学。

(4) 方程角度分析

方程角度分析即利用方程的求解向学生说明在已有条件下方程的解不唯一,从而说明数列通项公式不唯一。

有数学教师教育者认为可以设一个一元四次方程

$$T(n)=an^4+bn^3+cn^2+dn+e。$$

设 $T(5)=x$,则根据问题 3(1) 的情境中的条件,有 $T(1)=3,T(2)=6,T(3)=9,T(4)=12$,不同的 x 产生了不同的五元一次方程组的解 (a,b,c,d,e),由此得到无数个通项公式

$$T(n)=an^4+bn^3+cn^2+dn+e。$$

通过以上方式即可向学生说明数列通项公式不唯一。

已有的研究发现,较少有学生能够从方程的角度理解数列通项公式的求解。在本研究中,数学教师教育者虽然提出了用方程求解说明数列通项公式不唯一的教学策略,但是仍然需要更多的引导和铺垫。

在历史上,虽然古代埃及人已经采用方程的思想总结出等比数列的前 n 项和与前 $n-1$ 项和之间的关系,法国数学家拉克洛瓦利用方程的思想得到了等

比数列前 n 项和公式,但是方程的思想在数列研究中仍然不多见,可见意识到方程与数列之间的关系对于人们具有一定的困难,因此,在本研究中,数学教师教育者有关方程的教学策略在教学实施中需要进一步加工与改进。

(5) 推理角度分析

推理角度分析即通过说明合情推理并不可靠帮助学生理解数列通项公式不是唯一的。

有数学教师教育者认为可以向学生说明不能从有穷推到无穷,从而说明从这4项能得到一个规律,然后依据这个规律猜测下一项是什么,但是这只是猜想,还需要验证。

在访谈中,数学教师教育者进一步阐述了在数列通项公式推导中猜想的重要性,因此需要在肯定学生的过程中再进一步促进学生理解猜想的局限性,其提到:"这个应该从两方面来说。一方面要肯定,猜想是合理的。另一方面,是不完整的,只能说可能性是最大的。有很多题都是这样做的,前面给你几项,但有些很复杂,要先猜出来它的内在联系和通项公式,所以这种猜想是很重要的。猜出来以后不是万事大吉了,还需要论证。我觉得两方面都需要强调,不能一棍子打死,说这个不严谨,要表扬学生,鼓励学生很有敏锐性,但是需要大胆猜想,小心论证,渗透这个思想。"(T3)从以上访谈中可以看出,数学教师教育者认为需要肯定学生的想法,在此基础上鼓励学生进一步验证,从而说明数列通项公式不是唯一的。

已有的研究发现,学生对于事物的不确定、多样性的理解有助于帮助其理解数列通项公式的不唯一性。在本研究中,数学教师教育者能够从学生对于合情推理的理解入手帮助学生理解数列通项公式的多样性,在教学过程中具有一定的有效性。

在历史上,猜想是数学发现的重要途径,但是仍然需要验证做出的猜想,才能得到正确的数学结论,如法国数学家费马宣称找到了质数公式 $2^{2^n}+1$(n 为自然数),当 $n=1,2,3,4$ 时,结论都成立,通过以上公式得到的数字被称为费马数,但是欧拉发现当 $n=5$ 时,费马数不是质数,从而推翻了结论。在本研究中,数学教师教育者采用了类似的策略向学生说明了问题3(1)的情境中的数列是等差数列不一定是正确的,但同时也肯定了合情推理在数学中的重要性。

2. 立体几何

问题5(2)考察了数学教师教育者对如何教授旋转体体积公式的认识。根据对数学教师教育者的相关回答的分析,编码为体积关系、表面积关系、体积和表面积关系及类比平面关系。不同编码数量的统计如图5-11所示。

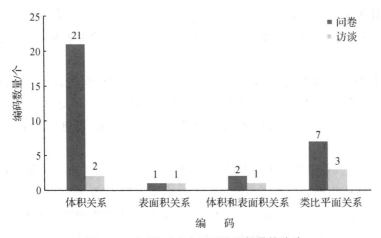

图 5-11 问题 5(2)中不同编码数量的统计

由图 5-11 可以看出,大部分数学教师教育者认为可以在教学中继续让学生探究体积关系,部分数学教师教育者认为可以在教学中让学生类比平面关系给出旋转体中存在的关系,少部分数学教师教育者认为可以探究表面积关系及体积和表面积关系。与问卷中获得的编码数量分布相比,访谈中获得的编码数量分布较为平均。以下分析每一种编码的具体情况。

(1) 体积关系

体积关系即通过问学生有关柱体体积、锥体体积和球体积之间关系的问题,从而促进学生进一步理解立体几何的相关知识。

在问题 5(2)的情境中,学生已经学完立体几何的知识,数学教师教育者需要继续问学生一些问题,从而促进他们进一步理解立体几何的相关知识。

有数学教师教育者认为可以通过提问学生有关不同几何体体积之间的关系,从而加深学生对几何体体积相关知识的理解。其中包括:提问柱体和锥体的体积之间的关系,如棱柱和棱锥的体积之间的关系、圆柱和圆锥的体积之间的关系;提问多面体和旋转体体积之间的关系,如棱柱和圆柱的体积之间的关系、棱锥和圆锥的体积之间的关系;提问圆柱、圆锥和球体体积之间的关系,如锥体和球的体积之间的关系,圆柱、圆锥和球的体积之间的关系,用圆柱、圆锥的体积推导球的体积。

在访谈中,有数学教师教育者认为可以设计有关球体积和棱锥体积之间关系的问题,其提到:"可以设计一系列问题让学生发现球体积和棱锥体积之间的关系。因为球表面积是 $4\pi r^2$,球的体积是 $\frac{4}{3}\pi r^3$,棱锥的体积是 $\frac{1}{3}sh$,让学生观察球的体积和棱锥体积的关系,学生就会把球分解成很小的棱锥,这样就可以找到球体积和棱锥公式之间的关联。"(T5)从以上访谈中可以看出,数学教师教育者能够基于相关的知识设置一系列的问题,从而让学生理解不同几何体的关系。

已有的研究发现,教师会让学生比较圆柱和球的体积的大小,从而促进学生进一步理解。在本研究中,数学教师教育者同样提到了有关圆柱和球的体积的问题,但是会进一步设计问题,引导学生利用圆柱体积、圆锥体积推导球体积的公式。

在历史上,数学家阿基米德推导过圆柱体积和球体积之间的关系,数学家开普勒将球体积看成是无穷多个小棱锥的体积之和,卡瓦列利探究了球体积与圆柱体积和圆锥体积之间的关系,因此,对于不同几何体的体积之间关系的探索在人们认识几何体的过程中相当普遍。在本研究中,数学教师教育者让学生思考相应的问题,能够有效地促进学生对立体几何的理解。

（2）表面积关系

表面积关系即通过问学生不同几何体之间的表面积之间关系比较的问题,从而促进学生进一步理解立体几何的相关知识。

有数学教师教育者认为可以类比问题5(1)的情境中的问题,问学生圆柱的表面积公式、圆锥的表面积公式和球的表面积公式有哪些联系,进而让学生找到推导三者的表面积公式的方法。在访谈中,为了让学生进一步理解不同几何体之间表面积公式的联系,有数学教师教育者认为可以设计相应的具体问题让学生理解三者的联系,其提到:"可以让学生观察柱体和锥体表面由哪些面构成？如何利用柱体或锥体的表面积推导球的表面积？"(T7)从以上访谈中可以看出,数学教师教育者类比了问题5(1)的情境中几何体的体积之间关系的问题得到几何体的表面积之间关系的相关问题,使得学生进一步加深有关几何体表面积的知识。

已有的研究中,教师相关的问题仍然停留在对体积关系的探究上,并没有进一步延伸到有关表面积公式的问题。在本研究中,数学教师教育者能够进一步将问题延伸到几何体的表面积,充分体现了数学教师教育者在立体几何相关教学知识的深入理解和应用。

在历史上,数学家阿基米德利用双归谬法证明了球的表面积公式。在证明的过程中,阿基米德通过用旋转体的表面积逼近得到球的表面积,由球的表面积公式,阿基米德又得到

$$S_{球} = \frac{2}{3} S_{球外切圆柱}。$$

日本数学家将球分割为等厚的许多圆柱形薄片。因此,在本研究中,数学教师

育者基于球的表面积引出其与圆柱表面积和圆锥表面积的关系，与历史上立体几何的发展相似。

（3）体积和表面积关系

体积和表面积关系即通过问学生不同几何体之间体积和表面积的关系，从而促进学生进一步理解立体几何的相关知识。

有数学教师教育者认为可以通过向学生提出圆柱、圆锥、球的体积和表面积之间有什么联系，从而使得学生进一步理解不同几何体中体积和表面积公式的联系。在访谈中，数学教师教育者认为可以进一步将其拓展为不同柱体和锥体的体积与表面积，从而使得学生更好地认识到更多的几何体属性，其提到："如果接着这个问题，因为现在给出的都是旋转体，还可以考虑其他的几何体，就是一般的柱体、锥体。现在有体积之间的关系，肯定还有表面积之间的关系。有体积和表面积之间的关系，就是从不同的维度来看待不同几何体的不同属性的计算方式。"（T2）从以上访谈中可以看出，数学教师教育者将问题进一步拓展到了一般的几何体和更多的几何属性，从而进一步丰富了问题的内涵。

已有的研究发现，教师在向学生进一步提出问题的过程中，主要局限在旋转体中，考虑的几何属性主要为体积。在本研究中，数学教师教育者能够进一步将其拓展到更多样的几何体及更丰富的几何元素中，使得学生进一步加深对于立体几何的理解。

在数学家阿基米德推导球体积公式和球表面积公式的时候，利用球的表面积公式得到了球的体积公式，数学家开普勒将球体积看作无穷多个小棱锥的体积之和，从而利用球的表面积公式得到了球的体积公式。因此，数学家早就认识到几何体的表面积与体积之间有着重要的联系。在本研究中，数学教师教育者基于自身对此联系的了解，编制相关问题，使得学生加深了对立体几何知识与表面积和体积相关知识的理解。

（4）类比平面关系

类比平面关系即通过展示平面中的问题，问学生类比到空间能够得到什么样的结论，从而促进学生进一步理解立体几何的相关知识。

有数学教师教育者认为可以展示平面中的极值问题，即周长为定值的平面封闭图形中，圆的面积最大，再问学生类比到空间中会得到什么结论。在访谈中，有数学教师教育者提到了更多在平面几何中的结论，认为其可以尝试向立体几何中的结论类比，其提到："可以从平面到空间进行一些类比，这方面的角度比较多。比如三角形，类比到空间是什么？有的类比到三棱锥，有的类比到三棱柱，这两个是完全不一样的，但是类比过来都可以。还有比如三角形中的边角关系,类比到空间中是什么?有的类比到三棱柱中,侧面和它所对的棱的二面角,有的类比到三棱锥中。有的时候平面中存在的结论,到空间中也存在,所以类比是必要的。"(T6)从以上访谈中可以看出,数学教师教育者对于从平面到空间的类比非常重视,并且从不同角度阐述了类比的可能性和必要性。

已有的研究发现,教师在问题5(2)的情境向学生进一步提问的时候,同样也会选择让学生从平面和空间两个视角进行比较。在本研究中,数学教师教育者进一步阐述了平面到空间类比的不同情形,并且解释了这一类比的重要性。

在人类认识立体图形的历史上,数学家也在不断地将平面的结论类比到空间中,从而解决立体几何中的问题,如数学家阿基米德在猜想球表面积公式的时候,类比圆面积公式得到了球的表面积公式。因此,在研究中,数学教师教育者利用平面到空间的类比促进学生对立体几何的理解,同样符合历史上数学家研究立体几何的一般思路。

5.2.3 内容与课程知识

同内容与课程知识相关的问题为调查问卷中问题2(2)和访谈中与问题2(2)对应的访谈问题。此问题所属的知识领域为三角函数,涉及的具体知识点为任意角三角函数的概念。本题考察了数学教师教育者对任意角三角函数在教科书中编排的理解。

根据对数学教师教育者的相关回答的分析,编码为静态与动态、运算与变量、为学生做衔接和为后续内容服务。不同编码数量的统计如图5-12所示。

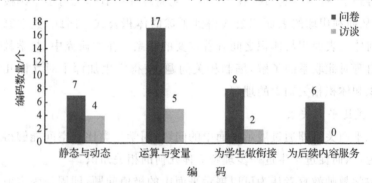

图5-12 问题2(2)中不同编码数量的统计

由图5-12可以看出,大部分数学教师教育者从运算与变量的角度认识教科书中的三角比和三角函数,部分数学教师教育者认为教科书中将三角部分分为三角比和三角函数有效区分了静态和动态。教科书中从三角比入手可以为学生初中三角的学习做衔接,同时也为后续三角函数的学习做铺垫。问卷中获得的编码数量分布与访谈中获得的编码数量分布类似。以下分析每一种编码的具体情况。

(1) 静态与动态

静态与动态即认为三角比是静态的量,三角函数是动态的量,因此教科书中需要区分这两个量,体现从静态到动态的过程。

在问题2(2)中提到三角部分在教科书里分两个部分:三角比和三角函数。其中,三角比就是以角为自变量,比值为变量的函数,数学教师教育者需要回答为什么教科书不统一称其为三角函数?教科书有哪些意图?

有数学教师教育者认为三角比是一个具体的数字,在角度固定的情况下,比值也随之确定,且三角比源于测量的需要,因此三角比是一个静态的量。而三角函数是一个对应关系,在角度变化的情况下,比值也随着变化,且三角函数是刻画周期现象的数学模型,两者的着力点不同。教科书中将三角比和三角函数分为两个部分,其意图是从静态角度研究过渡到动态角度研究,从而符合循序渐进建立数学概念的研究逻辑和学生认识过程的认知规律。在访谈中,有数学教师教育者认为三角比和三角函数的研究内容不同,将其分开有利于学生学习,其提到:"三角比主要还是侧重一些静态的情况,三角函数相对来讲是动态变化的过程。三角比实际上主要是有关三角形的边角关系,三角函数就是研究函数的各种性质。两者分开比较方便,放在一起容易扰乱学生的思维。"(T3)从以上访谈中可以看出,数学教师教育者认为三角比的研究内容主要偏向静态,而三角函数的研究内容偏向动态,因此将两者分开有利于学生学习。

已有的研究发现,数学师范生认为三角比只是一个数,不是一个函数,因此将三角比和三角函数分开是必要的。在本研究中,数学教师教育者也强调了类似的观点,即将三角比和三角函数作为两类研究对象看待,同时,也进一步提到了两者具体研究内容的差异。

三角学最早产生于古希腊,其发展大体可分为三个时期。在第一个时期和第二个时期,三角学主要是用已知的几何知识解决三角学内的一些问题,第三个时期从18世纪以后开始,而其重要标志是数学家欧拉发表了《无穷分析引论》,使三角学从静态过渡到了动态。在本研究中,数学教师教育者同样从静态到动态的角度考虑教科书中相关内容的编排。

(2) 运算与变量

运算与变量即认为三角比侧重于代数运算,三角函数侧重于函数变量,因此教科书中需要区分运算与变量。

有数学教师教育者认为三角比侧重于角的变换、同角三角比之间的关系、三角比与三角比之间的关系,即各种变换和与别的三角比之间的关系,而三角函数侧重于从函数的角度研究三角函数的图像与性质,重点研究和揭示函数本身的特征和变化规律,因此教科书中需要将两者互相区分。在访谈中,有数学教师教育者认为,其提到:"从两角和与差公式开始,学习了各种三角公式,就是研究两个角的问题,这是从运算角度理解的,不是从函数角度去解读的,更多体现的是一种方程的思想,紧接着解三角形的内容就出现。所以我觉得教科书的意图就把三角比作为一种代数运算,不知道代数运算使用准不准确,实际上这里有方程的作用。"(T5)从以上访谈中可以看出,数学教师教育者具体分析了三角比的研究内容中具有的代数运算的特征,如两角和与差公式、解三角形等。

已有的研究发现,数学师范生认为三角比可看作像加减乘除一样的运算,而三角函数是作为函数的性质进行研究。在本研究中,数学教师教育者同样强调了三角比中的代数运算性质和三角函数的函数变量性质,并结合具体的三角学内容做了详细的阐述。

在三角学发展的前两个时期,由于编制弦表的需要,数学家得到了和角公式,出于解三角形的需要,产生了正弦定理、余弦定理,此后,数学家韦达首次将代数变换引入三角学,18世纪之后,三角学成为分析学的分支。因此,在本研究中,数学教师教育者将三角比的研究内容主要归结于代数运算,将三角函数的内容主要归结为函数变量,符合三角学的历史发展过程。

(3)为学生做衔接

为学生做衔接即认为三角比使得学生从初中的锐角三角比过渡到任意角三角比,因此教科书中需要将三角分为三角比和三角函数两个部分。

有数学教师教育者认为任意角三角比是对初中三角比知识的延伸,如果直接作为三角函数来讲,由于对周期性变化的认识不深刻,对于学生的思维跳跃性较大,可能会导致学生学习困难,因此在教科书中将三角比和三角函数分开编排。在访谈中,有数学教师教育者认为将三角比和三角函数分开有利于学生接受,其提到:"我觉得分开来,肯定对于学生来讲指向清晰一点,对于学生的理解、运用会更加有效一点。在讲到计算的时候,就专心学习三角公式,讲到函数的时候,马上就想到可能要用函数的知识来处理。所以我觉得分开来讲还是有好处的。"(T2)从以上访谈中可以看出,数学教师教育者从学生的认知出发说明了教科书的编排意图。

已有的研究发现,数学师范生同样考虑到了对于高中生,在未熟悉三角比的情况下,引入三角函数的概念增加了学生的难度。在本研究中,数学教师教育者同样从学生的认知难度考虑了教科书的编排,同时将其与学生在初中阶段所学的知识相结合说明。

在三角学的三个发展阶段中,前两个阶段的研究内容都与三角形有关,初中所学的三角知识和高中三角比的学习与前两个阶段的研究内容是对应的,因此,教科书中先讲三角比,与三角形的发展过程是吻合的。在本研究中,数学教师教育者同样意识到了教科书中三角比对于学生前序知识学习的铺垫作用。

(4) 为后续内容服务

为后续内容服务即认为三角比的学习是为学生后续三角函数的学习服务的,因此教科书中先学习三角比,后学习三角函数。

有数学教师教育者认为教科书的意图是把三角比中的角用"弧度制"表示,从而建立起角的集合与实数集之间的一一对应,与后续三角函数概念、三角函数图像的学习相联系,同时,也引出了一些三角公式,为后续的学习做准备。在访谈中,有数学教师教育者认为三角比这一章中学习的知识为三角函数这一章的学习做了很多方面的铺垫,其提到:"初中所学的三角是对直角三角形边角关系的刻画,是为了解直角三角形,并不讨论三角的性质,其中角的取值是60进位制的,并非10进位制的实数,与高中所学的实数集与实数集上对应关系的函数定义不符。因此首先要解决的问题是将初中所学习的角的范围做进一步推广,从0°到360°再推广到任意大小。其次要将60进位制统一成10进位制的实数,从而建立弧度制。然后在弧度制下建立任意角的三角比和三角恒等式,为下一章将三角函数看成以实数为自变量的函数打好基础。"(T1)从以上访谈中可以看出,数学教师教育者认为在三角比这一章中,通过将角的范围扩大、将角度值转换为弧度制和不同的三角恒等式的学习为三角函数的学习做了充分的铺垫。

已有的研究发现,数学师范生认为三角比学习是为三角函数学习做准备。在本研究中,数学教师教育者同样提到了三角比的学习对三角函数学习的促进作用,并进一步从角的范围、弧度制的转换和三角公式的学习等角度具体阐述了原因。

在三角学的三个发展阶段中,前两个阶段的研究内容是与初中的三角知识和高中三角比知识相对应的,第三个阶段的研究内容与高中三角函数知识相对应,三角学的第三个阶段的发展实际上正是建立在前两个阶段的基础之上,因此,在本研究中,数学教师教育者认为三角比为三角函数的学习服务,与三角学的历史发展过程是符合的。

5.3 高观点下的数学知识

5.3.1 学科高等知识

与学科高等知识相关的问题为调查问卷中问题1(3)和问题3(3)及访谈中与问题1(3)和问题3(3)对应的访谈问题。其所属的知识领域分别为函数和数列,涉及的具体知识点为函数的概念和数列的通项公式,以下分别呈现两个问题的分析结果。

1. 函数

问题1(3)考察了数学教师教育者对现代函数定义与高中函数定义联系和区别的认识。根据对数学教师教育者的相关回答的分析,编码为变量的范围更明确、都是对应关系、更加抽象和明确了对应关系。不同编码数量的统计如图5-13所示。

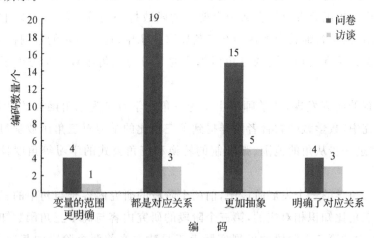

图5-13 问题1(3)中不同编码数量的统计

由上图可以看出,大部分数学教师教育者认为现代的函数定义与高中的函数定义都强调了对应关系,不过现代的函数定义更加抽象,也有部分数学教师教育者认为高中的函数定义中变量的范围更明确,现代的函数定义则明确了对应关系。与问卷中获得的编码数量分布相比,访谈中获得的编码较为强调对应关系的明确。以下分析每一种编码的具体情况。

(1) 变量的范围更明确

变量的范围更明确即认为高中函数的"对应说"中,自变量的范围更直观。

在问题1(3)中提到函数有以下"关系说"定义:设 R 是一个二元关系,如果满足 $(x_1, y_1) \in R, (x_1, y_2) \in R$,则 $y_1 = y_2$,那么称 R 是函数关系。数学教师教育者需要回答以上定义与高中的函数定义有哪些联系和区别?

有数学教师教育者认为高中的"对应说"中强调了定义域是某个集合的全体对象,并且为非空数集,这在"关系说"中没有体现出来,因此,在高中的"对应说"中自变量的范围更加直观。在访谈中,有数学教师教育者认为高中的"对应说"比"关系说"中更容易理解,这对于学生解决问题比较重要,其提到:"高中生理解函数定义的过程中,自变量的取值范围是很重要。学生往往被具体问题中自变量的取值范围所困扰,定义域的不同将导致解决问题的手段不同。"(T2)从以上访谈中可以看出,数学教师教育者认为相比于函数的"关系说",高中的"对应说"对于学生的直观理解和具体使用具有一定的便利性。

已有的研究发现,有教师较为喜欢"对应说",因为他们认为这一定义比较熟悉,且容易理解。在本研究中,数学教师教育者也从定义的可理解性出发,认为高中的"对应说"定义较容易理解,同时,数学教师教育者从学生的问题解决角度进一步阐述了相关的想法。

从高观点来看,关系和函数虽都刻画了关于两集合元素之间的联系,但是函数的定义域是某个集合的全体,而关系则可以是这个集合的真子集。在本研究中,数学教师教育者是从学生理解的角度出发提到了两个函数定义中定义域的区别,实际上也可以从高观点的角度进一步进行解释。

(2) 都是对应关系

都是对应关系即认为函数的"对应说"和函数的"关系说"定义本质上都是对应关系,且都强调了一个 x 只有一个 y 与之对应。

有数学教师教育者认为在两个定义中,函数的本质还是没有变化,自变量和因变量都是成对出现的。在"对应说"中,任意一个自变量 x 都有唯一确定的 y 与之对应;在"关系说"中,一旦 x 确定下来,那么就不存在第二个 y,即 y 也确定下来了。因此,两者虽然形式不同,本质是一致的。在访谈中,有数学教师教育者分享了其认识两个定义中对应关系的一致性的过程,其提到:"我的理解可能建立在高中的知识之上。按照我的理解,都是强调了一种对应,就是 x 和 y 产生一种对应。然后就是一个 x 对应一个 y,不能有两个像,如果对应了两个像 y_1 和 y_2,则 y_1 和 y_2 这两个像就一定要相同。"(T5)从以上访谈中可以看出,数学教师教育者是基于对高中函数定义的理解,从对应的角度阐述函数的"关系说",从而发现了两个定义之间的相似之处。

已有的研究发现,教师虽然对于函数的"关系说"比较陌生,但是仍然能够从"对应说"的角度理解"关系说",即将自变量和因变量分别放进一个序偶集合之中。在本研究中,由于数学教师教育者对函数的"关系说"也相对比较陌生,因此也是从对应关系的角度理解函数的"关系说",同时,进一步认识到了两者对应关系的一致性。

从高观点来看,在函数的定义中,对于任给的 $x \in X$,则存在唯一的 $y \in Y$ 与之对应,而在关系的定义中,对于任给的 $x \in X$,可以有一个的元素与之对应,所以可以将函数看作一种特殊的关系。在本研究中,数学教师教育者从对应的角度出发,发现了两者对应关系的一致性,但是没有进一步将函数看作一种特殊的关系。

(3) 更加抽象

更加抽象即认为函数的"关系说"是在"对应说"的基础上更加抽象化和形式化。

有数学教师教育者认为函数的"关系说"是使用集合论的语言加以描述的,完全用数学的符号形式化了,因此比函数的"对应说"更抽象,不利于学生理解。在访谈中,有数学教师教育者认为函数的"关系说"更加简明,而"对应说"更加具体,因此,后者更适合高中学生理解,其提到:"'关系说'的表述比较抽象、形式化,很简明,语言用得更少,但是又抽象了一层。高中的函数定义主要是变量之间的对应,比较具体,就是讲一个过程,让你体会到一个过程,比较好理解,符合高中学生的认知。如果按照关系说来讲,就抽象了一点,因为高中还是面对全体的普适教育。"(T5)从以上访谈中可以看出,数学教师教育者能够体会到函数的"关系说"比"对应说"更加抽象,其原因在于"对应说"更加形式化,但是也增加了学生理解的难度。

已有的研究发现,教师认为函数的"关系说"是更加一般的,但是教师通常很难解释一般的含义。在本研究中,数学教师教育者同样强调了函数的"关系说"比"对应说"更加一般,同时将一般理解为数学语言的形式化,因此在认识上比一般的教师更加深入。

从高观点来看,"关系说"将函数用集合论的语言加以叙述,没有使用其他未经定义的日常语言,因而是完全数学化的,然而,"关系说"对初学者而言不易掌握。在本研究中,数学教师教育者同样提到了在函数的"关系说"中使用的形式化的数学语言,同时也提到了学生对其认知的困难性。

(4) 明确了对应关系

明确了对应关系即认为函数的"关系说"明确了高中的"对应说"中对于对

应法则的含糊描述。

有数学教师教育者认为高中函数定义采用"对应说",它对函数的刻画自然形象,但是对于对应关系的刻画不充分,而"关系说"则进一步明确了什么是对应关系,因此"对应说"定义更加广泛、精确和抽象。在访谈中,有数学教师教育者进一步解释了其认为"关系说"如何使得"对应说"中的对应关系更加精确的思考过程,其提到:"我是从符号角度考虑的。对应说的概念中有确定和唯一,什么是唯一?很抽象,用文字语言说不清楚。而关系说用数学的符号来表示确定和唯一,更加符号化,数学中唯一就是 $A=B$,两者一样,两个是同一个,这在关系说中体现了出来。"(T8)从以上访谈中可以看出,数学教师教育者从数学语言的角度分析了对应关系在函数的"对应说"表述,认为其较为含糊,而"关系说"进一步将其形式化和明确化。

已有的研究发现,教师虽然能够识别出函数的"关系说"更加一般,但是仍然停留在浅层的理解,如将其看作函数图像中的坐标点等。在本研究中,数学教师教育者在此方面显示出了对于函数"关系说"的更深理解,能够从数学语言的角度分析定义的精确性。

从高观点来看,函数的"对应说"中对于对应法则 f 缺乏明确的解释,在"关系说"中通过对关系添加一个附加条件,把"对应说"中的对应法则 f 做了数学化的描述。在本研究中,数学教师教育者同样提到了"关系说"定义对于对应法则的明确化描述,体现了其能够充分地从高观点理解函数概念。

2. 数列

问题 3(3)考察了数学教师教育者对有穷数列的通项公式求解的认识。根据对数学教师教育者的相关回答的分析,编码为构造的方法、待定系数法、拉格朗日插值法和拟合的方法。不同编码数量的统计如图 5-14 所示。

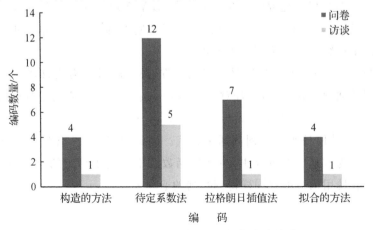

图 5-14 问题 3(3)中不同编码数量的统计

由图5-14可以看出,大部分数学教师教育者利用待定系数法求解有穷数列的通项公式,部分数学教师教育者利用拉格朗日插值法、构造法和拟合法求解有穷数列的通项公式。问卷中获得的编码数量分布与访谈中获得的编码数量分布类似,都强调了待定系数法。以下分析每一种编码的具体情况。

(1) 构造的方法

构造的方法即根据已知的条件,通过一定的构造,得到有穷数列一个通项公式。

在问题3(3)中提到给定一个5项的数列:3,6,9,12,13,数学教师教育者需要求出它的一个通项公式(非分段函数形式)。

针对以上问题,数学教师教育者给出了不同的构造方式,有数学教师教育者构造的通项公式为

$$a_n = 3n - \frac{(n-1)(n-2)(n-3)(n-4)}{12} \quad (n=1,2,3,4,5),$$

还有的数学教师教育者构造的通项公式为

$$a_n = 3n - (1-(-1)^{\left[\frac{n}{5}\right]}) \quad (n=1,2,3,4,5),$$

其中$[x]$是取整函数。

在访谈中,有数学教师教育者阐述了其构造上述通项公式的思路,其提到:"首先,前4项是等差数列,因此可以先写出$3n$。然后,第5项是13,这个有点特殊,需要凑一个尾项,这个尾项需要满足1,2,3,4代进去等于0。因此,就想到了$(n-1)(n-2)(n-3)(n-4)$。最后,再把5代进去,凑一凑,就构造出了通项公式。"(T5)从以上访谈中可以看出,数学教师教育者首先考虑了前4项等差数列的特征,再通过构造尾项得到了最终的通项公式。

已有的研究发现,学生对于有穷数列的认识存在片面性,会认为某些看上去"无规律"的数列不是数列。在本研究中,数学教师教育者对有穷数列的理解较深,没有因为其看上去没有规律就放弃寻找它的通项公式,而是通过构造的方式找到了有穷数列的不同通项公式。

从高观点来看,若数列满足一定的条件,还可以通过构造数列的母函数来求解数列的通项公式,即对于任意数列$a_0, a_1, a_2, \cdots, a_n$,可以构造其母函数

$$f(x) = a_0 + a_1 x + a_2 x^2 + \cdots + a_n x^n,$$

其中x^n的系数便是所求数列的通项公式。因此,构造的思想在数列通项公式的求解中较为常见。本研究中,虽然母函数法不适用于给定的条件,但是数学教师教育者使用构造方式同样得到数列的通项公式。

（2）待定系数法

待定系数法即设数列的通项公式
$$T(n)=an^4+bn^3+cn^2+dn+e,$$
基于已知的条件，将数据代入求出各个系数。

有数学教师教育者认为可以先设通项公式为
$$T(n)=an^4+bn^3+cn^2+dn+e,$$
由 $T(1)=3, T(2)=6, T(3)=9, T(4)=12, T(5)=13$，从而得到一个五元一次方程组，算出各系数，即可得到最终的数列通项公式。在访谈中，有数学教师教育者认为在求数列通项公式的过程中，若找不到规律，则待定系数法是其主要的选择，但是学生在此方面训练不多，其提到："在不是等差数列或者等比数列，找不出规律的情况下，如果不写分段函数，那就用待定系数法。但是要确定它是什么模型、是什么类型的。模型有很多，设一个模型，用待定系数法都是可以求解的，但是这个不是学生平时训练的内容。"(T1)从以上访谈中可以看出，数学教师教育者认为在找不到规律的情况下，待定系数法是最普遍采用的方法，但是这对于学生并不熟悉，在一般情况下，给学生的都是有规律的数列。

已有的研究发现，学生对于等差数列、等比数列之外的，没有规律的数列基本无法确定其通项公式。在本研究中，数学教师教育者也表达了类似的看法，因此，虽然有很多数学教师教育者能够利用待定系数法求解得到通项公式，但在教学中通常不会涉及。

从高观点来看，给定有穷数列 $a_1, a_2, a_3, \cdots, a_k, a_{k+1}$，可以使用待定系数法求解通项公式。设
$$a_n=b_k n^k+b_{k-1}n^{k-1}+\cdots+b_1 n+b_0,$$
从而得到方程组
$$\begin{cases} b_k+b_{k-1}+\cdots+b_1+b_0=a_1, \\ 2^k b_k+2^{k-1}b_{k-1}+\cdots+2b_1+b_0=a_2, \\ \cdots\cdots\cdots\cdots \\ k^k b_k+k^{k-1}b_{k-1}+\cdots+kb_1+b_0=a_k, \\ (k+1)^k b_k+(k+1)^{k-1}b_{k-1}+\cdots+(k+1)b_1+b_0=a_{k+1}. \end{cases}$$

为了解这一方程组，可以采用高斯消元法，同时，也可以将线性方程组看作矩阵方程，得到 $k+1$ 行 $k+1$ 列的矩阵

$$\begin{bmatrix} 1 & 1 & \cdots & 1 & a_1 \\ 2^k & 2^{k-1} & \cdots & 1 & a_2 \\ \vdots & \vdots & & \vdots & \vdots \\ k^k & k^{k-1} & \cdots & 1 & a_k \\ (k+1)^k & (k+1)^{k-1} & \cdots & 1 & a_{k+1} \end{bmatrix}。$$

通过矩阵的变换，可以求出方程组的系数。在本研究中，数学教师教育者给出了类似的方法，实际上，在求解方程组时，还可以采用矩阵的方法。

（3）拉格朗日插值法

拉格朗日插值法即利用拉格朗日插值公式直接得到满足条件的数列通项公式。有数学教师教育者认为基于已有条件，可以利用拉格朗日插值公式，得到

$$T_n = 3 \cdot \frac{(n-2)(n-3)(n-4)(n-5)}{(1-2)(1-3)(1-4)(1-5)} + 6 \cdot \frac{(n-1)(n-3)(n-4)(n-5)}{(2-1)(2-3)(2-4)(2-5)} +$$

$$9 \cdot \frac{(n-1)(n-2)(n-4)(n-5)}{(3-1)(3-2)(3-4)(3-5)} + 12 \cdot \frac{(n-1)(n-2)(n-3)(n-5)}{(4-1)(4-2)(4-3)(4-5)} +$$

$$13 \cdot \frac{(n-1)(n-2)(n-3)(n-4)}{(5-1)(5-2)(5-3)(5-4)},$$

于是求出数列的通项公式。

在访谈中，有数学教师教育者认为这一方法主要是教师掌握，对于学生而言较难接受，其提到："拉格朗日插值公式是比较巧妙的一个方法，不需要待定系数。但是这是教师掌握的，不是学生能够接受的。因为它对于学生来说相当困难，需要向学生不断渗透。可以让学生开开眼界，有这样一个方法，但是不能强制要求他们接受。"（T7）从以上访谈中可以看出，数学教师教育者认为拉格朗日插值公式是比较巧妙的方法，但是对于学生较难理解，只能欣赏。

已有的研究发现，大部分数学教师认为有必要将高等数学知识融入数学教学。在本研究中，数学教师教育者同样认为教师需要掌握一定的高等数学知识，同时也提到高等数学的知识在教学中需要慢慢地渗透。

从高观点来看，可以采用拉格朗日插值公式求解任意有穷数列 $a_1, a_2, a_3, \cdots, a_k, a_{k+1}$ 的通项公式。设

$$f_1(n) = \frac{(n-2)(n-3)\cdots[n-(k+1)]}{(1-2)(1-3)\cdots[1-(k+1)]},$$

$$f_2(n) = \frac{(n-1)(n-3)\cdots[n-(k+1)]}{(2-1)(2-3)\cdots[2-(k+1)]},$$

$$\cdots\cdots\cdots$$

$$f_k(n) = \frac{(n-1)(n-2)\cdots[n-(k-1)][n-(k+1)]}{(k-1)(k-2)\cdots[k-(k-1)][k-(k+1)]},$$

$$f_{k+1}(n)=\frac{(n-1)(n-2)\cdots(n-k)}{[(k+1)-1][(k+1)-2]\cdots[(k+1)-k]},$$

则数列的通项公式为

$$a_n=a_1f_1(n)+a_2f_2(n)+\cdots+a_{k+1}f_{k+1}(n)。$$

拉格朗日插值公式避免了采用待定系数法求解线性方程组的过程。在本研究中,数学教师教育者采用拉格朗日插值公式的方法,体现了其一定的高等数学素养。

(4) 拟合的方法

拟合的方法即设计各种函数模型,利用不同的函数模型来拟合已知的数据,从而获得数列的通项公式。

有数学教师教育者认为可以设计各种函数模型,如多项式函数、幂函数和三角函数等,将其通过5个点来拟合,求解得到函数表达式,从而获得数列的通项公式。在访谈中,有数学教师教育者认为待定系数法就是一种特殊的拟合方法,其提到:"使用拟合的方法需要找到不同的函数模型,其中多项式函数是最简单的一种函数模型。之前讲的待定系数法其实就是用四次多项式来拟合,使用其他函数来拟合相对来说复杂一点,但也能找到。"(T8)从以上访谈中可以看出,数学教师教育者将拟合的方法与待定系数法相联系,并将待定系数法看作一种特殊的拟合方法。

已有的研究发现,很少有学校会组织教师学习高等数学的知识,因此,虽然很多教师理解高等数学在中学数学中的价值,但是几乎忘记了相关的知识。在本研究中,数学教师教育者虽然没有具有阐述函数拟合的具体相关知识,但具备一定的高观点和相应的意识。

从高观点来看,可以采用有界差分法求解有穷数列 $a_1,a_2,a_3,\cdots,a_k,a_{k+1}$ 的通项公式,即

$$\Delta a_1=a_2-a_1,$$
$$\Delta^2 a_1=(a_3-a_2)-(a_2-a_1)=a_3-2a_2+a_1,$$
$$\Delta^3 a_1=(a_4-2a_3+a_2)-(a_3-2a_2+a_1)=a_4-3a_3+3a_2-a_1,$$
$$\Delta^k a_1=a_{k+1}-C_k^1 a_k+C_k^2 a_{k-1}-\cdots+(-1)^{k-1}C_k^{k-1}a_2+(-1)^k a_1,$$

因此有

$$a_n=a_1+\frac{\Delta a_1}{1!}(n-1)+\frac{\Delta^2 a_2}{2!}(n-1)(n-2)+\cdots+\frac{\Delta^k a_1}{k!}(n-1)(n-2)\cdots(n-k),$$

有界差分法是一种拟合函数的常用方式,在本研究中,数学教师教育者提出可以用函数拟合的方式得到有穷数列的通项公式,但是对于具体拟合的方法还涉及不多。

5.3.2 学科结构知识

与学科结构知识相关的问题为调查问卷中问题4(3)和问题5(3)及访谈中与问题4(3)和问题5(3)对应的访谈问题。其所属的知识领域分别为解析几何和立体几何,涉及的具体知识点为抛物线的概念和球体积公式,以下分别呈现两个问题的分析结果。

1. 解析几何

问题4(3)考察了数学教师教育者对高观点下三角形相似和抛物线相似之间联系的认识。根据对数学教师教育者的相关回答的分析,编码为离心率相同、三角形相似、图形位似和坐标缩放。不同编码数量的统计如图5-15所示。

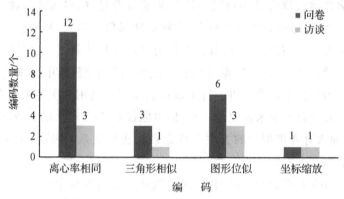

图 5-15 问题4(3)中不同编码数量的统计

由图5-15可以看出,大部分数学教师教育者从离心率相同理解所有的抛物线都是相似的,部分数学教师教育者从坐标缩放、焦点三角形相似和二项系数比例相同理解抛物线的相似性。与问卷中获得的编码数量分布相比,访谈中获得的编码数量分布较为平均。以下分析每一种编码的具体情况。

(1) 离心率相同

离心率相同即认为所有抛物线的离心率都是1,因此所有的抛物线都相似。在问题4(3)中提到所有抛物线都是相似的,数学教师教育者需要对这一结论做出解释和证明。

数学教师教育者认为可以用离心率定义圆锥曲线的相似,而抛物线的离心率都等于1,说明在直角坐标系中的不同抛物线只是位置不同而具有相同的形状,故所有的抛物线都相似。在访谈中,有数学教师教育者认为可以采用离心率定义圆锥曲线的相似,但是其科学性不能保证,其提到:"因为这里涉及抛物线的相似,怎么定义抛物线相似? 要有个定义后才能有一个起点。什么是相似? 命题的时候我出过有关椭圆相似的题目,就是用离心率,椭圆中两个焦点和一个顶点构成的焦点三角形,若两个三角形是相似的,则定义这两个椭圆是相似的。所以你说抛物线是相似的,这个定义是什么首先要明确。如果没有定义,那我的解释就是因为离心率都是1,那我就认为是相似的,但是是否科学我不确定。"(T2)从以上访谈中可以看出,数学教师教育者认为可以从离心率出发定义圆锥曲线的相似,但是仍然对这一定义有所疑惑。

已有的研究发现,虽然教师都能意识到高等数学学习对自身教师素养有帮助,却难以运用到日常教学中,且教师普遍认为自身缺乏高观点下的数学知识。在本研究中,数学教师教育者虽然意识到需要给圆锥曲线的相似给出一个规范的定义,但是仍然对于给出的定义不太确信,同样体现出了高观点知识认识不足的现象。

从高观点来看,基于两个图形(包括直线形和曲线形)相似的概念,可以证明两个二次曲线相似的充要条件是这两条曲线的离心率相等,因此,在圆锥曲线中,可以采用离心率来说明两个图形之间的相似性,但是仍然需要通过给出一般相似的概念后加以证明。在本研究中,数学教师教育者利用离心率说明了所有抛物线是相似的,具有一定的科学性,但还需要通过严格的定义加以证明。

(2) 三角形相似

三角形相似即在任意两个抛物线中分别构造特殊的三角形,通过说明两个三角形相似从而解释所有抛物线都是相似的。

数学教师教育者设抛物线 $C_1: y^2 = 2p_1 x (p_1 > 0)$ 的焦点为 $F_1\left(\frac{p_1}{2}, 0\right)$,抛物线 $C_2: y^2 = 2p_2 x (p_2 > 0)$ 的焦点为 $F_2\left(\frac{p_2}{2}, 0\right)$,分别作 C_1, C_2 的通径 $A_1 B_1$,$A_2 B_2$,则

$$A_1 B_1 : OF_1 = 2p_1 : \frac{p_1}{2} = 4,$$

$$A_2 B_2 : OF_2 = 2p_2 : \frac{p_2}{2} = 4,$$

所以 $\triangle OA_1 B_1 \sim \triangle OA_2 B_2$。

在访谈中,有数学教师教育者进一步将以上推理过程推广到抛物线中的一般三角形中,其提到:"之前验证了抛物线的通径与抛物线所围成的三角形相似。再将垂直于 x 轴的直线变为与 x 轴成 θ 角的直线,同样证明 $\triangle OA_1 B_1 \sim \triangle OA_2 B_2$。之后将问题一般化,点 F_1, F_2 在 x 轴上的位置变为任意 $F_1\left(\frac{kp_1}{2}, 0\right)$,$F_2\left(\frac{kp_2}{2}, 0\right)(p_1 > 0, p_2 > 0)$,再证明 $\triangle OA_1 B_1 \sim \triangle OA_2 B_2$。再由 θ,点 F_1, F_2 的

任意性,可知任意两抛物线都相似。"(T4)从以上访谈中可以看出,数学教师教育者通过将抛物线的相似的问题转化为抛物线中的三角形相似的问题,从而运用已有的知识解决抛物线相似的问题。

已有的研究发现,多数教师对于现代数学中的几何知识感到陌生。在本研究中,进一步考察了数学教师教育者对于相似概念在曲线中的拓展的认识,发现数学教师教育者能够利用三角形相似中的一些特征,将其进一步拓展到曲线中。在以上回答中,数学教师教育者主要利用了相似三角形的对应边比例相等的性质,将其转化为曲线中对应线段的比例相等。

从高观点来看,初等数学中有关相似图形的定义,即顶点之间存在对应关系,使得对应的角相等,对应的边成比例是有限制的,只适用于凸多边形。在非凸多边形中,角度的测量方式会影响相似的定义是否适用,甚至在一般的曲线中,没有现成的角度可供测量。因此,可以从相似变换的角度对原先的相似定义进行推广,即定义平面上的变换 T 是一个相似变换,当且仅当存在一个正实数 k,使得对于平面上的任一点 P 和 Q,若 $T(P)=P'$ 和 $T(Q)=Q'$,则 $P'Q' = k \cdot PQ$。本研究中,虽然数学教师教育者试图从三角形相似出发研究曲线的相似,但没有进一步用几何变换的角度给出图形相似的一般定义。

(3) 图形位似

图形位似即将抛物线的相似划归到"位似"的证明,即证明任意两个抛物线是位似图形,从而说明所有抛物线都是相似的。

数学教师教育者先将两个几何图形的相似定义为:一个图形通过平移、旋转、(以某点为中心)缩放等变换后与另一图形重合,进一步说明通过旋转和平移,在同一直角坐标系内的两条抛物线在原点处重合,接着以原点为中心任作一条射线与两条抛物线 C_1 和 C_2 分别相交于 P_1 点和 P_2 点,只要证明线段 OP_1 与线段 OP_2 之比为常数,就可以说明抛物线的相似性。在访谈中,有数学教师教育者在同事的启发下得到了这一结果,其提到:"我记得当时同事对我说,相似就是从位似中心拉一根线段出去,然后对应的线段成比例,这是一个让我惊讶的观点,后来在做题的时候,也遇到过一些类似的问题。"(T3)从以上访谈中可以看出,数学教师教育者在同事提到的相似定义的基础上,经过自主探索得到了抛物线相似的结果。

已有的研究发现,能够用高等数学的知识去理解中学几何的教师并不多。在本研究中,部分数学教师教育者能够给出合理的几何图形相似的定义并通过论证说明抛物线的相似性,体现出了数学教师教育者较高的数学素养。

从高观点来看,从相似变换的角度可以对原先的相似定义进行推广,在此定义的基础上,可以验证每一个相似变换都是以(0,0)为中心的大小变换和等距变换的合成。在本研究中,数学教师教育者通过旋转、平移和缩放等手段使得两个抛物线重合,即体现了将相似变换拆分为等距变换和大小变换的过程。

(4) 坐标缩放

坐标缩放即抛物线的相似划归到"位似"的证明,进一步将坐标系图形中的位似界定为对应点横纵坐标成比例,从而说明任意两个抛物线相似。

数学教师教育者先将两个几何图形的相似定义为:一个图形通过平移、旋转、(以某点为中心)缩放等变换后与另一图形重合,进一步说明通过旋转和平移,在同一直角坐标系内的两条抛物线一定可以表示为 $C_1: y^2 = 2p_1 x (p_1 > 0)$,$C_2: y^2 = 2p_2 x (p_2 > 0)$。

显然,
$$y^2 = 2p_2 x \Rightarrow \left(\frac{p_1}{p_2} y\right)^2 = 2p_1 \left(\frac{p_1}{p_2} x\right),$$

说明 C_2 上的每个点通过缩放之后与点 C_1 重合,反之也成立,所以任意两条抛物线相似。在访谈中,有数学教师教育者提到:"首先我解决相似是怎么定义的。一个图形通过平移、旋转,就是通过某个点缩放,而 x 和 y 单独缩放是不对的。然后,和另外一个图像可以完全重合或者全等。从教学的角度,就是总可以平移到原点,但是不改变形状,然后就按照定义缩放,在原点同比例缩放,最终重合。"(T5)从以上访谈中可以看出,数学教师教育者通过验证抛物线 C_2 上的点按比例缩放之后在 C_1 上,从而说明了抛物线都是相似的。

已有的研究发现,基于曲线相似的概念,可以利用两种方法判定曲线的相似,一种方法为从位似中心引出线段,另一种方法为坐标变换。在本研究中,数学教师教育者分别采用了这两种判定方法,其中图形位似用了前一种判定方法,坐标变换用了后一种判定方法。

从高观点来看,对于坐标平面中图形的相似,有以下图像的大小变换定理:

在大小变换 S_k 下,函数 $f: y = f(x)$ 的图像的像是函数 $g: g(x) = kf\left(\frac{x}{k}\right)$ 的图像,根据以上定理可以得到以下推论:

对于所有的函数 f,$y = f(x)$ 的图像相似于 $y = kf\left(\frac{x}{k}\right)$ 的图像。

因此,对于任意两条抛物线
$$C_1: y^2 = 2p_1 x (p_1 > 0)$$
和
$$C_2: y^2 = 2p_2 x (p_2 > 0),$$

当取 $k=\dfrac{p_2}{p_1}$ 时,都有 $y^2=2p_1x$ 的图像相似于 $y^2=2p_2x$ 的图像。

本研究中,数学教师教育者在抛物线的情形下验证了以上结论,但还没有将其推广到一般情形中。

2. 立体几何

问题 5(3) 考察了数学教师教育者对球体积公式证明方法的认识。根据对数学教师教育者的相关回答的分析,编码为棱锥法、切片法和祖暅原理。不同编码数量的统计如图 5-16 所示。

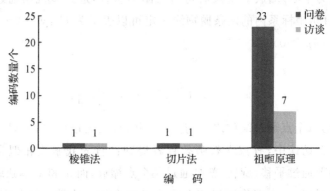

图 5-16 问题 5(3) 中不同编码数量的统计

由图 5-16 可以看出,大部分数学教师教育者利用祖暅原理推导球体积公式,部分数学教师教育者利用切片法和棱锥法推导球体积公式。问卷中获得的编码数量分布与访谈中获得的编码数量分布类似,都强调了祖暅原理的方法。以下分析每一种编码的具体情况。

(1) 棱锥法

棱锥法即将球分割成无数个小的锥体,然后累计得到球的体积。

在问题 5(3) 中提到利用圆柱、圆锥的体积公式可以证明球的体积公式为

$$V_{球}=\dfrac{4}{3}\pi r^3。$$

数学教师教育者需要对这一结论做出解释和证明。

数学教师教育者认为可以将球看作由无数个顶点为圆心,母线为半径的圆锥组成,由于球的表面积公式为

$$S_{球}=4\pi r^2,$$

圆锥体积公式为

$$V_{圆锥}=\dfrac{1}{3}sh,$$

可以得到球的体积公式为

$$V_{球} = \frac{4}{3}\pi r^3 \text{。}$$

在访谈中,有数学教师教育者认为其中涉及了微积分的思想,其提到:"将球体积看作无数个圆锥的体积之和,其中蕴含了微积分的想法,从中可以发现球体积和棱锥公式之间的关联。"(T5)从以上访谈中可以看出,数学教师教育者通过将球体积看作由无数个小圆锥构成,从中感受到了微积分的思想,并进一步找到了圆锥体积和球体积之间的关联。

已有的研究发现,大部分学生对于直接背球体积公式持否定态度,并且大部分学生能够认可球体积公式的锥体法证明方式。在本研究中,数学教师教育者能够从微积分的角度进一步解释球体积公式的锥体法证明,并且能够基于证明方法将圆锥体积和球体积关联,因此,如果教师能够深刻理解球体积公式的锥体法证明,既呼应了学生对球体积公式体积的追求,也能向学生深入讲解不同公式之间的联系。

从高观点来看,通过观察球体积公式

$$V_{球} = \frac{4}{3}\pi r^3$$

和球表面积公式

$$S_{球} = 4\pi r^2,$$

可以发现

$$\frac{dV}{dr} = 4\pi r^2 \text{。}$$

实际上,这可以用微积分进行解释。在几何上,设 $V(r)$ 为半径为 r 的球的体积,$V(r+h) - V(r)$ 为半径为 r 和半径为 $r+h$ 的球之间的球壳体积,当 h 趋于 0 时,代数上有

$$V'(r) = \lim_{h \to 0} \frac{V(r+h) - V(r)}{h} = 4\pi r^2 = S(r)\text{。}$$

从几何上看,当球壳的厚度减少到零时,r 和 $r+h$ 之间的球体积的相对变化接近半径为 r 的球的表面积。类似地,也可以从微积分的角度解释棱锥法。设构成球体的棱锥底面积为 ΔS,则棱锥的体积为 $\frac{1}{3}r\Delta S$,因而球体积为

$$V_{球} = \lim_{\Delta S \to 0} \sum \frac{1}{3}r\Delta S = \int_0^S \frac{1}{3}r dS = \frac{4}{3}\pi r^3 \text{。}$$

(2) 切片法

切片法即将球分割成无数个等高的圆柱,然后累计得到球的体积。

数学教师教育者认为可以将球看作由无数个以球的直径为中心轴,等高的

圆柱组成,由于圆柱的体积公式为 $V_{圆柱}=\pi r^2 h$,因此可以将半球的体积近似为

$$V_{半球} \approx \pi R_1^2 \frac{R}{n} + \pi R_2^2 \frac{R}{n} + \cdots + \pi R_n^2 \frac{R}{n},$$

其中

$$R_i^2 = R^2 - \left(\frac{i-1}{n}R\right)^2 \quad (i=1,2,\cdots,n)。$$

当 n 趋近无穷大时,就可以求出球的体积。在访谈中,有数学教师教育者认为其中涉及了微积分中的极限思想,其提到:"将球体积看作无穷多个圆柱的体积之和,其中体现了微积分中的极限思想,并且将球体积和圆柱体积相联系了。"(T7)从以上访谈中可以看出,数学教师教育者通过将球体积看作无数个圆柱体的体积之和,从中体会到了微积分的思想,并且借此将球体积公式与圆柱体积公式相联系。

已有的研究发现,学生较为喜欢球体积公式证明的切片法,并且没有人特别反对用切片法证明球体积公式。在本研究中,数学教师教育者能够采用微积分中极限的思想说明切片法证明球体积公式的合理性,并以此说明了球体积与圆柱体积之间的联系,因此,如果教师能够在教学中渗透一定的切片法思想,对于学生日后理解微积分及不同公式之间联系都是较有益处的。

从高观点来看,用微积分解释球体积公式的导数为球的表面积公式是将 r 和 $r+h$ 之间的球体积看作微元,棱锥法是将以球心为顶点,球面为底面的小棱锥看作微元,而切片法正是将以球的直径为中心轴,等高的小圆柱看作微元。设构成球体的圆柱高为 Δh,则圆柱的体积为 $\pi(r^2-h^2)\Delta h$,因此球体积为

$$V_{球} = 2 \lim_{\Delta h \to 0} \sum \pi(r^2-h^2)\Delta h = 2\int_0^r \pi(r^2-h^2)\mathrm{d}h = \frac{4}{3}\pi r^3。$$

(3)祖暅原理

该方法即由祖暅原理将球体积转化为圆柱体积减去圆锥体积,从而得到球体积公式。

数学教师教育者认为可以构造高为球半径的、底面为球大圆的圆柱和圆锥,将圆锥放置于圆柱内,取半球,半球底面为大圆。容易证明,取平面 α 平行于圆柱底面,平面与底面之间的距离为 $h(0 \leqslant h \leqslant r)$,截取圆柱、圆锥和半球的截面面积分别为

$$S_{圆柱截面}=\pi r^2, \ S_{圆锥截面}=\pi h^2, \ S_{半球截面}=\pi(r^2-h^2)。$$

所以,

$$S_{半球截面} = S_{圆柱截面} - S_{圆锥截面}。$$

对于 h 恒成立,由祖暅原理(幂势既同,则积不容异),得

$$V_{半球} = V_{圆柱} - V_{圆锥}。$$

所以，

$$V_{半球} = V_{圆柱} - V_{圆锥} = \pi r^3 - \frac{1}{3}\pi r^3 = \frac{2}{3}\pi r^3,$$

则有

$$V_{球} = 2V_{半球} = \frac{4}{3}\pi r^3。$$

在访谈中，有数学教师教育者认为需要借助球体积公式的推导，使得学生进一步熟悉祖暅原理在不同情形中的应用，其提到："一般没有要求讲或不讲用祖暅原理证明球体积公式的，如果要讲就简单介绍一下，拿一个模型演示一下，就知道这样是相等的。把不规则的变成规则的，实际上是一种等量代换。不仅是球体积，可以找其他的模型，也可以用祖暅原理去解决。适当的变式一下，让学生知道，祖暅原理还能解决其他问题，但这个时候关键的是努力构造一个面积都相等，高度变化，但随着高度变化，两个截面积相等的模型。这个模型有的时候不容易找到，但是有的时候你把这个问题摆到这儿，学生肯定知道需要这样做，所以解决这样的问题也不会太难。另外，就是它在平面几何中的应用，推导面积相等，也会给学生介绍一下，让他去体验，给出一个，找另外一个，让学生知道怎么回事，对一些简单情况能够进行运用，这目的就达到了，这就是祖暅原理在教学中的处理。"(T6)从以上访谈中可以看出，数学教师教育者认为可以让学生深入理解祖暅原理中的等量代换思想，并且在平面几何等不同的情况中深入应用。

已有的研究发现，有较多学生认可采用祖暅原理证明球体积公式，没有学生排斥使用祖暅原理来证明球体积公式。在本研究中，数学教师教育者同样认为学生能够接受用祖暅原理来证明球体积公式，并且认为学生需要深入理解祖暅原理中的等量代换思想。

从高观点来看，祖暅原理中实际上贯穿了微积分的不可分量的思想，它使得我们不用分解立体图形，而是通过做出它们的横截面而使得与已知立体图形的体积相等。因此，采用微积分的思想，可以进一步描述使用祖暅原理证明球体积公式的过程，即根据

$$S_{圆柱截面} = \pi r^2, \ S_{圆锥截面} = \pi h^2, \ S_{半球截面} = \pi(r^2 - h^2),$$

可得

$$S_{半球截面} = S_{圆柱截面} - S_{圆锥截面},$$

则有

$$\int_0^r S_{半球截面} \, dh = \int_0^r S_{圆柱截面} \, dh - \int_0^r S_{圆锥截面} \, dh,$$

因此

$$V_{半球} = V_{圆柱} - V_{圆锥},$$

从而得到了与祖暅原理相同的结论。

5.3.3 学科应用知识

与学科应用知识相关的问题为调查问卷中问题 2(3) 和访谈中与问题 2(3) 对应的访谈问题。此问题所属的知识领域为三角函数,涉及的具体知识点为三角函数的应用。本题考察了数学教师教育者对三角函数在各学科中应用的理解。

根据对数学教师教育者的相关回答的分析,编码为地理学、天文学、工程学和物理学。不同编码数量的统计如图 5-17 所示。

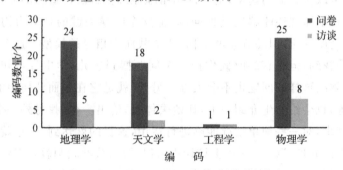

图 5-17　问题 2(3) 中不同编码数量的统计

由图 5-17 可以看出,大部分数学教师教育者阐述了三角函数在地理学、天文学和物理学中的应用,少数数学教师教育者讲解了三角函数在工程学中的应用。问卷中获得的编码数量分布与访谈中获得的编码数量分布类似。以下分析每一种编码的具体情况。

(1) 地理学

地理学即认为三角函数在地理学的各个领域都有应用。

数学教师教育者认为三角学能够在地理学的各个领域中有所应用,其中主要为地理测量,包括计算经纬度各异两地的球面距离、测绘地图、测量洞穴、测量山或大楼的高度等。在访谈中,有数学教师教育者认为三角学能够解决日常地理测量过程中遇到的很多问题,其提到:"我觉得地理上,绘制地图有各种投影法。涉及计算的,应该离不了三角。测地学因为涉及球体,所以就涉及这些运算。还有洞穴的测量,就是测量地底下的关系的时候,用到了锐角三角,可以通过简单三边的关系去测量计算。我很早就看到过一个纪录片,讲的就是洞穴的测量。因为洞穴应该是斜着下去,早期测量的时候,肯定不可能挖开再去量,还是有先期勘探的准备工作的。在地表上往下勘探的时候,难免要涉及方位、长度。在不直接测量两点间距离的时候,肯定要涉及三角运算。"(T5)从以上访谈中可以看出,数学教师教育者通过生活中的观察及媒体资讯了解到了三角学在地理学中的不同应用,但并没有深入接触。

已有的研究发现,数学师范生对于三角函数的应用知识掌握比较欠缺,且主要局限于对课本中相关介绍的了解。在本研究中,数学教师教育者对于三角函数的了解不仅限于课本中的相关介绍,还有日常生活的观察和媒体中的信息,但是仍然欠缺深入的了解。

从高观点来看,三角学在地理上的应用主要为确定无法直接测量的距离、角度等,如在古埃及的莱因德纸草书中就记载了几个金字塔有关高度和角度测量的问题。人们采用三角测量进行了大量的大地调查,学校中则通常出现有关三角学应用的高度、距离的间接测量问题。因此,三角学在地理中的应用主要为间接测量问题,从平面中的高度、角度测量再到球面中的距离测量。在本研究中,数学教师教育者提到了以上测量问题,但还欠缺深入的理解和系统的整理。

(2) 天文学

天文学即认为三角函数在天文学的各个领域都有应用。

数学教师教育者认为三角学能够在天文学的各个领域中有所应用,其中主要为天文现象的观测,包括地日关系、地月关系、历法制定、日晷计算等。在访谈中,有数学教师教育者认为在课堂中渗透三角学的应用对于学生还是比较重要的,其提到:"天文学当中,包括计算星球之间的距离,白昼时间的变化,其实都是三角的应用,这个还是比较多的。这些知识,现在的课堂当中也会适当拓展,也希望老师能够拓展。就是让学生能够在课堂中体会到数学知识的实际应用,所以这块还是比较重要的。"(T2)从以上访谈中可以看出,数学教师教育者认为在让学生体会到三角函数在生活中的应用是比较重要的,其目的在于让学生感受到数学的应用价值。

已有的研究发现,学生对于三角函数在天文中的应用较感兴趣,在课堂教学中增加有关三角函数在天文学中的应用能有效增加课堂教学的效果[98]。在本研究中,数学教师教育者同样意识到了在课堂教学中讲解三角学在天文学的应用有利于中学生进一步理解数学的应用价值。

从高观点来看,天文学中的很多现象,如潮汐、季节、天体和轨道飞行器的运动,都是周期或近似周期的运动,而三角函数可能是周期函数中最常见的例子。通过三角函数可以建立周期现象的模型,从而刻画地球绕太阳旋转的运动。基于这一模型,可以解释一年中日光长度的变化。由于天文学中存在普遍的周期现象,三角函数在天文学中的应用就显得理所当然了。在本研究中,数学教师教育者虽然提到了三角函数在天文学中的应用,但是没有进一步强调其中蕴含的周期现象。

(3) 工程学

工程学即认为三角函数在工程学的各个领域都有应用。

数学教师教育者认为在铁道工程及其他工程中,三角函数广泛地应用于施工控制测量和平差计算,工程结构物几何尺寸的放样,以及模型制作与安装和施工测量的整个过程中,正确地应用三角函数辅助工程结构施工放样,可以做到施工放样准确、快速,放样结果符合测量规范要求。在访谈中,有数学教师教育者进一步提出在工程管道的焊接中需要用到三角函数,其提到:"实际上,三角函数的应用有独特性。就是三角函数的变量首先是一个角,如果在具体应用的时候,某些问题有角做变量,肯定是用三角函数。如果不是这样,那三角函数就不适合了。管道弯头展开之后,那个展开图都是三角函数。研究管道弯头的时候,学生可能想不到是哪个角。管道弯头变成平面上图形的时候,它的角在平面上怎么体现?学生有的时候不一定能够联系起来,或者找不到。所以首先就是找到角,有个抓手。三角的应用一定要突出这一点,它是以角的变化为前提研究其他的变化。"(T6)从以上访谈中可以看出,数学教师教育者认为学生在学习三角函数的应用中存在一定的困难,其原因为找不到相关的自变量,因此在教学中需要让学生明确相关的自变量,从而有助于三角函数应用的教学。

已有的研究发现,数学师范生对于三角学应用的知识与其本身数学专业知识的掌握相关。在本研究中,数学教师教育者同样意识到了将三角函数应用在工程中需要学生掌握牢固的三角函数知识,从而帮助学生顺利地建模和解决问题。

从高观点来看,三角函数不但在铁道工程等大工程的实施中具有重要的作用,同时在乐器的制作中也扮演了关键的角色,而且历史上著名的最大视角问题也与三角学有关,这一问题与电影院、教室、美术馆等建筑的设计都有着紧密的联系,因此,在生活中,宏大到铁道工程、建筑工程的设计,微小到乐器、管道的制作,都有着三角学的身影。在本研究中,数学教师教育者同样意识到了三角学在各种工程设计中的作用,体现了其丰富的生活经验。

(4) 物理学

物理学即认为三角函数在物理学的各个领域都有应用。

数学教师教育者认为三角学在物理学的各个领域中都有所应用,其中包括力学领域(如力的分解、弹簧振子的运动、琴弦的振动等)、电学领域(如电磁波、交流电中波的振动)等。在访谈中,有数学教师教育者认为物理学中需要用到很多三角函数的知识,但是学生对于三角函数的学习相对滞后,其提到:"物理当中应用比数学上的更早、更多。物理学的教科书中先用到三角函数。数学的教科书是落后的。物理讲完了以后,数学再去讲概念。物理主要是解三角形,在实际中出现的一些问题,比数学中要求高,如力的分析,分析完了以后需要把物理问题再转化成数学问题。数学中讲三角的时候,讲的还是比较简单的,比较多的是特例。"(T7)从以上访谈中可以看出,数学教师教育者认为物理中对三角的要求比数学中对三角的要求高,且物理中出现三角函数较早,与数学中三角函数的学习存在一定的脱节现象。

已有的研究发现,数学师范生能够理解三角函数在物理学中的应用,如电压的变化,以及对学生物理学习的帮助,但是总体而言理解不深。在本研究中,数学教师教育者同样意识到了三角函数在物理学中的重要作用,同时对于三角函数在物理学不同领域的应用有着较为广泛的理解。

从高观点来看,物理学中机械振动的分析对于各种现实世界现象都很重要。在机械振动中,简单的弹簧-质量系统是一个简单但有用的模型,经验表明,在理想的无摩擦状态下,弹簧会永远振荡,令人惊奇的是,其振荡的高度是由正弦或余弦函数给出的。实际上,通过求解一个有关质量、加速度、初始位置和初速度的微分方程,就可以发现正弦或余弦函数正好是满足条件的弹簧运动函数。因此,通过微积分可以推算出三角函数与物理学中的简谐振动有着天然的联系。在本研究中,数学教师教育者能够意识到这些联系,但还缺乏从高观点进一步对其深入理解。

5.4 数学哲学知识

5.4.1 本体论知识

与本体论知识相关的问题为调查问卷中问题1(4)和访谈中与问题1(4)对应的访谈问题。本题考察了数学教师教育者对数学定义的理解,分为对定义作用和定义标准的理解。

1. 定义作用

在有关定义作用的理解方面,根据对数学教师教育者的相关回答的分析,编码为规定范围、分类、了解相对关系、推理证明基础和数学的根源。不同编码数量的统计如图 5-18 所示。

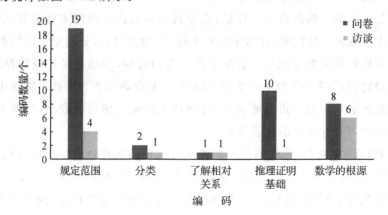

图 5-18　问题 1(4)中不同编码数量的统计

由图 5-18 可以看出,大部分数学教师教育者阐述了数学定义对于规定范围的作用,部分数学教师教育者将定义的作用归纳为推理证明基础、数学的根源、分类和了解相对关系。与问卷中获得的编码数量分布相比,访谈中获得的编码较为强调数学的根源。以下分析每一种编码的具体情况。

(1) 规定范围

规定范围即认为数学定义揭示了数学概念的内涵与外延,明确了标准,划分了界限。

在问题 1(4)中提到数学定义在数学中起到了重要的作用,数学教师教育者需要解释数学定义在数学中起到了哪些重要作用。

数学教师教育者认为数学定义主要起到对某一对象进行界定的作用,通过揭示概念的内涵与外延,从而良好地揭示了此概念区别于其他概念的特征,使得不同的人讨论同样的对象时不至于产生歧义。在访谈中,有数学教师教育者认为定义最基本的作用就是确定一个标准,使得大家都可以接受,其提到:"教学中定义最基本的作用是能让我明白学的是什么。定义就是一个标准,有了标准以后,我就知道判别,符合这个标准的,就是这个类别。比如说及格,什么叫及格,60 分以上就是及格,什么叫优秀,90 分以上就是优秀。当然有些标准你认为不科学,但这没有科学、不科学,就是达成共识,便于研究。因为数学是全世界通用的语言,有个标准,大家都接受,在学科中就是学科的标准。"(T8)从以上访谈中可以看出,数学教师教育者认为通过定义可以确定一个标准,使得研究这个学科的人都能接受,从而能够通用。

已有的研究发现,学生认为定义的作用之一就是区分概念的正例和反例。在本研究中,数学教师教育者同样提出了定义的作用是设定一个标准,从而明确了界限,能够区分哪些属于这一概念,哪些不属于这一概念。

从数学哲学的角度,古希腊哲学家亚里士多德(Aristotle,前384—前322)认为数学对象建立于日常经验,但是其中没有感性的特征,并且数学并不依赖于感性世界的特定特征。因此,亚里士多德认为,数学定义揭示了数学对象是什么,从而阐明数学对象的本质,例如,圆的定义等价于回应什么是圆的问题,因此,定义的功能即对某类数学对象进行界定。在本研究中,数学教师教育者同样提到了数学定义在界定中的作用,但是没有进一步将其与数学对象的本质相联系。

(2) 分类

分类即认为数学定义的作用是将数学对象按照其共同属性而分类。

数学教师教育者认为数学定义对某些具有共同特征的数学对象进行分类,从而便于研究。在访谈中,有数学教师教育者认为数学定义将同一特征的数学对象进行分类,从而便于学生学习,其提到:"数学定义在教学中的一个重要作用是将不同的数学对象分类,便于学生学习和理解数学。比如三角学,它们都具备共同的特征,按照定义再进一步分为锐角三角学、直角三角学和钝角三角学,这样学生就好研究了。"(T4)从以上访谈中可以看出,数学教师教育者认为数学定义能够在教学中,为学生的数学学习和理解提供便利。

已有的研究发现,学生认为数学定义的作用有助于人们对数学概念进行分类,从而加深对数学概念的理解。在本研究中,数学教师教育者同样认为数学定义有对数学对象分类的作用,从而有助于教师对学生的教学及学生对数学的理解。

从数学哲学的角度,古希腊哲学家亚里士多德提出为了让数学定义能够反映数学对象的本质,需要包含两个部分,分别是种和属差,其中种是一个数学对象广泛而不变的部分,而属差是一个数学对象区别于其他数学对象的部分。一类数学对象具有同一个种,但是可以具有不同的属差。因此,数学定义的分类功能,正是体现了数学定义种相同,而属差不同的特性。在本研究中,数学教师教育者主要从教学角度理解数学定义的分类功能,但没有进一步将其与数学定义的本质属性相联系。

(3) 了解相对关系

了解相对关系即认为数学定义的作用是了解数学对象之间的从属与相对

关系。

数学教师教育者认为数学定义的作用之一即确定数学对象之间的相关关系。在访谈中,有数学教师教育者认为数学定义在教学中帮助确定了数学概念之间的相互关系,使得学生能够形成数学知识体系,其提到:"我觉得数学定义还有一个作用,就是将各个不同的数学概念相联系。因为一个数学定义中需要用到其他的数学定义。在教学中强调这一点,可以让学生了解不同概念的关系。"(T5)从以上访谈中可以看出,数学教师教育者认为一个数学概念的定义是以其他数学概念为基础的,因为联系了不同概念,形成了知识体系。

已有的研究发现,教师认为可以用一个基本概念来定义另一个概念,这样有利于学生理解概念之间的逻辑关系。在本研究中,数学教师教育者同样提到了数学定义有助于厘清数学概念之间的逻辑关系,从而便于学生理解。

从数学哲学的角度,与亚里士多德的理想主义相比,数学家希尔伯特(D. Hilbert,1862—1943)是形式主义的支持者。希尔伯特认为数学是一个建立在公理体系之上的坚实和完整的逻辑结构,数学定义是通过已有符号的组合形成的新的符号,数学对象不能被明确和独立地定义,但是可以通过选择它们在公理系统中的意义来定义。因此,数学定义的功能主要是确定系统之中的相互关系并互相区分,数学定义本身的解释和意义并不关键,关键是一个数学定义在系统中保持一致而不出现矛盾。在形式主义中,数学定义的主要意义即在于确定系统中的相互关系并保持一致性。在本研究中,数学教师教育者强调了数学定义在确定互相关系方面的作用,但需要进一步强调其一致性。

(4)推理证明基础

推理证明基础即认为数学定义的作用是进行有逻辑地推理论证,从而构建数学理论知识体系。

数学教师教育者认为数学定义是数学演绎推理的起点,在数学教学中,常常利用定义作为解题策略来解决问题。在访谈中,有数学教师教育者进一步阐述了数学定义对于解决问题的重要作用,其提到:"数学定义的作用主要是解决数学问题,这是最基本的。比如做题的时候,每一个题都需要有数学定义,不可能没有依据。"(T1)从以上访谈中可以看出,数学教师教育者认为解决数学问题是数学定义的重要作用之一,其为数学问题的解决提供依据。

已有的研究发现,数学教师认为数学定义是解题的依据,命题的源泉。在本研究中,数学教师教育者同样认为数学定义有助于解决数学问题,但是没有进一步强调其对发现数学问题的作用。

从数学哲学的角度,20世纪的数学家拉卡托斯(I. Lakatos,1922—1974)

认为数学是易犯错误的,因为数学是通过猜想、证明、反例和对猜想的修正建立的。他认为数学定义是在漫长的讨论过程中被提出来的,数学定义也会出错,并在推理论证的过程中不断得到改进,因此,数学定义能被用于推理证明,同时,数学推理证明也进一步促进了数学定义的演进。在本研究中,数学教师教育者提到了数学定义对推理证明的促进作用,但是没有进一步提到推理证明对数学定义的促进作用。

(5) 数学的根源

数学的根源即认为数学定义的作用是作为数学的根源,构成数学研究的基础。

数学教师教育者认为数学定义用数学的语言描述了直观经验的内涵,高度概括了物理世界的某些数或形的规律,具有启发新知的价值,是数学研究的基础、建立数学知识体系的基石。在访谈中,有数学教师教育者认为数学定义在教学中是学生学习某个知识的起点,其提到:"数学定义是学生学习数学的某个知识板块的基础,它是数学概念内涵和外延的表现形式。同时,它更是一个逻辑起点,是一个思考问题的出发点。因为在定义后面还有延续,延伸出很多知识,然后才能建立知识体系。"(T2)从以上访谈中可以看出,数学教师教育者认为数学定义在数学教学中起到了逻辑起点的作用,可以基于数学定义建立知识体系。

已有的研究发现,数学教师认为数学定义是构建知识大厦的基础。在本研究中,数学教师教育者同样意识到了数学定义在整个数学体系中的基础地位,并将其与教学中学生数学知识的学习相联系。

从数学哲学的角度,尽管亚里士多德、希尔伯特和拉卡托斯对于数学定义有着不同的观点和认识,但是他们都承认了数学定义的重要地位,即数学定义是数学对象的本质,区分了不同的概念,具有不可通约性,以及不断地被创造和完善。因此,可以说,他们都表达了一个类似的观点,即数学定义是整个数学学科的基础和关键。不管在哪一个学派中,数学定义都是构成数学大厦的基础。在本研究中,数学教师教育者同样意识到了数学定义的关键作用。实际上,数学定义的界定范围、分类等作用也是对数学定义重要作用的具体解释。

2. 定义标准

在有关定义标准的理解方面,根据对数学教师教育者的相关回答的分析,编码为逻辑严谨、客观真实、内涵深刻、形式抽象和简洁易懂。不同编码数量的统计如图 5-19 所示。

由图 5-19 可以看出,大部分数学教师教育者认为定义的标准为简洁易懂,部分数学教师教育者认为定义应该逻辑严谨、客观真实和内涵深刻,少部分数学教师教育者认为定义应该形式抽象。与问卷中获得的编码数量分布相比,访谈中获得的编码数量分布较为平均。以下分析每一种编码的具体情况。

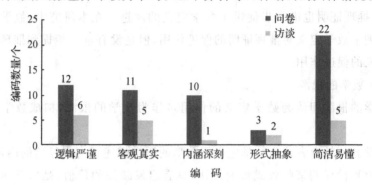

图 5-19　问题 1(4)中不同编码数量的统计

(1) 逻辑严谨

逻辑严谨即认为"好的"数学定义的特征为逻辑精确,没有歧义。

在问题 1(4)中提到"好的"数学定义需要满足一些特征,数学教师教育者需要解释数学定义需要满足的特征。

数学教师教育者认为数学定义需要逻辑严谨,即数学定义中的语言精确、严谨无歧义,上下文逻辑层次清晰,一般不能用否定形式,不能出现恶性循环。在访谈中,有数学教师教育者认为定义的严谨性是比较重要的,这是数学语言与一般文字语言的重要区别,其提到:"数学定义一定是严谨的,就是不能引起歧义。数学定义多使用符号,符号语言是很精确的。往往有的时候用文字语言会有一些歧义。在对照不同版本的教科书时,经常会觉得有些文字表述不严谨。"(T2)从以上访谈中可以看出,数学教师教育者认为数学定义的特点在于其使用符号语言所带来的严谨性,而文字语言往往带来不严谨。

已有的研究发现,学生会从逻辑角度考虑数学定义的合理性[99]。在本研究中,数学教师教育者同样提出数学定义需要逻辑严谨,并强调需要使用精确的符号语言,没有歧义。

从数学哲学的角度,亚里士多德曾经给出过定义一个概念所需要满足的标准,其中的一个标准即需要包含对定义结构的描述,即新的定义建立在原有的定义之上。根据这一标准,概念之间就有了明确的逻辑结构。因此,数学定义的逻辑严谨性来源于新的定义建立在已有定义之上,在数学定义中不会出现未加定义的模糊的概念。在本研究中,数学教师教育者提到了数学定义的严谨性,但是对于如何使得定义严谨,欠缺更深入的解释。

（2）客观真实

客观真实即认为"好的"数学定义的特征为能客观和真实地反映数学对象。

数学教师教育者认为数学定义需要有一定的准确性，即保证客观真实反映事物，用简练的语言精确描述数学对象的本质特征。在访谈中，有数学教师教育者认为定义需要具备一定的准确性，其提到："要有准确性，就是你在下数学定义的时候，对一个好的数学定义来讲，首先要准确。这个准确就是要包含你想被定义的对象，而不是包含了不应该出现在定义中的对象或者定义中包含不存在的对象。"(T2) 从以上访谈中可以看出，数学教师教育者认为定义需要客观真实地反映想要定义的对象。

已有的研究发现，学生认为数学定义需要考虑充分性和必要性，即准确地刻画所要定义的对象。在本研究中，数学教师教育者同样提到了数学定义需要客观真实地描绘所要定义的对象，并提出了需要与数学对象准确对应。

从数学哲学的角度，亚里士多德曾经给出过的数学定义需要满足的第二个标准即在当前背景中，新的数学定义需要至少有一个满足条件的例子。然而，从严格的形式主义角度，一个数学定义只要从逻辑上成立即可，不需要有满足条件的例子。但是，这也会导致一些怪异的定义出现，如将到一个定点距离相等的正方形称为圆方形。在教学中，数学定义的客观真实性是比较重要的，因为教师往往在给出定义的前后会给学生一些满足条件的具体例子。在本研究中，数学教师教育者同样强调了数学定义的客观真实性，但是没有对其深入解释。

（3）内涵深刻

内涵深刻即认为"好的"数学定义的特征为能够体现数学对象的本质特征。

数学教师教育者认为数学定义需要内涵深刻，具有一般性，从而体现出数学对象的本质。在访谈中，有数学教师教育者认为数学定义需要有深刻的内涵，不能随便定义，其提到："其实现在就算是高中阶段教科书上的定义，也不是完整、准确的。比如集合的定义，不同的教科书都不一样。这个我觉得是不应该的，因为数学就是1是1，2是2，集合概念应该是标准化的，不是说想怎么定义就怎么定义，至少全国范围内应该统一。还有就是有的老师出的题目，现在经常出个题目定义什么，我觉得不应该有。定义就是定义，没有新的定义。"(T7) 从以上访谈中可以看出，数学教师教育者认为定义的内涵是深刻的，是固定和统一的，同一个概念存在不同定义及胡乱编造定义的现象不应该出现。

已有的研究发现，大多数学生认为一个概念可以有多个定义，但也有学生对此产生了质疑，认为应该只能存在一个定义。在本研究中，数学教师教育者提到了定义需要内涵深刻，且一个概念的定义需要统一，不能够出现多个不同的定义,不能随意编造定义。

从数学哲学的角度,亚里士多德没有显性提出的另一个定义的标准为当提出一个概念的不同定义时,需要证明不同的定义之间是等价的,并且选取其中的一个为定义,将其他的作为需要被证明的定理。虽然定义的选择具有一定的任意性,但还是需要考虑定义之间的等价性。同时如何在等价的定义中选取看起来更好的定义也需要慎重考虑。在本研究中,数学教师教育者提到了需要挑选内涵深刻的定义,同时需要保证定义的唯一性,但是对于定义的等价性则考虑较少。

(4) 形式抽象

形式抽象即认为"好的"数学定义的特征为具有形式化的高度。

数学教师教育者认为数学定义具有一定的抽象性,并采用形式化的语言描述。在访谈中,有数学教师教育者认为抽象性是数学定义的特征,但是对于教学而言,不是定义越抽象越好,其提到:"数学中是有很抽象的定义的,但是一个定义不是越抽象越好,要看面对什么样的学生。教材中呈现的这些定义都是根据学生的年龄特征来选取的,到什么年龄能够理解什么样的概念,这个是完全不一样的。"(T1)从以上访谈中可以看出,数学教师教育者认为虽然数学定义具有一定的抽象性,但是在教学中依然需要考虑学生的年龄特征和理解程度。

已有的研究发现,学生认为一个数学定义往往基于一个更简单、更熟悉和更清晰的数学定义,但是对于哪些概念是更基本的,往往存在争议。在本研究中,数学教师教育者认为数学定义具有一定的抽象性,且一个抽象的定义往往建立在一个更抽象定义的基础之上,从而构成形式化的数学体系。

从数学哲学的角度,一个数学定义需要被一个演绎体系所容纳。在这个演绎体系中,一个一般的概念由另一个更一般的概念所定义,这个过程可以无限延续下去,到了某一个点时,可以得到一个概念无法再被更一般的概念所定义,如几何中的点、线、面等,这些概念就会采用公理化的形式来界定。因此,数学定义构成了数学的形式化系统,而在这个系统中,定义是层层抽象的,直到最后采用公理化的语言描述定义。在本研究中,数学教师教育者同样提到了数学定义的抽象性,并且提到了学生对数学定义抽象性的接受度,但是没有进一步深入探讨抽象的层次性及和公理化的关系。

(5) 简洁易懂

简洁易懂即认为"好的"数学定义的特征为描述语言较为简练,表述也较为清晰。

数学教师教育者认为数学定义一方面需要通俗易懂,没有任何歧义,从而符合学生认知特点,便于学生理解和运用,另一方面需要简洁优美,用简练的语言描述数学对象的本质特征。在访谈中,有数学教师教育者认为简洁易懂对于一个定义较为重要,其提到:"好的定义标准,既要简洁,也要便于理解。很抽象的定义,大家理解不了,这个概念的推广、使用就没生命力。举个例子,从网络卫星到 QQ,后来到飞信,现在的微信,为什么在改?功能在强化,使用越来越方便。我认为数学也是这样,对非从事数学专业的人,也要能感受到这个概念是什么,起什么作用。"(T8)从以上访谈中可以看出,数学教师教育者认为数学定义的简洁易懂可以增加其生命力,从而使得更多的人能够理解。

已有的研究发现,学生认为定义的简洁性不是必要的特征,但是他们会比较倾向于具有简洁性的定义。在本研究中,数学教师教育者强调了数学定义简洁易懂的特征,其更多是从教学角度考虑的。

从数学哲学的角度,最简洁的数学定义即数学定义中的所有信息都是必要的,如矩形可以被定义为四个角都是直角的四边形,但是根据欧几里得几何的已有命题,可以进一步将矩形更简洁地定义为三个角都是直角的四边形。然而,在教学中,往往有些不太简洁的定义更容易使学生理解。在本研究中,数学教师教育者提到了简洁易懂的概念有助于学生理解,同时,也需要进一步留意太简洁的定义往往反而会阻碍学生理解这一概念。

5.4.2 认识论知识

与认识论知识相关的问题为调查问卷中问题 2(4) 和问题 5(4) 及访谈中与问题 2(4) 和问题 5(4) 对应的访谈问题,分别考察数学教师教育者对于推动数学研究的动力和数学证明的理解,以下分别呈现两个问题的分析结果。

1. 推动数学研究的动力

问题 2(4) 考察了数学教师教育者对推动任意角三角函数研究动力的认识。根据对数学教师教育者的相关回答的分析,编码为实际需求和研究需要。不同编码数量的统计如图 5-20 所示。

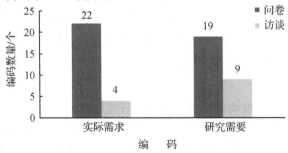

图 5-20 问题 2(4) 中不同编码数量的统计

由图 5-20 可以看出，大部分数学教师教育者认为任意角三角函数的发展主要来源于实际需求和研究需要。与问卷中获得的编码数量分布相比，访谈中的编码更为强调研究需要。以下分析每一种编码的具体情况。

(1) 实际需求

实际需求即认为推动任意角三角函数研究的动力为现实生活中的广泛应用。

数学教师教育者认为三角函数在物理、地理、天文、测量、航海等实际生活中具备广泛和重要的应用，人们才会对三角函数开展深入的研究。例如，当生活中的周期现象需要一个数学模型来解释时，就可利用三角函数建立数学模型解决实际问题。在访谈中，有数学教师教育者进一步认为推动任意角三角函数研究的动力主要来源于现实生活的需要和其他学科的发展，其提到："第一，现实生活的需要。其实三角都是生活中研究的，如观察潮水，有涨有落，其中有一定的规律，地球转 365 天，生活中有一些规律的现象，这个规律叫周期现象。周期现象怎么用数学表示，找一个圆中的点，不停绕圈，就有点周期性感觉，后来发现圆中的定义，把这个继续推广，就是生活的需要。第二，就是其他学科的发展，研究这个到底有什么用，不是为了研究而研究，是科技的发展。特别物理学的发展推动数学发展，许多数学家不是物理学家，物理学家肯定是数学家，物理学家有时从现实生活中分析不行，就要从数学角度来分析计算。"(T8)从以上访谈中可以看出，数学教师教育者认为推动任意角三角函数的外部动力包括现实生活的需要及其他学科的发展。

已有的研究发现，数学师范生认为三角函数的研究动机为测量物理背景的问题，如波动、振动等。在本研究中，数学教师教育者同样提到三角函数的研究动机为实际生活的需要和其他学科的发展，并且对其进一步做了阐释。

从数学哲学的角度，数学哲学家对数学本质的哲学概念在认识论方面主要表现为经验论与唯理论之争，其中经验论强调知识来源于感性认识，认为只有经验知识才是可靠的，否认或忽视理性认识在知识形成中的作用[100]。因此，从经验论的观点来看，推动任意角三角函数发展的动力来源于人们现实生活中的广泛应用。在本研究中，数学教师教育者同样强调了现实生活的需求对三角函数的推动作用，其接近经验论的观点。

(2) 研究需要

研究需要即认为推动任意角三角函数研究的动力为数学内部发展的需要。

数学教师教育者认为任意角三角函数是数学研究中多方面的需要，包括角的概念从锐角推广到了任意角，与以前所学的幂指对等函数接轨，服务高等数学中三角级数、复变函数等各个板块的研究。在访谈中,有数学教师教育者进一步认为数学家对于数学知识本身的兴趣是推动三角函数发展的重要动力,其提到:"当数学家对这个知识感兴趣以后,非常有可能就是书斋式的研究。一个流派专门去研究三角形,然后希望从逻辑推演上得到一些新的数学成果,至于它再对应到实际生活当中是有什么作用,这是另外一个问题了。很多人觉得数学研究的时候并不考虑有什么用,而是为了那些很漂亮的数学结论,或者说是追求数学的真理,像英国的哈代就不管数学实际有什么用。"(T5)从以上访谈中可以看出,数学教师教育者认为推动任意角三角函数发展的也许是数学自身的力量,即数学家对数学真理的追求。

已有的研究发现,数学师范生认为三角函数的研究动机来自角的概念的推广、三角比中边与角的关系等。在本研究中,数学教师教育者同样提到数学内部的发展推动了任意角三角函数的发展,并进一步将其阐释为数学家对数学的纯粹追求。

从数学哲学的角度,唯理论即强调知识来源于天赋观念或天赋知识,认为经验知识是偶然的、不可靠的,只有理性知识才具有普遍必然性和可靠性。唯理论在现代数学哲学中突出表现为逻辑主义,即把数学理解为纯粹数学,并且等同于逻辑。因此,从唯理论的角度来看,推动任意角三角函数发展的动力来源于数学内部本身逻辑推演的需要。在本研究中,数学教师教育者强调了数学内部发展的需要对于任意角三角函数发展的促进作用,其接近唯理论的观点。

2. 数学证明的认识一

问题 5(4)考察了数学教师教育者对数学证明方法的认识,分别为对数学证明的作用和中学数学为什么要教证明的理解。

在对数学证明作用的理解方面,根据对数学教师教育者的相关回答的分析,编码为确认事实、数学理解、数学交流、数学发展和建构体系。不同编码数量的统计如图 5-21 所示。

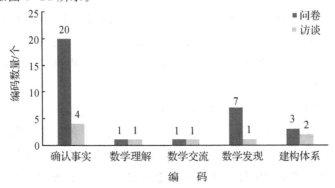

图 5-21 问题 5(4)中不同编码数量的统计

由图 5-21 可以看出,大部分数学教师教育者阐述了数学证明在数学中具有确认事实的作用,部分数学教师教育者认为数学证明具有数学理解、数学交流、数学发现和建构体系的作用。与问卷中获得的编码数量分布相比,访谈中获得的编码数量分布较为平均。以下分析每一种编码的具体情况。

(1) 确认事实

确认事实即认为数学证明可以论证一个命题的真假。

数学教师教育者认为数学来源于对客观世界的观察和想象,数学命题描述的对象是高度抽象的、理想化的模型,从空间形式和数量关系中猜测、归纳得到的规律属于感性认识,尚不能严谨到包含所有的情况,所以猜想不能保证绝对的正确,只有借助于数学证明,才能保证数学结论的正确性,这是推崇数学证明的重要原因。在访谈中,有数学教师教育者进一步认为通过数学证明验证数学结论的正确性反映了一种理性精神,其提到:"证明其实就是人们对于知识的看法,是能用了就好了,还是要追求真理。其实,生活中有的时候只要量一量,保证对就行。数学中很多猜想,像哥德巴赫猜想,计算器检验了那么多,还是有很多人去做严格的证明。像四色定理的计算机证明,还有很多人说不算证明,希望通过严格的推导证明。所以很多人认为数学不是要追求实用,是追求真理。我觉得这是一种价值观,或者说是一种精神。"(T5)从以上访谈中可以看出,数学教师教育者认为数学证明是验证数学结论正确性的一种手段,而且其中反映了人类的理性精神。

已有的研究发现,几乎所有的数学教师都认为数学证明的主要作用是建立数学结论的正确性。在本研究中,数学教师教育者进一步提到数学证明体现了人类追求真理的精神。

从数学哲学的角度,数学的价值经常体现在其证明之中,数学证明为数学提供了扎实的根基。M. 克莱因(M. Kline, 1908—1992)曾经说过:数学的最高价值在于从混沌的观察中揭示秩序和法则,而证明正是数学家从观察中建立秩序和法则的手段。因此,数学证明在数学中有着核实正误的功能,数学证明保证了数学结论的可靠性。在本研究中,数学教师教育者同样强调了数学证明具有确认事实的作用,但没有进一步提及数学证明为数学提供了牢固的基础。

(2) 数学理解

数学理解即认为数学证明可以促进对数学的理解。

数学教师教育者认为在寻找证明的过程中,对数学问题本身及数学结论会有更深入和透彻的理解。在访谈中,有数学教师教育者进一步认为数学证明使得人们可以更加清晰地解释一些数学结论,其提到:"只有证明才能够将一些数学结论解释清楚。比如老师说$0.\dot{9}=1$,学生问为什么,没有证明就说不清楚。有的学生很厉害,他说三分之一等于$0.\dot{3}$,然后等式两边同时乘以3。但是这看似是证明,其实没证明,谁告诉你$0.\dot{3}$的0.333……后面是什么,没说清楚,所以实际效果不好。因此要解释清楚就要证明。"(T8)从以上访谈中可以看出,数学教师教育者认为数学证明可以帮助教师向学生解释清楚一些数学结论,从而促进学生的数学理解。

已有的研究发现,一些教师将数学证明看作解释的手段,即解释某些数学结论为什么是正确的。在本研究中,数学教师教育者同样提到了数学证明可以帮助教师解释一些数学结论,同时进一步提到其对数学理解的促进作用。

从数学哲学的角度,数学证明的主要作用在于是人通过它去理解命题,法国的布尔巴基学派曾经说过:单是验证了一个数学证明的逐步逻辑推导,却没有试图洞察这一连串推导的背后意念,并不算理解了那个数学证明。因此,数学证明在理解数学命题的过程中起到了重要的作用。在本研究中,数学教师教育者同样强调了数学证明对于促进理解方面的作用,但还缺乏更多的举例和阐述。

（3）数学交流

数学交流即认为数学证明可以促进人们交流数学知识。

数学教师教育者认为数学证明是一种沟通的工具,人们可以通过数学证明进行交流。在访谈中,有数学教师教育者进一步提到数学使得人们可以在沟通中判断对错,其提到:"没有数学证明,很难让别人信服你所说的是对的。同时,也很难发现你说的错误之处。"(T7)从以上访谈中可以看出,数学教师教育者认为数学证明的功能之一即作为人们沟通的工具,在沟通中起到判断对错的作用。

已有的研究发现,部分教师认为数学证明源于社会交流,因此是一种沟通和验证别人陈述的手段。在本研究中,数学教师教育者同样提到数学证明是一种交流的手段,同时起到检验正误的作用。

从数学哲学的角度看,通常的证明,并不是形式化的纯逻辑推导,而是有如数学家哈代（G. H. Hardy, 1877—1947）所说的"指指点点"。既然是"指指点点",自然涉及人的因素。因此,数学证明除了逻辑属性之外,还是一项社会活动,从而带有交流的属性。在本研究中,数学教师教育者提到了数学证明的交流属性,但是并没有进一步认识其还是一项社会活动。

（4）数学发现

数学发现即认为数学证明可以发掘数学的新领域。

数学教师教育者认为在寻找证明的过程中,数学家会发现新的数学方法,发展新的数学概念,得到新的数学结论。在数学史上,有许多发现就是从数学证明开始的。在访谈中,有数学教师教育者进一步认为数学证明是一项创造性的工作,其提到:"数学证明不仅仅是对逻辑过程的理解,还需要洞悉如何进行及为什么进行。所以,数学证明是一项创造性的工作。"(T4)从以上访谈中可以看出,数学教师教育者认为数学证明是一项创造性的活动,从中可以发现新的数学知识。

已有的研究发现,数学教师认为数学证明在数学知识的创造中起到了重要的作用。在本研究中,数学教师教育者同样提到了数学证明在创造数学知识方面的作用,并认为数学证明是一项创造性活动。

从数学哲学的角度,数学证明的一项作用就是导致发现,其实这也是理解问题后的收获。数学家拉卡托斯提出数学是拟经验的,数学发展的模式是证明与反驳。因此,数学证明促进了数学理解,从而在数学发现中起到了重要的作用。在本研究中,数学教师教育者意识到了数学证明的创造属性,但没有进一步认识到其在数学发现中的重要地位。

(5) 建构体系

建构体系即认为数学证明可以建构数学体系。

数学教师教育者认为演绎是数学体系的核心,通过数学证明,将命题系统化成一个公理体系的一部分。在访谈中,有数学教师教育者认为数学是一个演绎的体系,数学证明将其中的命题相联系,其提到:"数学的关键是形成一个演绎体系,证明在其中是最重要的,数学证明使得数学知识是一环扣一环的。在数学分析、实变函数中,证明都是非常厉害的,数学的专门研究是以证明为重的。"(T3)从以上访谈中可以看出,数学教师教育者认为数学证明使得数学知识形成一个紧密的演绎体系。

已有的研究发现,数学教师认为数学证明让数学形成一个公理体系,从而使得数学知识系统化。在本研究中,数学教师教育者同样提到数学证明构建了一个系统化的知识体系,同时强调了知识之间通过证明紧密联系。

从数学哲学的角度看,数学证明的主要作用是用逻辑方法将已经得到的结论组织成一个整体[101],因此,通过数学证明,数学的各个系统互相联系了起来,形成了紧密的整体。在本研究中,数学教师教育者强调了数学证明在数学知识体系化中的作用,但是没有进一步将其与数学公理体系的建设相联系。

3. 数学证明的认识二

在对中学数学为什么要教证明的理解方面,根据对数学教师教育者的相关回答的分析,编码为加深理解、知识基础、思维训练、磨炼表达和培养人格。不同编码数量的统计如图 5-22 所示。

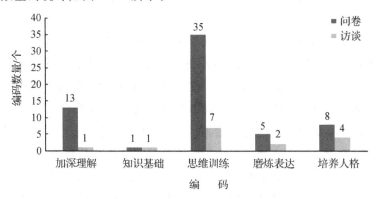

图 5-22　问题 5(4)中不同编码数量的统计

由图 5-22 可以看出,大部分数学教师教育者阐述了证明在思维训练、加深理解和培养人格等方面价值,少数数学教师教育者讲解了证明在磨炼表达和知识基础等方面的价值。与问卷中获得的编码数量分布相比,访谈中获得的编码数量分布较为平均。以下分析每一种编码的具体情况。

(1) 加深理解

加深理解即认为数学证明可以加深学生对数学知识的理解。

数学教师教育者认为数学证明有助于增加学生对所证命题及相关数学知识的理解。在访谈中,有数学教师教育者进一步认为通过数学证明,学生能够体会到数学的精髓和本质,其提到:"数学证明可以让学生了解数学是建立在已经公认的事实基础之上,通过严密的推理得到的结论。"(T4)从以上访谈中可以看出,数学教师教育者认为数学证明一方面可以增进学生对所证命题的理解,另一方面可以加深对数学本质的理解。

已有的研究发现,教师认为数学证明能让学生知道为什么一个命题是正确的,从而让学生学习到命题的源头和成立的原因,而不是仅仅知道结论。在本研究中,数学教师教育者同样提到了数学证明能让学生理解命题成立的原因,并进一步阐述其能够加深学生对数学本质的理解。

从数学哲学的角度,数学以不同的面目展现在我们面前,它既是严谨形式的,也是直观非形式的,两者相辅相成。数学家教育家波利亚(P. George,1887—1985)在《数学的发现》中说过:数学思维不是纯形式的,它所涉及的不仅有公理、定理、定义及严格的证明,而且还有许许多多其他方面,即推广、归纳、类推,以及从一个具体情况中辨认出或者抽取出某个数学概念等。

数学证明在数学中有着核实正误的功能,数学证明保证了数学结论的可靠性。在本研究中,数学教师教育者同样强调了数学证明具有确认事实的作用,但没有进一步提及数学证明为数学提供了牢固的基础。

(2) 知识基础

知识基础即认为数学证明可以让学生进一步学习更多的知识。

数学教师教育者认为中学数学证明的教学可以帮助学生进一步学习高等数学以及其他需要应用证明的学科。在访谈中,有数学教师教育者进一步认为数学证明的学习可以为中学数学到高等数学的过渡提供帮助,其提到:"高等数学以其严格的逻辑演绎证明为特点,数学证明已经成为影响学生从中学数学向大学数学过渡的重要因素之一。为帮助学生顺利转向高等数学思维,中学数学教学也应当承担其相应的证明教学任务。"(T4)从以上访谈中可以看出,数学教师教育者认为数学证明是进一步学习高等数学及其他学科的基础,因此需要在中学阶段重视数学证明的学习。

已有的研究发现,教师认为数学证明能让学生不仅仅只依靠教师或教科书来创造数学知识,而是能够依靠自身的推理论证创造他们自己的知识。在本研究中,数学教师教育者同样提到了数学证明能够成为学生认知的工具,帮助学生进一步创造新的知识。

从数学哲学的角度,数学证明给学生一个信息,即他们可以为自己论证,而不需要依靠任何权威,因此在数学课堂中使用证明能增强学生的自主权威性。数学证明为学生提供了一个工具,使得其可以不依靠他人获得知识,在本研究中,数学教师教育者同样强调了数学证明能够成为学生进一步学习的工具,但是没有进一步论述其为学生带来的自主性。

(3) 思维训练

思维训练即认为数学证明可以培养和训练学生严密的逻辑思维能力。

数学教师教育者认为学生在证明的过程中能够体会到学生的严谨性和抽象性,有助于其逻辑思维能力的提高。在访谈中,有数学教师教育者进一步认为数学证明带来的逻辑思维能力的提升能够对学生的生活产生帮助,其提到:"我觉得主要是培养学生逻辑推理的思维能力。比如从甲推到乙,这和学科没关系,这是培养人受用一生的能力,生活当中都是需要的。推理能力的培养需要一门学科存在,数学是最好的学科。"(T8)从以上访谈中可以看出,数学教师教育者认为数学证明培养学生的逻辑推理能力,这一能力对学生的生活很有帮助。

已有的研究发现,大部分教师认为发展学生的逻辑推理能力是中学数学中教证明的主要原因,同时这一能力对学生的生活也十分重要。在本研究中,数学教师教育者也提到了数学证明对学生逻辑推理能力的帮助,并将其进一步延伸到对生活的帮助。

从数学哲学的角度,自古希腊时期开始,思维训练就被视为数学的主要教育价值,古希腊教育家伊索克拉底(Isocratēs,前436—前338)认为,几何学习不能立即造就一个演讲家或商业家,它更是一种训练思维的手段并为哲学的学习做准备[102]。因此,数学证明对于学生逻辑思维的训练有着促进作用,并为学生未来的生活做准备。在本研究中,数学教师教育者同样强调了数学证明在思维训练中的价值,并强调了其对于学生日常生活的价值。

(4) 磨炼表达

磨炼表达即认为数学证明可以培养学生数学表达的能力。

数学教师教育者认为让学生学会如何正确、严谨地表达有关数学的观点和结论,从而可以促进学生的交流表达能力。在访谈中,有数学教师教育者进一步认为学生在书写证明的过程中提升了他的书面表达能力,其提到:"证明题要求学生用书面来表达,在其逻辑思维的基础上写出来,我觉得这对于数学表达是一个很高的要求。所以数学证明对于学生的数学表达能力应该是作用比较明显的。"(T2)从以上访谈中可以看出,数学教师教育者认为数学证明提升了学生的数学表达能力,特别在书写证明过程中,学生需要表达他的证明思路和想法。

已有的研究发现,教师认为中学阶段的数学证明的学习具有一定的社会功能,因为学生的证明需要得到班集体的认可,因此学生需要说服别人,同时,证明也使得学生的思维展示了出来,提供了学生表达想法的机会。在本研究中,数学教师教育者同样提到了数学证明对学生数学表达的提升,但是没有进一步提到其社会性对学生的影响。

从数学哲学的角度,数学证明其实也是一项社会活动,正如哈代所说:我和李特尔伍德把证明叫"气体",它只是修辞雄辩,用以加强心理感受;它只是讲课中在黑板上画的图画,用以激发学生的想象力。因此,数学证明承担着与他人交流,与社会交往的功能。在本研究中,数学教师教育者同样强调了数学证明作为一门语言对学生交流表达的帮助,但在其社会功能方面论述较少。

(5) 培养人格

培养人格即认为数学证明可以培养学生的科学精神和良好人格。

数学教师教育者认为数学证明让学生言之有理、言之有据,其推理环节体现出的严谨性等对于学生求真求实的科学精神和良好人格的养成都有着重要的意义。在访谈中,有数学教师教育者进一步提到:"一句话概括就是言之有据,你要讲理才行。和别人交流要有依据,这个依据实际就是证明我的观点是正确的。这让学生认知世界有一种科学的态度,比较理性,不至于看到现象就是现象,需通过现象看到本质。这对学生树立正确的世界观、人生观都是非常有帮助的。"(T6)从以上访谈中可以看出,数学教师教育者认为数学证明让学生变得更讲道理,从而培养学生的科学态度和理性精神。

已有的研究发现,数学教学能够影响学生的道德认识,其中包括训练学生严密的思维,多角度思考问题,实事求是的品质等[103]。在本研究中,数学教师教育者也认为数学证明能够培养学生的各种品质,从而发展学生的数学学科德育。

从数学哲学的角度,古希腊天文学家托勒密(C. Ptolemaeus,约90—168)指出数学学习有助于提升人的品质[104]。因此,作为数学学习的重要组成,数学证明在提升人的各项品质方面具有重要的作用。在本研究中,数学教师教育者认为数学证明有助于培养学生言之有据、言之有理的良好品质。实际上,数学证明在培养学生热爱真理、培养远见和锤炼意志等各方面品质都有着重要的作用,等待着更多的发掘。

5.4.3 方法论知识

与方法论知识相关的问题为调查问卷中问题3(4)和问题4(4)及访谈中与问题3(4)和问题4(4)对应的访谈问题。其所属的知识领域分别为数列和解析几何,涉及的具体知识点为数列的通项公式和圆锥曲线。以下分别呈现两个问题的分析结果。

1. 数列

问题3(4)考察了数学教师教育者对数列通项公式研究中涉及的数学思想方法的认识。根据对数学教师教育者的相关回答的分析,编码为函数思想、方程思想、归纳思想、类比思想、化归思想、数形结合思想和分类讨论思想。不同编码数量的统计如图5-23所示。

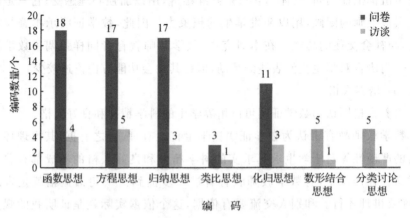

图 5-23 问题 3(4)中不同编码数量的统计

由图 5-23 可以看出，数学教师教育者提及较多的为函数思想、方程思想、归纳思想和化归思想，而类比思想、数形结合思想和分类讨论思想提及较少。与问卷中获得的编码数量分布相比，访谈中获得的编码数量分布较为平均。以下分析每一种编码的具体情况。

(1) 函数思想

函数思想即认为数列通项公式的求解中涉及了函数思想。

数学教师教育者认为在数列的通项公式求解中蕴含了函数思想。在访谈中，有数学教师教育者进一步认为数列通项公式的求解可以看作函数问题的解决，其提到："其中有函数思想，因为你求通项公式，就是找两个变量之间的关系。这个关系一般就是几种熟悉的类型，包括一次函数，二次函数，所以最终解决的是函数的问题。"(T6) 从以上访谈中可以看出，数学教师教育者认为可以将数列通项公式的求解转化为函数中变量之间关系的求解，因此体现了函数的思想。

从数学哲学的角度，运动是标志一切事物、现象的一切变化和过程的哲学范畴，而函数是数学中刻画运动的有力工具。因此，函数思想是数学中一类重要的思想方法，其刻画了事物的运动状态。在本研究中，数学教师教育者用函数的思想刻画数列的变化过程，从而解决数列通项公式的求解问题。

(2) 方程思想

方程思想即认为数列通项公式的求解中涉及了方程思想。

数学教师教育者认为在数列的通项公式求解中蕴含了方程思想。在访谈中，有数学教师教育者进一步提到："待定系数法是最基本的，根据几项来代几项，其实就是解方程，背后体现了数学中的方程思想。"(T8) 从以上访谈中可以看出，数学教师教育者认为通过待定系数法解数列通项公式体现了解方程的思想。

从数学哲学的角度，方程思想体现为一种化归的方法，体现了从未知到已知的转换，在此转换过程中是"同解"的，即变化中的"不变"思想方法。如果将未知数比作"河对岸的宝物"，那方程方法就是用带钩的绳子和宝物拉上关系，然后一步步地将"宝物"拉过来。方程思想是一种通过已知条件解决未知问题的重要方法。在本研究中，数学教师教育者利用待定系数法求出通项公式中的未知数，体现了方程的思想。

(3) 归纳思想

归纳思想即认为数列通项公式的求解中涉及了归纳思想。

数学教师教育者认为在数列通项公式的求解过程中，需要先通过归纳猜测得到一个数列通项公式,接着再验证猜测是否正确,这体现了归纳的思想。在访谈中,有数学教师教育者认为对于一般的数列,一般先通过归纳得到一个通项公式再进行验证,其提到:"最熟悉的还是找规律,可能会先猜一个表达式,但是这是不完全归纳法,然后再用数学归纳法去验证,就是完全归纳。那就相当于从特殊到一般的猜想,这也是研究数学的基本方法,先猜想,最后再证明。"(T1)从以上访谈中可以看出,数学教师教育者认为利用不完全归纳的方式猜想得到一个数列通项公式的表达式体现了数学中的归纳思想。

从数学哲学的角度,归纳法分为完全归纳法和不完全归纳法,其中不完全归纳法能从个别事实中看到真理的端倪,受到启发,提出假说和猜想,因此,不完全归纳法是数学中利用已知条件发现数学结论的重要手段。在本研究中,数学教师教育者认为通过不完全归纳发现数列通项公式的表达式,体现了归纳的思想。

(4) 类比思想

类比思想即认为数列通项公式的求解中涉及了类比思想。

数学教师教育者认为数列通项公式的求解过程中,需要先通过类比得到一个可能的数列通项公式,因此体现了类比的思想。在访谈中,有数学教师教育者进一步认为对于和已知数列较为类似的数列,可以通过类比得到一个可能的通项公式再进行验证,其提到:"对于与等差、等比较为类似的数列,就通过类比先猜一个表达式,然后再去验证。这是求数列通项公式的一种较为基本的方法,应该就是类比思想。"(T1)从以上访谈中可以看出,数学教师教育者认为在数列通项公式求解中,通过类比猜测一个可能的通项公式体现了类比思想。

从数学哲学的角度,波利亚在《怎样解题》中指出:类比是一个伟大的引路人。类比的基本模式是 A 对象具有性质 a, b, c, d, B 对象具有性质 a', b', c',而 a 与 a' 相似,b 与 b' 相似,c 与 c' 相似,则推断 B 也一定具有性质 d'。在中学数学教学中,类比思想包括个别到一般的推广、低维到高维的类比等。因此,数学类比是数学中发现结论的一类重要方法。在本研究中,数学教师教育者将基于等差和等比的某种特性,类比到一般数列中,从而求出通项公式,体现了类比思想。

(5) 化归思想

化归思想即认为数列通项公式的求解中涉及了化归思想。

数学教师教育者认为在数列通项公式的求解中会使用递推关系求通项公式等方法,其中体现了化归的思想。在访谈中,有数学教师教育者进一步提到:"最基础的数列是等差数列和等比数列,然后很多数列都可以转化为等差和等比。所以转化思想用得很多,你要清楚到底有多少种情况可以转化为等差、等比。有些倒一倒,有些平方一下,还有就是前后项的递推转化到和 n 的关系,这些方面的转化也是比较多的。"(T3)从以上访谈中可以看出,数学教师教育者认为在数列通项公式的求解中将给出的复杂和陌生的数列转化为基础和熟悉的数列涉及了化归思想。

从数学哲学的角度,化归方法,就是将一个问题 A 进行变形,使其归结为另一已能解决的问题 B,善于使用化归法是数学家思维方式的一个重要特点。因此,化归方法是数学中将未知转化为已知从而解决问题的基本方法之一。在本研究中,数学教师教育者认为将不熟悉的数列通过转化为基础的等差和等比数列体现了化归的思想。

(6) 数形结合思想

数形结合思想即认为数列通项公式的求解中涉及了数形结合思想。

数学教师教育者认为在数列通项公式的求解中会用函数图像表示数列各项的特征,从而求解得到数列的通项公式。在访谈中,有数学教师教育者认为利用数形结合的思想求解数列通项公式的情况较少,其提到:"在数列通项公式求解中,数形结合的思想用得比较少。数列也是一种特殊的函数,函数就有图像,因此也可以从图像的角度观察。"(T3)从以上访谈中可以看出,数学教师教育者认为数形结合的思想主要体现在将数列看作函数,观察函数图像的过程中。

从数学哲学的角度,数学对象的表示是一个非常基础而又非常重要的问题。在中学数学中,代数式、函数的解析式等都是非常重要的表示方法。因此,数字表示与图像表示之间的转化也是数学中比较常用的方法,在解题中具体体现为数形结合。在本研究中,数学教师教育者认为将数列的数字表示转化为函数图形表示的过程体现了数形结合的思想。

(7) 分类讨论思想

分类讨论思想即认为数列通项公式的求解中涉及了分类讨论思想。

数学教师教育者认为在数列通项公式的求解中由于数列中的项呈现多种不同规律,因此可以体现分类讨论的思想。在访谈中,有数学教师教育者认为分类讨论思想是一种依赖问题条件的思想,需要在解题的过程中发现,其提到:"我觉得分类讨论是做题目的时候发现的,没做题目不可能知道要分类讨论。看到方程就会想到方程思想,看到函数就会想到函数思想。分类讨论是要看到问题才会想到的。"(T7)从以上访谈中可以看出,数学教师教育者认为分类讨论是一种特殊的方法,需要根据情况而决定是否使用。

从数学哲学的角度,分类是一种一般的逻辑方法,数学上对于具有同一性质的判定准则便是等价关系,在数学中等价关系往往是分类的依据,因此,分类讨论思想的基础是数学中的等价关系。在本研究中,数学教师教育者认为将数列中的项按照等价关系进行划分,从而得到数列的通项公式,其过程体现了分类讨论的思想。

2. 解析几何

问题4(4)考察了数学教师教育者对解析几何的思想方法在数学研究中价值的认识。根据对数学教师教育者的相关回答的分析,编码为代数方法解决几何问题、几何图形表征代数问题和沟通代数与几何。不同编码数量的统计如图5-24所示。

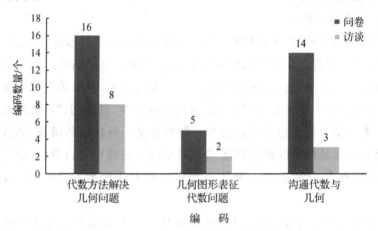

图5-24 问题4(4)中不同编码数量的统计

由图5-24可以看出,大部分数学教师教育者认为解析几何思想方法的价值在于用代数方法解决几何问题,同时沟通了代数与几何,部分数学教师教育者认为解析几何思想方法的价值在于用几何图形表征代数问题。与问卷中获得的编码数量分布相比,访谈中获得编码更为强调代数方法解决几何问题。以下分析每一种编码的具体情况。

(1) 代数方法解决几何问题

代数方法解决几何问题即认为解析几何的思想方法就是用代数的方法解决几何问题。

数学教师教育者认为解析几何思想方法的核心是用代数方法解决几何问题,从方程的角度来解决熟悉的曲线问题,可以更精确地解决看到的或看不到的实际问题。在访谈中,有数学教师教育者进一步提到了解析几何的思想方法对哪些具体数学问题的解决有帮助,其提到:"解析几何无非是用代数方法研究几何问题,也就是用数来研究形。形中有一些特征,比如说边界这种最值,最好用代数来解释。比如椭圆上的一个特殊的点,这个点可以用计算发现,这就是用数来解决几何问题,直接几何不行,这就需要解析几何了。"(T6)从以上访谈中可以看出,数学教师教育者认为一些几何上的特征,通过代数来求解比较方便,因此需要解析几何的思想方法解决相关的几何问题。

从数学哲学的角度,笛卡儿审视了几何学和代数,发现它们存在一些缺点,因此希望建立一种既避免几何学和代数的缺点又保存它们的优点的方法。他曾说过:古代人的分析和近代人的代数,前者始终局限于考察各种图形,因而在运用理智时不能不使想象力过于疲劳。因此,解析几何的思想方法可以克服用纯粹几何方法解决几何问题的一些缺陷。在本研究中,数学教师教育者同样强调了解析几何思想方法在解决一些几何问题方面的优势。

(2) 几何图形表征代数问题

几何图形表征代数问题即认为将代数问题转化成几何问题解决。

数学教师教育者认为利用解析几何的思想方法,可以从代数问题中发现几何背景,转化为几何问题解决。在访谈中,有数学教师教育者进一步阐述了代数中的很多问题可以转化为几何问题进行解决,其提到:"代数系统的很多领域,只要式子有结构意义,就可以转化为形来做。最简单的就是无理方程,两个无理方程相加等于一个数,实际上这就是一个动点到两个定点的距离的问题,就可以转化为一个和椭圆相关的问题。"(T6)从以上访谈中可以看出,数学教师教育者认为运用解析几何的思想方法可以得到一些代数问题的几何特征,从而转化为几何问题进行解决。

从数学哲学的角度,解析几何的思想方法可以突破只是服从代数规则来解决问题的约束。在本研究中,数学教师教育者同样强调了解析几何的思想方法在代数问题的解决中有利于突破原有的限制。

(3) 沟通代数与几何

沟通代数与几何即认为解析几何沟通了代数与几何两者之间的关系,从而成为解决问题的重要途径。

数学教师教育者认为解析几何将数学的两大研究对象,即数量关系和几何图形创造性地联系了起来,将数的严谨性与形的直观性两者各自的优点加以整合,从而极大地丰富了解决问题的方法。在访谈中,有数学教师教育者进一步提到:"解析几何,首先要突出的就是数形之间的转换。对于解析几何的思想方法在数学解题当中的作用,可能是将抽象的问题具体化。有些代数的方程,可以用形的角度来处理,那就更加形象。还有就是有些几何问题,几何方法也能做,但是从数的角度来处理就比较精密。这是解析几何的研究方式,最重要的就是数和形之间的等价转化。"(T2)从以上访谈中可以看出,数学教师教育者认为利用解析几何的思想方法可以促进数学解题中数与形的互相转化和结合。

从数学哲学的角度,解析几何把数学打造成一个代数与几何双面的工具,数学家拉格朗日(J. Lagrange,1736—1813)曾说过:只要代数同几何分道扬镳,它们的进展就会缓慢,它们的应用就会狭窄,但是当这两门科学结合成伴侣时,它们就互相吸取新鲜的活力,从那以后,就以快速的步伐走向完善。因此,解析几何是联系代数与几何领域的重要工具。在本研究中,数学教师教育者阐述了解析几何作为联系代数与几何的工具在数学解题中具有的重要作用。

5.5 总体分析

以上分别从学科内容知识、教学内容知识、高观点下的数学知识和数学哲学知识4个成分具体阐述了数学教师教育者具备的面向教师教育者的数学知识。接下来对以上4个成分做总体分析。

现将学科内容知识、教学内容知识、高观点下的数学知识和数学哲学知识4个成分中的编码数量进行汇总。不同成分的编码数量统计如图5-25所示。

从图5-25中可以看到,在调查问卷的结果中,编码数量最多的是数学哲学知识,其次为高观点下的数学知识,而教学内容知识和学科内容知识的编码数量则相对较少。在深度访谈的结果中,编码数量最多的同样是数学哲学知识,其次为学科内容知识,而教学内容知识和高观点下的数学知识的编码数量较少。

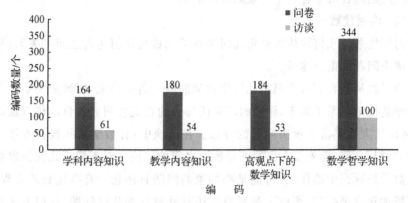

图 5-25 总体分析

但这并不意味着数学教师教育者在数学哲学知识上的知识最为丰富。实际上,调查问卷中,涉及 4 个知识成分的问题虽然都是 5 个小题,但是涉及数学哲学知识的问题中,有 2 个小题都包含了 2 个分问题,因此,有关数学哲学知识的问题数量也较多。同时,不同成分的编码数量受到了具体知识内容载体的影响,因此,不同成分之间编码数量的差距并无绝对性。

总体而言,数学教师教育者在面向教师教育的数学知识的 4 个成分都显示出了其知识的丰富性,从以上统计可以看出,数学教师教育者在 4 个成分中并不存在明显的短板。接下来,针对每一个成分做更深入的分析。

5.5.1 学科内容知识

学科内容知识这一成分可以分为一般内容知识、专门内容知识和关联内容知识 3 个子类别。将这 3 个子类别的编码数量进行汇总,不同子类别的编码数量统计如图 5-26 所示。

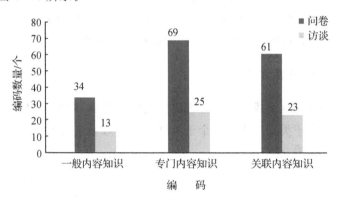

图 5-26 学科内容知识分析

从图 5-26 中可以看到,在调查问卷的结果中,编码数量最多的是专门内容知识,其次为关联内容知识,而一般内容知识的编码数量则相对较少。深度访谈的编码数量分类与调查问卷基本一致。考虑涉及一般内容知识的为 1 个小题,涉及专门内容知识和关联内容知识的分别为 2 个小题,因此 3 个子类别平均每小题的编码数量几乎相等。

一般内容知识包括数学中的基本概念、运算、法则、公式与定理等。在本研究中,主要考察的是高中数学的基本概念——函数的概念。研究结果表明,数学教师教育者对于函数概念的定义主要为变量对应定义,提到集合映射定义和序偶关系定义的则相对较少。

专门内容知识包括概念的不同表征、运算与法则的解释、公式与定理的证明、理解非常规的问题解决方法和数学问题提出等。在本研究中,主要考察的是对三角函数不同定义的理解,以及对数列通项公式任意性的解释。研究结果表明,对于三角函数的不同定义,数学教师教育者更倾向于三角函数的终边定义,主要理由为终边定义具有一般性,不需要固定角的终边上的点;但是对于单位圆定义的优势则考虑较少;对于数列通项公式的任意性,数学教师教育者主要从数列的无规律性进行解释,从函数和方程等角度考虑数列通项公式任意性的则较少。

关联内容知识包括不同概念之间的联系、数学内容在物理学科中的应用等。在本研究中,主要考察的是对解析几何中核心概念的理解,以及对旋转体体积公式之间的联系的理解。研究结果表明,数学教师教育者认为解析几何中的核心概念主要是曲线与方程,对于其他核心概念则较少提及;对于旋转体体积公式之间的联系,数学教师教育者主要关注的是3个旋转体之间的体积关系,而对于其他的关系则关注较少。

总体而言,数学教师教育者的学科内容知识较为深厚,能够掌握基本的概念,解释概念和公式的合理性并阐述不同概念和公式之间的关系,但在定义的多元性、解释的多样性和联系的普遍性方面还有一定的进步空间。

5.5.2 教学内容知识

教学内容知识这一成分可以分为内容与学生知识、内容与教学知识和内容与课程知识3个子类别。将这3个子类别的编码数量进行汇总,不同子类别的编码数量统计如图5-27所示。

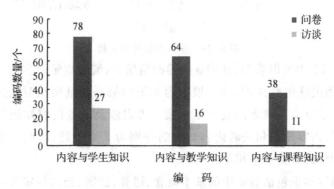

图5-27 教学内容知识分析

从图5-27中可以看到,在调查问卷的结果中,编码数量最多的是内容与学生知识,其次为内容与教学知识,而内容与课程知识的编码数量则相对较少。深度访谈的编码数量分类与调查问卷基本一致。考虑涉及内容与学生知识和内容与教学知识的分别为2个小题,涉及内容与课程知识的为1个小题,因此3

个子类别平均每小题的编码数量几乎相等。

内容与学生知识包括学生怎么理解特定的数学内容,可能出现哪些困难、障碍等。在本研究中,主要考察的是对学生函数学习困难的了解,以及对学生曲线与方程学习困难的了解。研究结果表明,对于学生学习函数感到困难,数学教师教育者认为主要是学生理解不了对应和觉得函数需要有表达式,而较少考虑到学生觉得函数需要有规律和连续;对于学生学习曲线与方程感到困难,数学教师教育者认为主要是代数与几何的转换,提到方程与图像的转换及交点与解的转换的较少。

内容与教学知识包括熟知教学目标及设计意图、恰当地组织数学内容的教学顺序、评价数学教学等。在本研究中,主要考察的是如何教授数列通项公式的认识和如何教授旋转体体积公式的认识。研究结果表明,对于数列通项公式的教授,数学教师教育者更倾向于利用举例子说明和从数列概念的角度分析数列通项公式,但是从方程和函数等角度的分析则考虑较少;对于旋转体体积公式的教授,数学教师教育者主要从 3 个旋转体的体积关系角度切入让学生理解,而较少拓展到表面积关系、体积和表面积关系等方面。

内容与课程知识包括特定的数学内容在课程标准中的要求、特定的数学内容在教科书中的编排等。在本研究中,主要考察的是对任意角三角函数在教科书中编排的理解。研究结果表明,数学教师教育者认为教科书中将三角比和三角函数分开主要考虑的是区分运算与变量,而对于为学生做衔接和为后续内容服务等方面则考虑较少。

总体而言,数学教师教育者的教学内容知识较为丰富,能够了解学生有关特定数学内容学习的困难,熟悉不同数学内容的教授方式并理解相关数学内容在教科书中的编排,但对于学生数学学习困难理解的细致性、不同数学内容教授的深入性和教科书中数学内容编排意图的全面性方面还有提升的空间。

5.5.3 高观点下的数学知识

高观点下的数学知识这一成分可以分为学科高等知识、学科结构知识和学科应用知识 3 个子类别。将这 3 个子类别的编码数量进行汇总,不同子类别的编码数量统计如图 5-28 所示。

从图 5-28 中可以看到,在调查问卷的结果中,学科高等知识和学科应用知识的编码数量接近,而学科结构知识的编码数量则较少,深度访谈的编码数量则比较接近。涉及学科高等知识和学科结构知识的分别为 2 个小题,涉及学科应用知识为 1 个小题,因此 3 个子类别中学科应用知识的平均每题编码数量较高。

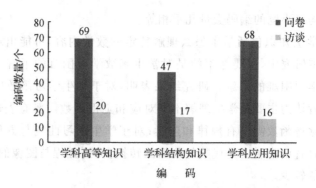

图 5-28 高观点下的数学知识分析

学科高等知识包括中小学数学课程中的数学概念在高等数学中的推广,从高等数学的角度分析中小学数学课程的数学问题等。在本研究中,主要考察的是对现代函数定义与高中函数定义的联系及区别的认识和对有穷数列的通项公式求解的认识。研究结果表明,对于函数的序偶定义与函数的变量对应定义,数学教师教育者主要认为两者都强调了对应关系,函数的序偶定义更抽象,但是较少有人提到函数的序偶定义明确了对应关系;对于有穷数列的通项公式求解,数学教师教育者采用的主要方法为待定系数法,采用拉格朗日插值法的较少,而使用有界差分法的几乎没有。

学科结构知识包括从高等数学的结构分析中小学不同数学概念、运算和公式之间的联系等。在本研究中,主要考察的是高观点下三角形相似和抛物线相似之间联系的认识和对球体积公式证明方法的认识。研究结果表明,对于抛物线的相似,数学教师教育者主要是从离心率相同的角度理解的,较少有人能够从图形位似和坐标缩放的角度考虑曲线相似的一般定义;对于球体积公式证明方法,数学教师教育者给出的方法主要为祖暅原理的方法,而使用切片法和棱锥法并将其与微积分思想联系的则较少。

学科应用知识包括经济数学知识、生物数学知识和物理数学知识等。在本研究中,主要考察的是对三角函数在各学科中应用的理解。研究结果表明,数学教师教育者主要提到了三角函数在地理学、天文学和物理学等方面的应用,但从高观点分析其中涉及原理的则较少。

总体而言,数学教师教育者的高观点下的数学知识较为普通,能够基于中学的知识理解高等数学的概念和方法,对中学的知识作出一定程度的推广并广泛涉猎各个学科中对数学知识的应用,但在从高观点理解中学数学知识、分析不同知识的联系和在不同学科应用数学知识方面还有待进一步提升。

5.5.4 数学哲学知识

数学哲学知识这一成分可以分为本体论知识、认识论知识和方法论知识 3 个子类别。将这 3 个子类别的编码数量进行汇总,不同子类别的编码数量统计如图 5-29 所示。

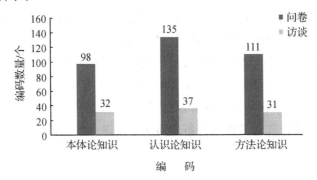

图 5-29 数学哲学知识分析

从图 5-29 中可以看到,在调查问卷的结果中,编码数量最多的是认识论知识,其次为方法论知识,最少的是本体论知识。深度访谈中,3 个子类别的编码数量接近。考虑涉及本体论知识的为 1 个小题,其中包含 2 个分问题,涉及认识论知识为 2 个小题,其中包含有 1 个小题且包含 2 个分问题,涉及方法论知识的为 2 个小题,因此 3 个子类别平均每小题(包括分问题)的编码数量几乎相等。

本体论知识包括数学的研究对象是什么、数学的研究对象如何存在等。在本研究中,主要考察的是数学教师教育者对数学定义的理解,包括对定义作用和定义标准的理解。研究结果表明,对于数学定义的作用,数学教师教育者认为其主要有规定范围的作用,而对于分类、了解相对关系等作用则阐述较少;对于数学定义的标准,数学教师教育者主要认为是需要简洁易懂,而在逻辑严谨、形式抽象等方面则论及较少。

认识论知识包括数学发展的源泉、如何检验数学结果等。在本研究中,主要考察的是对于推动数学研究的动力和数学证明的理解。其中对数学证明的理解包括对数学证明的作用和中学数学为什么要教证明的理解,研究结果表明,对于推动数学研究的动力,数学教师教育者认为主要包含实际需求和研究需要两个方面,对于数学证明的作用,数学教师教育者认为主要是确认事实,而在数学理解、数学交流等方面论述较少;对于中学数学为什么要教证明,数学教师教育者认为主要是思维训练,较少提到磨炼表达和培养人格等方面。

方法论知识包括基本和重大的数学思想方法、与一般科学方法相应的数学方法、数学中特有的方法等。在本研究中,主要考察的是对数列通项公式研究中涉及的数学思想方法的认识和对解析几何的思想方法在数学研究中价值的认识。研究结果表明,对于数列通项公式中涉及的数学思想方法,数学教师教育者认为主要是函数思想、方程思想和归纳思想,而在类比思想和化归思想等方面体现较少;对于解析几何的思想方法在数学研究中的价值,数学教师教育者主要论述了其在代数方法解决几何问题和沟通代数与几何两个方面的价值,而对于几何图形表征代数问题的价值则较为忽视。

总体而言,数学教师教育者的数学哲学知识较为基础,能够对数学定义的基本作用和标准做一定的阐释,对数学研究的动力有基本的判断,对数学证明的作用及其教育价值有基础的理解,对数学中的基本数学思想方法有较多的了解,但在以上各部分知识的深入理解方面还有待进一步的提升。

第6章 数学教研活动中反映的面向教师教育的数学知识

为了探索数学教研活动中反映的面向教师教育的数学知识,需要对不同高中数学教研员的教研活动进行单案例分析和跨案例分析。以下分5个小节呈现分析结果。前4个小节分别呈现4位高中数学教研员OT1、OT2、OT3和OT4的单案例分析结果,在每一个案例中首先分别呈现两轮观察的分析结果,然后呈现每一个案例的总体分析结果。第5个小节呈现跨案例分析的结果。

6.1 案例1

6.1.1 第一轮观察:平均值不等式

第一轮教研活动观察的时间为2020年9月30日,地点为S市A区的某所市重点高级中学,此次教研活动面向的对象主要为A区的高一教师,教研活动的背景为恰逢S市的某位教师需要参加第10届高中青年数学教师优秀课展示与培训活动,因此,A区的高中教研员OT1组织了此次教研活动,安排这一教师给全区数学教师开一次公开课,促进教师的专业发展。

此次教研活动选取的具体数学主题为平均值不等式,选取理由主要有3个。首先,这位教师刚刚参加了市讲课比赛,获得了较好的名次,而当时比赛的课题正是平均值不等式。其次,平均值不等式是高中数学的一个重点课题。最后,新教材中对这一内容的处理做了较大的调整,因此教师需要重新组织平均值不等式的教学。

本次教研活动的流程为,首先由教研活动所在学校的教师上一节平均值不等式公开课,然后由OT1组织评课交流,同时OT1还邀请了一些专家做相关的重点交流。

公开课平均值不等式教学流程如表6-1所示,本节课主要分为5个环节,分别为情境引入、定理形成、应用巩固、灵活变换和课堂小结。

表6-1 平均值不等式教学流程

教学环节	教学过程	时间分配
情境引入	早在公元前6世纪,毕达哥拉斯学派已经研究过算术中项和几何中项。 其中算术中项、几何中项最终发展为数学中两个非常重要的概念:算术平均值与几何平均值。 基于以上情境给出算术平均值$\frac{a+b}{2}$和几何平均值$\sqrt{ab}$。	1分20秒
定理形成	创设问题情境,探究、猜想、发现平均值不等式。 问题1:$\frac{a+b}{2}$与$\sqrt{ab}$有怎样的大小关系? 探究平均值不等式的证明方法。 问题2:如何证明平均值不等式? 问题3:什么情况下两式相等? 问题4:是否存在其他情况使得两式相等? 问题5:如何用自然语言来描述该不等式?	7分
应用巩固	例1:已知$x>0$,求证$x+\frac{1}{x}\geq 2$,并指出等号成立的条件。 例2:已知$ab>0$,求证$\frac{b}{a}+\frac{a}{b}\geq 2$,并指出等号成立的条件。	5分20秒
灵活变换	思考1:通过例题的分析,同学们还可以对定理做怎样的变化呢? 思考2:对平均值不等式两边平方,可以得到$\left(\frac{a+b}{2}\right)^2\geq ab$,该不等式仅对正数成立吗? 例3:设$x\in\mathbf{R}$,求二次函数$y=x(4-x)$的最大值。 例4:设$x\in\mathbf{R}$,求二次函数$y=x(4-2x)$的最大值。	20分40秒
课堂小结	从知识结构和思想方法两个方面总结本节课所学内容,布置作业。	6分50秒

在情境引入环节,教师从毕达哥拉斯学派、尼克麦丘(Nicomachus,1世纪)和帕普斯(Pappus,3世纪)的研究引出算术平均值和几何平均值。在定理形成环节,教师进一步让学生猜测算术平均值和几何平均值的大小关系,从而得到平均值不等式,接着,让学生探究具体的证明过程并说明等号成立的条件。

在应用巩固环节,通过例1和例2让学生进一步练习平均值不等式的应用。在灵活变换环节,让学生小组讨论还可以对均值不等式做出怎么样的变形,学生给出的变形有 $a^2+b^2 \geqslant 2ab$ 和 $\left(\dfrac{a+b}{2}\right)^2 \geqslant ab$,教师提出后者也是常用的不等式。接着,基于新的不等式,教师让学生进一步练习了例 3 和例 4。在课堂小结环节,教师通过提问学生有什么收获的方式总结了本节课的知识结构与思想方法,其后补充了平均值不等式的半圆模型并让学生思考 n 个正数的平均值之间的关系。

公开课结束之后,进入评课交流阶段,在此阶段中,OT1 针对以上公开课的教学做了点评。在教研活动之后,研究者进一步访谈了 OT1,深入了解了其有关的想法。

根据面向教师教育的数学知识框架,对 OT1 在第一轮观察的评课交流和访谈中体现的知识成分中的子类别进行编码,得到的编码数量统计如表 6-2 所示。

表 6-2　OT1 第一轮观察中的编码数量统计

成分	观察	观察后访谈	总数
学科内容知识			
一般内容知识	5	5	10
专门内容知识	5	6	11
关联内容知识	0	2	2
教学内容知识			
内容与学生知识	5	1	6
内容与教学知识	10	8	18
内容与课程知识	10	5	15
高观点下的数学知识			
学科高等知识	1	1	2
学科结构知识	0	0	0
学科应用知识	0	0	0
数学哲学知识			
本体论知识	0	0	0
认识论知识	0	1	1
方法论知识	1	1	2

从表 6-2 中可以看到,在学科内容知识中,编码数量最多的是专门内容知识(11),其次为一般内容知识(10);在教学内容知识中,编码数量最多的是内容

与教学知识(18),其次为内容与课程知识(15);在高观点下的数学知识中,编码数量最多的是学科高等知识(2);在数学哲学知识中,编码数量最多的是方法论知识(2),其次为认识论知识(1)。

(1) 学科内容知识

在一般内容知识方面,OT1 提到了算术平均数 $\frac{a+b}{2}$、几何平均数 $\sqrt{ab}$、平均值不等式 $\frac{a+b}{2} \geqslant \sqrt{ab}$、平均值不等式在求解不等式、极值中的应用。

在专门内容知识方面,OT1 提到了算术平均数和几何平均数的由来、平均值不等式的几何表征及平均值不等式的证明。

有关算术平均数和几何平均数的由来,OT1 提到尼克麦丘和帕普斯统一了各项中项的定义。

其中将

$$\frac{b-x}{x-a} = \frac{a}{a} = \frac{b}{b}$$

定义为算术中项,并且将

$$\frac{b-x}{x-a} = \frac{b}{x} = \frac{x}{a}$$

定义为几何中项。

有关平均值不等式的几何表征,OT1 认为有两种模型,分别是帕普斯的半圆模型和勾股弦图的模型。有关平均值不等式的证明,OT1 提到证明方法有作差法、作平方法和替换法。作差法即直接通过两边作差 $\frac{a+b}{2} - \sqrt{ab} \geqslant 0$ 证明平均值不等式;作平方法即先将两边平方后作差 $\left(\frac{a+b}{2}\right)^2 - ab \geqslant 0$ 证明平均值不等式;替换法即通过先证明 $\frac{a^2+b^2}{2} - ab \geqslant 0$,然后将 a 替换为 $\sqrt{a}$,将 b 替换为 $\sqrt{b}$ 证明平均值不等式。

在关联内容知识方面,OT1 提到了平均值不等式 $\frac{a+b}{2} \geqslant \sqrt{ab}$ 与不等式 $a^2 + b^2 \geqslant 2ab$,$\left(\frac{a+b}{2}\right)^2 \geqslant ab$ 的联系。

(2) 教学内容知识

在内容与学生知识方面,OT1 提到了学生对于平均值不等式、平均值不等式证明和平均值不等式应用的理解。

有关学生对于平均值不等式的理解,OT1 提到基于平均值不等式 $\frac{a+b}{2} \geqslant$

$\sqrt{ab}$，学生能够进一步写出这一不等式的不同变形。有关学生对于平均值不等式证明的理解，OT1 认为平均值不等式的证明对于一般学生比较简单，对于程度稍差的学生，可能采用先平方再做差的方式更直观一点。有关平均值不等式应用的理解，OT1 认为，如倒数和 $\frac{b}{a}+\frac{a}{b}\geqslant 2$ 类型的问题，需要在两边取范围，学生不容易掌握。

在内容与教学知识方面，OT1 提到了教师对于平均值不等式引入、平均值不等式证明、平均值不等式变形和平均值不等式应用的教学。

有关平均值不等式引入的教学，OT1 提到通过毕达哥拉斯学派、尼克麦丘和帕普斯对于算术中项、几何中项的研究引入平均值不等式可以激发学生的兴趣，这样能够从历史的视角审视这个经典的课题。有关平均值不等式证明的教学，OT1 认为在公开课中使用的作差法是比较受推崇的，也是课本中的方法，作平方法可以使学生更容易理解，替换法可以使学生体会到代换的思想。对此，在访谈中，OT1 提到：

> 在替换法证明中，$a^2+b^2\geqslant 2ab$ 是比较容易理解，推出来之后，将 a 替换为 $\sqrt{a}$，将 b 替换为 $\sqrt{b}$，只要做这个替换，也得到了均值不等式。这个地方有代换的思想，代换思想还是非常重要的。

有关平均值不等式变形的教学，OT1 认为在公开课中设置这一探究活动可以引发课堂教学中学生思维的高潮，让学生对平均值不等式给予变形，可以得到一些能够成立的不等式，然后教师再作点评、引导和评价，可以加深学生对平均值不等式的认识。有关平均值不等式应用的教学，OT1 提到公开课中的例 1 和例 2 都是围绕平均值不等式的运用，即解决倒数和与求最值的问题，这些问题是平均值不等式应用的典型问题。

在内容与课程知识方面，OT1 提到了教材中有关平均值不等式、平均值不等式的引入、平均值不等式的应用的编排。

有关教材对于平均值不等式的编排，OT1 提到围绕本节课的前后，新教材的编排都有所变化，对此，在访谈中，OT1 提到：

> 变化在哪里呢，在新教材中，实际上把 $a^2+b^2\geqslant 2ab$ 放在平均值不等式前面作为定理。在平均值不等式这节课中，将
> $$\left(\frac{a+b}{2}\right)^2\geqslant ab$$
> 作为定理，它和平均值不等式是一组的。以前平均值不等式指的只有一

个,就是

$$\frac{a+b}{2} \geqslant \sqrt{ab}.$$

在这节课后,新教材增加了三角不等式。

有关教材对于平均值不等式引入的编排,OT1 认为新教材中,将在周长相等的矩形中,正方形的面积最大的问题放在了第二个课时。有关教材对于平均值不等式应用的编排,OT1 提到新教材中将后面一个求最值的例题移动了过来,强化了平均值不等式的应用。

(3) 高观点下的数学知识

在学科高等知识方面,OT1 提到了 n 个正数 $a_1,a_2,a_3\cdots,a_n$ 的平均值之间的关系,即一般的平均值不等式

$$\frac{n}{\sum_{i=1}^{n}\frac{1}{x_i}} \leqslant \sqrt[n]{\prod_{i=1}^{n}x_i} \leqslant \frac{\sum_{i=1}^{n}x_i}{n} \leqslant \sqrt{\frac{\sum_{i=1}^{n}x_i^2}{n}}.$$

(4) 数学哲学知识

在认识论知识方面,OT1 认为在认识平均值不等式的过程中,经历从具体到一般,再从一般到具体的认识过程,即从特殊情境中认识到平均值不等式,再通过平均值不等式来解决特殊的问题。

在方法论知识方面,OT1 提到了在平均值不等式的研究中体现了观察和实验的数学研究方法,并且提到了波利亚的名言"观察可能导致发现,观察将揭示某种规律模式或定理",平均值不等式正是在观察和实验中发现的。

6.1.2 第二轮观察:对数的概念

第二轮教研活动观察的时间为 2020 年 11 月 4 日,地点为 S 市 A 区的某所高级中学,此次教研活动面向的对象主要为 A 区的高一教师,此次教研活动的背景为这所学校是信息技术方面的特色学校,因此,A 区的高中教研员 OT1 组织了此次教研活动,向区内的教师演示信息技术如何融入数学课堂教学。

此次教研活动选取的具体数学主题为对数的概念,选取理由主要有两点。首先,大部分教师认为对数的概念是一节非常难上的课。其次,新教材中此部分的内容与之前的教材有一定差异,对教师的教学造成了一定的挑战。

本次教研活动首先由本区的一位教师上一节对数的概念公开课,然后由 OT1 组织评课交流,同时 OT1 还邀请了一些专家做相关的报告并重点交流。

本次教研活动的公开课对数的概念教学流程如表 6-3 所示,本节课主要分

为5个环节,分别为激发动机、形成概念、讲解例题、评价应用和课堂小结。

表 6-3 对数的概念教学流程

教学环节	教学过程	时间分配
激发动机	早在15、16世纪,人们在天文、航海及工程实践中,需要对一些很大的数进行繁杂的计算,为了得到一个结果,常常需要花费几个月的时间,如何能够找到一种快速简便的计算方法? 活动:不使用计算器,请尝试计算下列各式: (1) 128×4096;(2) $524288 \div 1024$。 学生活动:计算量大,需要找到一种简便的计算方法提高运算效率。 探究一:研究下面的数表,你能发现其中的规律吗? | x | 1 | 2 | 3 | $\cdots$ | | --- | --- | --- | --- | --- | | 2^x | 2 | 4 | 8 | $\cdots$ | 请尝试计算: (1) 128×4096;(2) $524288 \div 1024$。 探究二:类比探究一的规律,以1光年是多少千米问题,寻求一般规律。 问题1:如何利用数表计算 299792458×31536? 以2为底数,299792458 和 31536 对应的指数是否存在? 问题2:以 $a(a>0,a\neq 1)$ 为底数时,正数 N 所对应的指数是否存在? 问题3:如何证明:当 $a>0,a\neq 1$,且 $N>0$ 时,方程 $a^x=N$ 的解唯一?	12分10秒
形成概念	给出对数的定义,并得到对数与指数间的关系。 问题4:$\log_a N$ 是数值还是算式? 问题5:在 $\log_a N = x$ 中,三个字母分别要满足什么条件? 介绍常用对数与自然对数。	9分30秒
讲解例题	例1:求 $\log_2 8$ 等各式的值。 例2:求 $\log_2 x = -1$ 等各式中 x 的值。 例3:求 $\log_a(1-x^2)$ 等各式中 x 的取值范围。	14分50秒
评价应用	根据以上例题进行变式训练。	5分40秒
课堂小结	回顾本节课学习的内容,并总结相关的思想方法。	1分20秒

在激发动机环节,教师让学生尝试不用计算器进行两个大数的运算,学生发现较为烦琐;接着,教师给出数表,让学生发现其中的规律,利用数表中的规律简化了之前的大数运算;然后,抛出计算1光年中遇到的问题 299792458×31536,学生发现很难利用查表得到对应的指数,从而研究以 a 为底数时,正数 N 所对应的指数是什么。在形成概念环节,教师给出对数的定义并做了辨析。

在讲解例题环节,教师利用例1、例2和例3让学生进一步计算了对数、求解了与对数相关的方程。在评价应用环节,教师利用信息技术手段将练习题推送到学生的平板电脑上,学生在平板电脑上作答并实时提交,教师现场反馈作答情况并讲解了学生出现的问题。在课堂小结环节,教师总结了本节课主要的知识内容,并且强调了对数在数学中的价值。

公开课结束之后,进入评课交流阶段。在此阶段中,OT1针对以上公开课的教学做了点评。在教研活动之后,研究者进一步访谈了OT1,深入了解了其有关的想法。

根据面向教师教育的数学知识框架,对OT1在第二轮观察的评课交流和访谈中体现的知识成分中的子类别进行编码,得到的编码数量统计如表6-4所示。

表6-4 OT1第二轮观察中的编码数量统计

成分	观察	观察后访谈	总数
学科内容知识			
一般内容知识	5	4	9
专门内容知识	2	2	4
关联内容知识	1	2	3
教学内容知识			
内容与学生知识	2	3	5
内容与教学知识	6	9	15
内容与课程知识	3	6	9
高观点下的数学知识			
学科高等知识	1	2	3
学科结构知识	0	0	0
学科应用知识	1	1	2
数学哲学知识			
本体论知识	0	0	0
认识论知识	0	1	1
方法论知识	2	1	3

从表6-4中可以看到,在学科内容知识中,编码数量最多的是一般内容知识(9),其次为专门内容知识(4);在教学内容知识中,编码数量最多的是内容与教学知识(15),其次为内容与课程知识(9);在高观点下的数学知识中,编码数量最多的是学科高等知识(3),其次为学科应用知识(2);在数学哲学知识中,编码数量最多的是方法论知识(3),其次为认识论知识(1)。

（1）学科内容知识

在一般内容知识方面，OT1 提到了对数的定义、对数的符号 $\log_a N$、对数的计算、对数方程的求解、确定对数的定义域。

在专门内容知识方面，OT1 提到了对数的由来、对数存在性的解释、对数唯一性的证明。

有关对数的由来，OT1 提到历史上是纳皮尔（J. Napier，1550—1617）发现了对数，他将等差数列和等比数列并列排成一个表，从而简化了大数的计算，而对数即为等比数列各项中公比的次数。有关对数存在性的解释，OT1 认为可以通过无理数的逼近解释在定义域范围内，对数是存在的。有关对数唯一性的证明，OT1 提到可以利用反证法。对此，在教研活动中，OT1 提到：

> 可以用反证法来证明方程 $a^x = N$ 的解是唯一的。假设方程 $a^x = N$ 有两个不同的实数解 x_1, x_2，不妨设 $x_1 > x_2$，即 $a^{x_1} = N$ 且 $a^{x_2} = N$，两式相除，得 $a^{x_1 - x_2} = 1$。由于 $a > 0$ 且 $a \neq 1$，由幂的基本不等式可以得到 $a^{x_1 - x_2} \neq 1$，与之前矛盾，因此解是唯一的。

在关联内容知识方面，OT1 提到了对数在数学中非常重要，在很多数学领域中都需要用到对数。对数可以解释为在 $a^b = c$ 中，已知 a 和 c，求 b，利用这一模型，可以将指数解释为已知 a 和 b，求 c。

（2）教学内容知识

在内容与学生知识方面，OT1 提到了学生对于对数引入和对数定义的理解。

有关学生对于对数引入的理解，OT1 提到对数产生的必要性是这节课的难点，学生往往很难理解为什么要引入对数。

有关学生对于对数定义的理解，OT1 认为学生对于对数形式化的定义能够接受，但是并不适应。对此，在访谈中，OT1 提到：

> 表面上学生能够接受教科书中对数规定性的定义，就是规定形如 $a^b = N$，b 就叫作以 a 为底 N 的对数，实际上学生对于对数是不适应的。学习幂的时候，指数都不变化，一直是 1 次方、2 次方、3 次方，均为整数次方，那都好理解。但是 a 的 b 次方变成 a 的 x 次方，学生在心理上往往就不容易接受。

在内容与教学知识方面，OT1 提到了教师对于对数引入、对数辨析、对数唯一性和对数应用的教学。

有关对数引入的教学，OT1 提到利用纳皮尔发明对数的故事引入对数是一种较好的引入方法。对此，在访谈中，OT1 提到：

> 这节课除了它本身的科学价值，还有它的教育价值。教育价值需要通过对数的意义来传达，因此要了解对数是怎么发明的。了解之后我觉得这给学生讲一讲也很有意思，从纳皮尔解决大数计算的问题而发明对数出发。有时候老师说现在有计算器，当然现在不仅是有计算器，计算器不能解决的问题，还有计算机，计算器只能显示 11 位数字，多的位数就不显示，这些计算机都可以显示。但是通过对数的发明可以让学生理解到对数不仅仅是计算，也是一种方式，一种方法。

有关对数辨析的教学，OT1 认为，在概念课中需要有概念辨析和理解的过程，因此需要有对数的辨析，这是加深对数概念理解的过程。有关对数唯一性的教学，OT1 认为对数唯一解的证明是用反证法的很好例子，而且是与学生刚学习过的幂的基本不等式相矛盾，因此在课堂中讲解对数唯一性的证明有助于学生理解反证法和幂的基本不等式。有关对数应用的教学，OT1 提到在课堂中，通过技术手段把有关对数应用的题目录进去，学生就能在自己的平板电脑上收到，做完马上就可以反馈出来，这样就能立刻看到结果并点评学生的答案。

在内容与课程知识方面，OT1 提到了教材中有关对数和对数定义的编排。

有关教材对于对数的编排，OT1 提到新教材中有关对数内容编排的变化。对此，在访谈中，OT1 提到：

> 新教材的这个地方，改动的也比较多。其中一个就是强调运算，就是先掌握运算，再去研究函数。就是先掌握了幂、指、对运算，然后再去学幂函数，指数函数和对数函数。这个想法我是非常赞同的。

有关教材中对于对数定义，OT1 认为在新教材中，非常强调要将道理讲清楚，有的地方限于学生认知的局限性比较难交代清楚，但是，新教材会力求讲清楚。比如 a^b，在初中 a 和 b 都是整数，到了高中就要解释清楚有理数和无理数的情况，这对学生是有难度的。

(3) 高观点下的数学知识

在学科高等知识方面，OT1 提到了对数概念中的实数严密性和微积分中对数的应用。

有关对数概念中的实数严密性，OT1 提到在 a^b 中，如果 a 和 b 都是实数，如何说明 a^b 仍可以被定义，这需要应用到实数才可以完整说明。有关微积分中对数的应用,OT1认为在微积分中,经常需要两边取对数,在微分方程中也可以通过对数简化运算。

在学科应用知识方面,OT1提到了对数在现代科学中有着重要的应用。

(4) 数学哲学知识

在认识论知识方面,OT1提到了在对数的研究中,体现了从特殊到一般,再从一般到特殊的认识过程,如纳皮尔通过具体的问题抽象得到对数的概念,而抽象对数的概念进一步应用于其他特殊问题的研究。

在方法论知识方面,OT1提到了在对数的研究中,对数的思想和方法在数学中具有重要的作用,对数的发明是17世纪数学的伟大成就之一,正如数学家华罗庚(1910—1985)说过:新的数学方法和概念往往比解决数学问题本身更重要。

6.1.3 案例1总体分析

在两轮观察中,基于面向教师教育的数学知识框架,通过对OT1的两次教研活动的观察及观察后访谈进行编码,最终得到的编码总数为121个,其中通过两次教研活动观察得到的编码总数为60个,通过观察后访谈得到的编码总数为61个。不同成分的编码数量分布如图6-1所示。

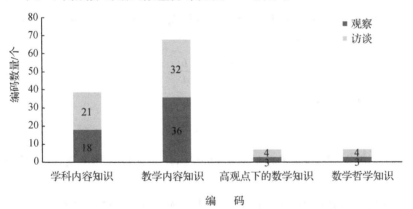

图6-1 OT1两轮观察中的总体编码数量统计

从图6-1中可以发现,有关学科内容知识的编码为39个,有关教学内容知识的编码为68个,有关高观点下的数学知识的编码为7个,有关数学哲学知识的编码为7个。其中两次教研活动观察得到的编码大部分属于教学内容知识,小部分属于学科内容知识,高观点下的数学知识和数学哲学知识相对较少。观察后访谈得到的编码分布与教研活动观察得到的编码分布基本一致。

(1) 学科内容知识

有关学科内容知识的 39 个编码可以进一步分为一般内容知识、专门内容知识和关联内容知识,不同子类别的编码数量分布如图 6-2 所示。

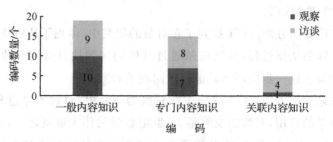

图 6-2　OT1 两轮观察中的学科内容知识编码数量统计

从图 6-2 中可以发现,和一般内容知识相关的编码为 19 个,和专门内容知识相关的编码为 15 个,和关联内容知识相关的编码为 5 个,这些编码中的 46.2% 来源于教研活动的观察,53.8% 来源于观察后访谈。

在一般内容知识中,在平均值不等式方面,OT1 提到了算术平均数、几何平均数、平均值不等式及平均值不等式在数学问题解决中的应用。在对数的概念方面,OT1 提到了对数的定义、对数符号、对数计算、对数方程的求解和对数定义域的确定。

在历史上,除了算术中项、几何中项,尼克麦丘和帕普斯还给出了调和中项的定义

$$\frac{b-x}{x-a}=\frac{b}{a},$$

以及反调和中项的定义

$$\frac{b-x}{x-a}=\frac{a}{b}。$$

关于对数的定义,除了熟悉的指数定义,还包括双数列定义、比数定义和相对定义。

在专门内容知识中,在平均值不等式方面,OT1 解释了算术平均数和几何平均数的由来,给出了平均值不等式的不同几何表征,提供了平均值不等式的多种证明方法。在对数的概念方面,OT1 阐述了对数的由来,解释了对数的存在性,证明了对数的唯一性。

平均值不等式的几何表征方面,在历史上,可以将算术平均数、几何平均数和调和平均数等不同的平均数在梯形、矩形和三角形等图形中表示出来。

在关联内容知识中,在平均值不等式方面,OT1 主要讲解了平均值不等式与其他不等式的联系。在对数的概念方面,OT1 认为对数在数学的很多领域中

都非常重要,并且与幂、指数等概念都有联系。

(2) 教学内容知识

有关教学内容知识的 68 个编码可以进一步分为内容与学生知识、内容与教学知识和内容与课程知识。不同子类别的编码数量分布如图 6-3 所示。

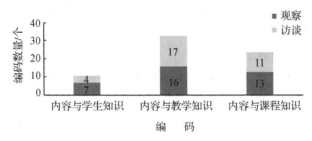

图 6-3　OT1 两轮观察中的教学内容知识编码数量统计

从图 6-3 中可以发现,和内容与学生知识相关的编码为 11 个,和内容与教学知识相关的编码为 33 个,和内容与课程知识相关的编码为 24 个,其中 52.9% 的编码来源于两次教研活动的观察,47.1% 来源于观察后访谈。

在内容与学生知识中,在平均值不等式方面,OT1 认为学生能够给出平均值不等式的不同变形,容易证明平均值不等式,在平均值不等式应用中存在一些错误。在对数的概念方面,OT1 提出学生对于对数引入的必要性存在困惑,对于对数形式化定义的理解存在困难。

已有研究提出,学生在学习平均值不等式方面的主要困难除了在复杂的平均值不等式变式问题中能灵活应用以外,还有充分考虑"一正、二定、三相等"的应用法则。学生对于对数定义的学习困难还包括缺乏同化基础,占用工作记忆和隐含大量推理。

在内容与教学知识中,在平均值不等式方面,OT1 认为教师可以借助数学史引入平均值不等式,在平均值不等式证明中融入代换思想,引导学生给出平均值不等式的多种变形和练习有关平均值不等式应用的典型例题。在对数的概念方面,OT1 认为教师对于在对数教学中融入数学史有助于让学生理解对数引入的必要性,对数的辨析有助于加深学生对于对数的理解,而对于对数唯一性的讲解可以联系已有知识、让学生体会反证法的作用,对数应用的教学中可以融入信息技术的应用。

在平均值不等式的教学中可以融入古巴比伦数学泥版中的"和差术"、《几何原本》中的命题、赵爽弦图等数学史料,从而体现数学史的多元教育价值。从数学史和数学文化的视角引入对数,除了激发学生的探究对数的欲望之外,还有助于培养学生的数学核心素养。

在内容与课程知识中,在平均值不等式方面,OT1认为新教材在平均值不等式的前后安排了多个相关的不等式,改变了引入平均值不等式的方式,增加了有关极值的平均值不等式应用。在对数的概念方面,OT1提到新教材中强调了对数的运算性质,并且加强了相应的推理论证。

新教材对平均值不等式的引入和命名等方面做了修改,有利于增强问题的指向性和揭示数学本质。

(3) 高观点下的数学知识

有关高观点下的数学知识的7个编码可以进一步分为学科高等知识、学科结构知识和学科应用知识。不同子类别的编码数量分布如图6-4所示。

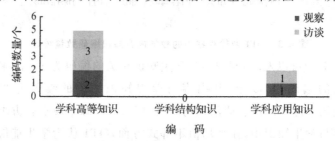

图6-4 OT1两轮观察中的高观点下的数学知识编码数量统计

从图6-4中可以发现,和学科高等知识相关的编码为5个,和学科结构知识相关的编码为0个,和学科应用知识相关的编码为2个,其中42.9%的编码来自教研活动观察,57.1%的编码来自观察后访谈。

在学科高等知识中,在平均值不等式方面,OT1认为可以将平均值不等式从二元扩展到多元的情况。在对数的概念方面,OT1提到了对数概念中的实数严密性及其在微积分求解中的应用。

在学科应用知识中,OT1提到了对数在现代科学中有着重要的作用。

F. 克莱因(F. Klein, 1849—1925)提到通过求已知曲线的积分能够导出新的函数,可以从双曲线

$$\eta = \frac{1}{\xi}$$

出发,将x的对数定义为在此曲线下介于坐标$\xi=1$和$\xi=x$之间的面积。因此,从高观点可以发现,对数函数与反比例函数之间的联系[105]。

(4) 数学哲学知识

有关数学哲学知识的7个编码可以进一步分为本体论知识、认识论知识和方法论知识。不同子类别的编码数量分布如图6-5所示。

第 6 章　数学教研活动中反映的面向教师教育的数学知识

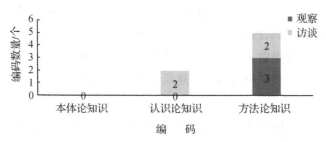

图 6-5　OT1 两轮观察中的数学哲学知识编码数量统计

从图 6-5 中可以发现,和本体论知识相关的编码为 0 个,和认识论知识相关的编码为 2 个,和方法论知识相关的编码为 5 个,其中来自教研活动观察和观察后访谈的编码数量分别占比 42.9% 和 57.1%。

在认识论知识中,OT1 提到了在平均值不等式和对数的概念中都体现了从特殊到一般,再从一般到特殊的认识过程。

在方法论知识中,OT1 提到了平均值不等式的研究中体现的观察和实验的数学研究方法,以及对数的思想方法在数学研究中的作用。

实际上,在平均值不等式的背后,还体现了数学中的等价思想。在对数的教学中,还体现了"类比"和"归纳"等数学思想方法。

(5) 案例 1 总结

进一步统计 OT1 的两次教研活动的分析中获得的面向教师教育的数学知识中不同成分的子类别的编码,从而得到 OT1 在教研活动中反映的主要知识来源、次要知识来源及外围知识来源,如图 6-6 所示。

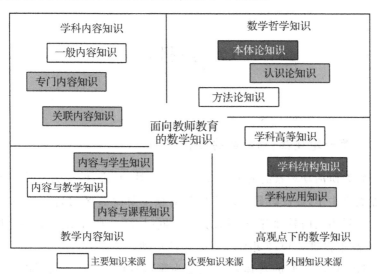

图 6-6　OT1 在两轮观察中反映的面向教师教育的数学知识

从图 6-6 中可以发现,从总体上而言,OT1 在两轮教研活动中的主要知识来源为一般内容知识、内容与教学知识、学科高等知识和方法论知识。

在学科内容知识中,OT1 的主要知识来源为一般内容知识,次要知识来源为专门内容知识和关联内容知识。这反映出 OT1 重视教师对于学科内容知识的理解,并且是在对数学概念、定理和公式掌握的基础上,进一步深化教师关于知识由来及知识关联的理解。在此方面,OT1 重点强调了需要寻找知识在历史上的发生、发展过程。

在教学内容知识中,OT1 的主要知识来源为内容与教学知识,次要知识来源为内容与学生知识和内容与课程知识。这反映出 OT1 重视让教师掌握不同知识的教学策略,并在此基础上关注学生学的情况及教科书有关内容的编排。其中,OT1 强调了可以通过融入相关知识的数学史而引入数学知识。

在高观点下的数学知识中,OT1 的主要知识来源为学科高等知识,次要知识来源为学科应用知识,外围知识来源为学科结构知识。这反映出 OT1 重视让教师理解高中数学知识在高等数学中的推广,并提及了其在现代科学中的应用,但是,从高观点理解不同知识的联系还较少渗透。

在数学哲学知识中,OT1 的主要知识来源为方法论知识,次要知识来源为认识论知识,外围知识来源为本体论知识,这反映出 OT1 重视让教师理解数学思想方法的渗透,同时强调数学认识过程,但是,对于概念及定理的本体论解读还较少。

6.2 案例 2

6.2.1 第一轮观察:幂函数的概念

第一轮教研活动观察的时间为 2020 年 11 月 10 日,地点为 S 市 B 区的某所市重点高级中学,此次教研活动面向的对象主要为 B 区的高一教师,此次教研活动的背景为区内教师有公开课的任务,同时,高一有新教材培训的任务,因此,B 区的高中教研员 OT2 组织了此次教研活动。

此次教研活动选取的具体数学主题为幂函数的概念,选取理由主要有两个。首先,幂函数这节课比较难上。其次,新教材中有关幂函数的内容值得挖掘。

本次教研活动的流程为,首先由教研活动所在学校的教师上一节幂函数的概念公开课,然后由OT2组织评课交流,同时OT2还邀请了一些专家做相关的讲座和交流。

本次教研活动的幂函数的概念教学流程如表6-5所示,本节课主要分为5个环节,分别为新知引入、概念生成、图像性质、巩固应用和课堂小结。

表6-5 幂函数的概念教学流程

教学环节	教学过程	时间分配
新知引入	我们在初中阶段就学习过一些初等函数,大家还能回忆起来吗?B区的葡萄闻名遐迩,请同学们阅读以下材料并思考问题: 问题1:如果李阿姨购买了价格为1元的葡萄包装盒 x 个,那么她支付的钱数 $y=$ ＿＿＿(元)。 问题2:如果一个正方形的葡萄园边长为 x 米,那么葡萄园的面积 $y=$ ＿＿＿(平方米)。 问题3:如果一个正方形的葡萄包装盒棱长为 x 厘米,那么包装盒的体积 $y=$ ＿＿＿(立方厘米)。 问题4:如果一个正方形的葡萄园的面积为 x 平方米,那么葡萄园的边长 $y=$ ＿＿＿(米)。 问题5:如果李阿姨去买葡萄,经过 x 秒骑车行进了1千米,那么她骑车的平均速度 $y=$ ＿＿＿(千米/秒)。 问题6:以上函数有何共同的特征?	4分40秒
概念生成	根据以上情境给出幂函数的定义。 考察1:判断下列哪些是幂函数?(略) 考察2:如果函数 $f(x)=(m^2-m-1)x^m$ 是幂函数,求实数 m 的值。 例1:求下列函数的定义域。(略)	10分10秒
图像性质	问题1:作函数图像的步骤? 我们能否根据幂函数图像的形状,更细分一下,从而找到它们的共同特点。 通过上述函数图像发现,幂函数的图像存在对称性,下面就来研究一下幂函数图像的对称性。(略)	31分50秒
巩固应用	例2:作出幂函数 $y=x^{\frac{2}{3}}$ 的大致图像。 提出问题:能否判断一下幂函数 $y=x^{\frac{2}{3}}$ 的图像上的点关于什么对称呢?	6分10秒
课堂小结	回顾本节课学习的内容和思想方法。	2分

在新知引入环节,教师首先让学生回顾了初中阶段学习的初等函数,接着,教师介绍了由莱布尼茨第一次提出函数一词,然后,教师通过5个问题引出了5个函数,并让学生归纳这5个函数的特征。在概念生成环节,教师通过以上函数的特征引出幂函数的定义并对概念做了辨析,接着,通过例1求解了幂函数

的定义域。在图像性质环节,教师给出不同的幂函数,让学生分组绘制幂函数的图像,从中总结作函数图像的步骤,接着,让学生从绘制的图像中找到共同特点,学生发现图像过定点并且具有对称性,然后,教师带领学生从代数角度验证了两个幂函数 $y=x^3$ 和 $y=x^2$ 的对称性,同时,介绍了欧拉对函数奇偶性的研究。

在巩固应用环节,让学生尝试作出幂函数 $y=x^{\frac{2}{3}}$ 的大致图像并判断其上的点的对称性。在课堂小结环节,教师让学生回顾了本节课所学的内容,并且强调本节课体现了数形结合与分类讨论的思想,后面函数的学习也要用到这些数学思想方法。

公开课结束之后,进入评课交流阶段,在此阶段中,OT2 针对以上公开课的教学做了点评,在教研活动之后,研究者进一步访谈了 OT2,深入了解了其有关的想法。

根据面向教师教育的数学知识框架,对 OT2 在第一轮观察的评课交流和访谈中体现的知识成分中的子类别进行编码,得到的编码数量统计如表 6-6 所示。

表 6-6 OT2 第一轮观察中的编码数量统计

成分	观察	观察后访谈	总数
学科内容知识			
一般内容知识	3	3	6
专门内容知识	4	7	11
关联内容知识	2	2	4
教学内容知识			
内容与学生知识	8	5	13
内容与教学知识	5	14	19
内容与课程知识	3	4	7
高观点下的数学知识			
学科高等知识	0	1	1
学科结构知识	0	1	1
学科应用知识	0	0	0
数学哲学知识			
本体论知识	0	0	0
认识论知识	0	2	2
方法论知识	0	3	3

从表 6-6 中可以看到,在学科内容知识中,编码数量最多的是专门内容知识(11),其次为一般内容知识(6);在教学内容知识中,编码数量最多的是内容与教学知识(19),其次为内容与学生知识(13);在高观点下的数学知识中,编码数量最多的是学科高等知识(1)和学科结构知识(1);在数学哲学知识中,编码数量最多的是方法论知识(3),其次为认识论知识(2)。

(1) 学科内容知识

在一般内容知识方面,OT2 提到了幂函数的定义、幂函数的图像和幂函数的性质。

在专门内容知识方面,OT2 提到了幂函数的意义、幂函数的定义域、幂指数的特征、幂函数图像的绘制及幂函数性质的表达。

有关幂函数的意义,OT2 提到幂函数学习的价值体现在作为高中所研究的基本初等函数之一,通过这些基本初等函数的加减运算,通过各种变换,可以形成大量高中所要研究的函数,就像向量中的基向量,最基础的几个向量是不可缺少的。有关幂函数的定义域,OT2 认为在幂函数定义域的研究中要对幂的运算有所了解,即将指数化成根式,这样才能对定义域一目了然。有关幂指数的特征,OT2 提到对于一个幂函数

$$y = x^{\frac{m}{n}},$$

需要强调 m 和 n 是互质的,否则就会出现混乱。对此,在访谈中,OT1 提到:

> 更重要的一点就是应该 m 和 n 要互质。如果不互质,$x^{\frac{1}{2}}$ 可以化为 $\sqrt{x}$,这个时候 x 不能取负数,那么将 $x^{\frac{1}{2}}$ 中的 $\frac{1}{2}$ 写成 $\frac{2}{4}$ 呢,如果是 $x^{\frac{2}{4}}$,那岂不就是 $\sqrt[4]{x^2}$,那这时候这个 x 又可以取负数了。所以说只有在互质了以后,你才能够去看这个 x 到底取什么范围。

有关幂函数图像的绘制,OT2 提到根据幂指数的不同,可以将幂函数的图像分成不同的类别,从而分类进行研究。有关幂函数性质的表达,OT2 认为在用代数语言表达幂函数的对称性时,需要强调所取的点 (x_1, y_1) 是任意的。因为对称性是一种整体的性质,如果没有强调任意,就不能代表整体的对称了。

在关联内容知识方面,OT2 提到了幂函数与一次函数、二次函数的联系,幂函数与幂的运算性质的联系,以及幂函数与指数函数、对数函数的联系。

有关幂函数与一次函数、二次函数的联系,OT2 提到幂函数是由一次函数、二次函数演化过来的,实际上它们都是特殊的幂函数。有关幂函数与幂的运算性质的联系,OT2 提到对于幂指数为无理数的幂函数,需要运用幂的运算性质,

用有理数逼近无理数。有关幂函数与指数函数、对数函数的联系，OT2 提到其实就是 $a^b=c$，在这 3 个位置中轮流作自变量。

(2) 教学内容知识

在内容与学生知识方面，OT2 提到了学生对于幂函数引入、幂函数辨析、幂函数的定义域、幂函数图像和幂函数性质的理解。

有关学生对于幂函数引入的理解，OT2 提到在本节课中的引入是符合学生认知的，因为是从运算的角度（如开平方、开三次方等）引出具有相同特征的函数结构，是比较自然的。有关学生对于幂函数辨析的理解，OT2 认为在获得概念的定义之后，分别从正面和反面对概念进行辨析，有利于学生更好地理解一个概念。有关幂函数定义域的理解，OT2 认为对于层次较高的学生，可以理解幂指数的互质性。有关幂函数图像的理解，OT2 提到学生在作幂函数图像的时候，容易发生一些错误，如忽略函数的渐近线，没有用光滑的曲线等。有关学生对于幂函数性质的理解，OT2 认为在本节课中，使用代数的语言论证幂函数的对称性对于学生要求比较高。

在内容与教学知识方面，OT2 提到了教师对于幂函数引入、幂函数辨析、幂函数定义域、幂函数作图、幂函数性质、幂函数练习和幂函数小结的教学。

有关幂函数引入的教学，OT2 提到本节课中创设的情境，从运算的角度引入幂函数，这是一种比较自然的引入方式，同时，选用了 B 区的葡萄作为引入的素材，增加了生活气息。有关幂函数辨析的教学，OT2 认为在本节课中用了大量的例子让学生辨析幂函数的概念，其中有正例也有反例，这是一种概念教学辨析的模式，就是强调正反面例子的理解。有关幂函数定义域的教学，OT2 认为关于幂指数的互质性对于幂函数定义域的影响，可以在教学中让学生交流，从而深化学生的理解。有关幂函数作图的教学，OT2 提到在幂函数作图的教学过程中，需要强调让学生描点尽量细致，从图像的轮廓中直观认识幂函数，同时，在课堂上需要抓住学生产生的错误及时反馈。有关幂函数性质的教学，OT2 认为在本节课中，教师对于幂函数性质的代数证明要求是比较高的，这是有道理的，因为可以为后面奇偶性的讲解做铺垫。有关幂函数练习的教学，OT2 提到需要重视幂函数教学中的例题及课后的作业。对此，在访谈中，OT2 提到：

> 我的理解是概念课中的习题，要围绕着这节课的内容编制，同时，这节课的作业应该和你的课堂是完全配套的。以前有的老师不太注意，觉得靠课上就可以了，但是按照现在的要求可能很多作业要和教学配套，这样就形成一个完整的教学过程。否则课上得很好，如果作业相对来说设置得不

好,效果就大打折扣了。

有关幂函数小结的教学,OT2认为幂函数的教学小结需要围绕幂函数的研究内容、研究方法等方面进行总结,对此,在访谈中,OT2提到:

> 说到小结,一个是本节课学习的内容,包括幂函数的定义和图像等;其次就是研究幂函数的方法,如果说给一个函数让我研究,那么要注意哪些步骤。这节课又多了一点数学史的知识,那么在小结里也希望学生能够理解,知识是在历史长河中流动的,当然这个可能要求比较高,将数学作为一种文化,但是总要慢慢推动。

在内容与课程知识方面,OT2提到了教材中有关幂函数、幂函数定义、幂函数图像和幂函数性质的编排。

有关教材对于幂函数的编排,OT2提到新教材的编写是环环相扣、层层铺垫的,因此在使用新教材的时候,需要注意课与课之间的联系。有关教材对于幂函数定义的编排,OT2认为在教材中有讲得不严谨的地方,比如幂函数指数的互质性,可能会引起误解。有关教材对于幂函数图像的编排,OT2提到在新教材中提到要采集点绘制图像,这个过程有点像在计算机中通过尽可能多的描点来得到图像。有关教材对于幂函数性质的编排,OT2认为新教材的编写体现了从观察分析到推理论证的过程,符合课标的提倡。

(3) 高观点下的数学知识

在学科高等知识方面,OT2提到了幂函数在高等数学中的地位,即幂函数是5个基本函数之一。

在学科结构知识方面,OT2提到了函数的幂级数展开式,很多函数,如正弦函数和余弦函数都可以通过幂级数展开,从而揭示了很多看似完全不同的函数之间的联系。

(4) 数学哲学知识

在认识论知识方面,OT2提到了从特殊到一般的认识过程、推理论证的作用及数学美的欣赏。

有关特殊到一般的认识过程,OT2认为在幂函数图像的绘制中体现了从特殊到一般的思维过程,即通过选取特殊的点,最终得到一般的幂函数曲线。有关推理论证的作用,OT2提到推理论证在探索幂函数性质中起到了重要作用。有关数学审美的作用,OT2认为幂函数的图像给人一种美感,即一种图像美。

在方法论知识方面,OT2提到了数形结合和分类讨论的思想方法。

有关数形结合的思想方法,OT2提到通过幂函数的图像,可以将幂函数的代数式与图像相结合,因此体现了数形结合的思想。有关分类讨论的思想方法,OT2 提到在研究幂指数的过程中,由于不同种类的幂指数导致幂函数的不同性质,因此应用了分类讨论的思想。

6.2.2 第二轮观察:函数的基本性质

第二轮教研活动观察的时间为 2020 年 12 月 22 日,地点为 S 市 B 区的某所高级中学,此次教研活动面向的对象主要为 B 区的高一教师,此次教研活动的背景为 B 区正在举办学术节,希望提高教师的解题能力,而在复习课的课堂中可以展现教师对题目的全面理解,因此,B 区的高中教研员 OT2 组织了此次教研活动。

此次教研活动选取的具体数学主题为函数的基本性质,选取理由主要有两个。首先,教师认为函数有关的复习课比较难上,不太清楚怎么处理。其次,函数的基本性质在复习课中比较重要,涉及较多的知识。

本次教研活动的流程为,首先由教研活动所在学校的教师上一节函数的基本性质公开课,然后由 OT2 组织评课交流,同时 OT2 还邀请了一些专家做相关的重点交流。

本次教研活动的公开课函数的基本性质教学流程如表 6-7 所示,本节课主要分为 5 个环节,分别为知识回顾、小试牛刀、巩固应用、拓展延伸和课堂小结。

表 6-7 函数的基本性质教学流程

教学环节	教学过程	时间分配
知识回顾	问题 1:判断下列函数的奇偶性,并说明理由。 (1) $f(x)=x^2, x\in[k,2]$(其中常数 $k<2$); (2) $f(x)=2^x-2^{-x}$; (3) $f(x)=\lg x^2$ 变式:$f(x)=2\lg x$	8 分 50 秒
小试牛刀	问题 2:讨论函数 $f(x)=\dfrac{ax}{x+2}$(其中 $a\neq 0$)在 $(-2,+\infty)$ 上的单调性。	14 分 30 秒
巩固应用	问题 3:已知函数 $f(x)=\dfrac{1}{1+x^2}+ax$(a 是常数) (1) 讨论函数 $f(x)$ 的奇偶性。 (2) 若 $a\neq 0$,研究函数的单调性及最值。	14 分 20 秒
拓展延伸	问题 4:已知函数 $g(x)$ 是定义在 $[-2,2]$ 上的奇函数,若 $g(x)$ 在区间 $[0,2]$ 上是严格增函数,且 $g(1-m)<g(m)$,求 m 的取值范围。	3 分 20 秒
课堂小结	回顾本节课复习的函数的奇偶性、单调性及最值的定义,总结函数性质的综合应用。	40 秒

在知识回顾环节,教师带领学生回顾之前学习过的函数的基本性质,包括奇偶性、最值等,接着给出问题1,让学生回顾了奇偶性的定义,并通过定义判断函数的奇偶性。在小试牛刀环节,教师给出了问题2,让学生回顾了单调性的定义,并通过定义解决问题2。

在巩固应用环节,先让学生回忆了最值的定义,然后教师给出问题3,让学生结合函数的不同性质解决这一问题。对于第一小题,教师鼓励学生用不同的方法求解。在拓展延伸环节,教师给出问题4,让学生进一步探索抽象函数情况下的函数性质研究。在课堂小结环节,教师回顾了本节课所复习的函数的基本性质并对相关方法做了总结。

公开课结束之后,进入评课交流阶段,在此阶段中,OT2针对以上公开课的教学做了点评。在教研活动之后,研究者进一步访谈了OT2,深入了解了其有关的想法。

根据面向教师教育的数学知识框架,对OT2在第二轮观察的评课交流和访谈中体现的知识成分的子类别进行编码,得到的编码数量统计如表6-8所示。

表6-8 OT2第二轮观察中的编码数量统计

成分	观察	观察后访谈	总数
学科内容知识			
一般内容知识	7	7	14
专门内容知识	5	3	8
关联内容知识	1	2	3
教学内容知识			
内容与学生知识	6	7	13
内容与教学知识	13	17	30
内容与课程知识	5	0	5
高观点下的数学知识			
学科高等知识	0	4	4
学科结构知识	0	0	0
学科应用知识	0	0	0
数学哲学知识			
本体论知识	0	0	0
认识论知识	0	1	1
方法论知识	0	3	3

从表6-8中可以看到,在学科内容知识中,编码数量最多的是一般内容知

识(14),其次为专门内容知识(8);在教学内容知识中,编码数量最多的是内容与教学知识(30),其次为内容与学生知识(13);在高观点下的数学知识中,编码数量最多的是学科高等知识(4);在数学哲学知识中,编码数量最多的是方法论知识(3),其次为认识论知识(1)。

(1) 学科内容知识

在一般内容知识方面,OT2 提到了函数的奇偶性及其判定、函数的单调性及其判断、函数的最值及其求解。

在专门内容知识方面,OT2 提到了函数奇偶性的论证、函数单调性的分析及函数最值的解释。

有关函数奇偶性的论证,OT2 提到两个偶函数相加还是偶函数,偶函数加一个奇函数是非奇非偶函数。有关函数单调性的分析,OT2 认为一个函数在两个连续的区间上都是单调递增的,在整个区间上则不一定是单调递增的,可以进一步分析使得整个曲线单调递增的相关条件。有关函数最值的解释,OT2 提到一个函数的函数值可以都大于某一个值,但是却不存在最小值,这就涉及了极限的概念。

在关联内容知识方面,OT2 提到了函数奇偶性与周期性的联系、函数最值与单调性的联系,以及函数与不等式、方程之间的转化。

有关函数奇偶性与周期性的联系,OT2 提到如果一个函数存在两条对称轴,则此函数为周期函数。有关函数最值与单调性的联系,OT2 认为可以利用函数的单调性找到函数最值。有关函数与不等式、方程之间的转化,OT2 认为在研究函数性质的过程中,经常要与不等式的求解和方程变形相联系。

(2) 教学内容知识

在内容与学生知识方面,OT2 提到了学生对于函数奇偶性、函数单调性、函数最值和抽象函数性质的理解。

有关学生对于函数奇偶性的理解,OT2 提到学生在判断函数奇偶性的时候经常会忽略函数的定义域,同时,在函数变形的过程中,学生往往会没有关注到由于函数定义域的变化而导致的函数奇偶性的变化。有关学生对于函数单调性的理解,OT2 认为学生在判断解析式中存在字母的函数的单调性时存在一定困难,可能忽略分类讨论的过程。有关学生对于函数最值的理解,OT2 提到学生在求解函数的最值过程中,容易忘记考虑最值是否能够取到。有关学生对于抽象函数性质的理解,OT2 认为学生对于抽象函数性质的判断存在困难,对此,在访谈中,OT2 提到:

这节课中有关抽象函数的问题,我觉得就高一学生来说是可以讲得通的,但是抽象函数对于一般学生来说是存在困难的。因为具体的一个函数模型研究过了,但如果是一个抽象的函数,你不告诉我具体它是什么函数,研究它背后的性质,实际上对一些学生来说是不习惯的。

在内容与教学知识方面,OT2提到了教师对于函数奇偶性、函数单调性、函数最值、函数综合性质和函数性质小结的教学。

有关函数奇偶性的教学,OT2提到在函数奇偶性的教学中可以利用同一函数解析式的不断变式让学生判断,从而锻炼学生对于不同情况下函数奇偶性的判断。在教学奇函数和偶函数相加类型的函数时,可以采用引导学生先单独看一遍,再综合判断的教学方式。有关函数单调性的教学,OT2认为在教学中可以给出一些带字母的函数解析式让学生判断单调性,从而引导学生根据不同情况分类讨论。有关函数最值的教学,OT2提到在一些具体情况中可以灵活地向学生渗透极限的思想,从而解决最值问题,对此,在访谈中,OT2提到:

> 在本节课问题3的最值分析中,学生都觉得它大于0,为什么没有最小值,那么这个0为什么不是最值呢,因为这个0取不到。
>
> 这个函数解析式
>
> $$y=\frac{1}{1+x^2}$$
>
> 就是隐含了一种极限的味道。当 x 越来越大了,y 怎么样变化?这里就引出极限了。我觉得这样讲也是蛮好的,满足学生的好奇心,教学中不能太死板,这里学生能理解,就引导一下。

有关函数综合性质的教学,OT2认为在复习的过程中,有的老师只是简单地把知识复习一下,而在本节课中,教师是结合问题讲解概念,而且各个问题之间层次安排得很好,这是本节课的亮点之一。有关函数性质小结的教学,OT2提到在复习课的小结中,需要关注本节课涉及的基本知识、基本题型和处理问题的基本方法。

在内容与课程知识方面,OT2提到了教材中有关函数最值和函数值域的编排。

有关教材对于函数最值的编排,OT2提到在新教材中对于函数最大值和最小值的命名就是函数的最值,这与之前的教学不同。有关对于函数值域的编排,OT2提到教材中出于严谨性的考虑回避了值域的提法。对此,在教研活动的观察中,OT2提到:

> 在本节课的问题3中,根据观察可以得到值域为(0,1],但是接下来怎

么证明,大家注意教材的处理。在谈指数函数的时候,教材上只说指数函数值为正,不说值域。为什么这么说呢,因为没有办法去证明是零到正无穷。这个地方有很多值得去探讨的地方,可以去详细地看课本,我看下来就觉得有一点费思量。

(3) 高观点下的数学知识

在学科高等知识方面,OT2提到了函数的连续性与值域的关系、函数求导与单调性的判断,以及高等数学中函数性质的研究。

有关函数的连续性与值域的关系,OT2提到如果要详细解释函数的值域为某段区间,需要利用函数的连续性进行说明。有关函数求导与单调性的判断,OT2认为在微积分中可以利用求导判断函数在不同区间的单调性。有关高等数学中函数性质的研究,OT2提到在高等数学中还会进一步研究函数的凹凸性等性质。

(4) 数学哲学知识

在认识论知识方面,OT2认为在函数基本性质的研究中,体现了从特殊到一般的思维过程,即从一些具体函数研究的经验出发,最终归纳得到函数的一般性质,而且由浅入深,由简单到综合。

在方法论知识方面,OT2提到在函数的基本性质研究中主要体现了分类讨论和数形结合的思想方法。

有关分类讨论的思想方法,OT2提到在函数性质的研究中,可以根据不同的性质将函数进行归类整理,从而展开深入研究,这体现了分类讨论的思想方法。有关数形结合的思想方法,OT2提到在函数性质的研究中经常要与函数图像相结合,这体现了数形结合的思想方法。

6.2.3 案例2总体分析

在两轮观察中,基于面向教师教育的数学知识框架,通过对OT2的两次教研活动的观察及观察后访谈进行编码,最终得到的编码总数为148个,其中通过两次教研活动观察得到的编码总数为62个,通过观察后访谈得到的编码总数为86个。不同成分的编码数量分布如图6-7所示。

从图6-7中可以发现,有关学科内容知识的编码为46个,有关教学内容知识的编码为87个,有关高观点下的数学知识的编码为6个,有关数学哲学知识的编码为9个。其中两次教研活动观察得到的编码大部分属于教学内容知识,其余部分属于学科内容知识,观察后访谈得到的编码大部分属于教学内容知识,其次为学科内容知识,少部分属于高观点下的数学知识和数学哲学知识。

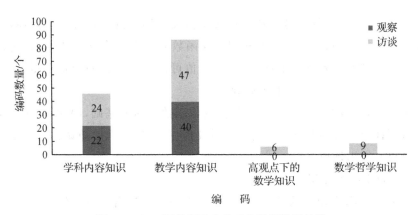

图 6-7　OT2 两轮观察中的总体编码数量统计

（1）学科内容知识

有关学科内容知识的 46 个编码可以进一步分为一般内容知识、专门内容知识和关联内容知识。不同子类别的编码数量分布如图 6-8 所示。

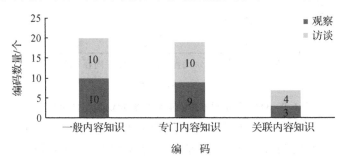

图 6-8　OT2 两轮观察中的学科内容知识编码数量统计

从图 6-8 中可以发现，和一般内容知识相关的编码为 20 个，和专门内容知识相关的编码为 19 个，和关联内容知识相关的编码为 7 个，这些编码中的 47.8% 来源于教研活动的观察，52.2% 来源于观察后访谈。

在一般内容知识中，在幂函数的概念方面，OT2 提到了幂函数的定义、幂函数的图像和幂函数的性质。在函数的基本性质方面，OT2 提到了函数的奇偶性及其判定、函数的单调性及其判断和函数的最值及其求解。

在专门内容知识中，在幂函数的概念方面，OT2 解释了幂函数是构成其他函数的基础函数之一，幂函数的定义域与指数的根式形式有关、幂指数需要满足互质性、幂函数图像的绘制需要考虑幂指数的不同情形，幂函数性质的代数表达中需要注意任意性。在函数的基本性质方面，OT2 阐述了奇函数与偶函数相加的不同情形，不同区间上的递增与递减的函数在整体上的单调性，以及函数值大于某一个数但是不存在最值的情况。

在关联内容知识中，在幂函数的概念方面，OT2 主要讲解了幂函数是一次函数和二次函数的延伸,幂函数的定义中需要应用幂的运算性质,幂函数在表达形式上与指数函数、对数函数相似。在函数的基本性质方面,OT2认为函数奇偶性与周期性有着密切的联系,函数最值可以由单调性的分析获得,以及函数与不等式、方程之间可以相互转化。

实际上,函数的单调性是后续研究其他函数性质的基础,同时,在研究不等式及数列性质等许多数学问题时有着重要作用,所以函数的单调性在高中数学中具有核心知识地位。

(2) 教学内容知识

有关教学内容知识的87个编码可以进一步分为内容与学生知识、内容与教学知识和内容与课程知识。不同子类别的编码数量分布如图6-9所示。

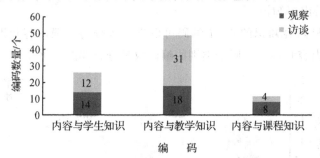

图6-9 OT2两轮观察中的教学内容知识编码数量统计

从图6-9中可以发现,和内容与学生知识相关的编码为26个,和内容与教学知识相关的编码为49个,和内容与课程知识相关的编码为12个,其中46.0%的编码来源于两次教研活动的观察,54.0%来源于观察后访谈。

在内容与学生知识中,在幂函数的概念方面,OT2认为学生对于从运算角度引入幂函数较容易接受,需要让学生从正反两面辨析幂函数,层次较高的学生能够理解幂函数中指数的互质性,学生在幂函数图像的绘制中容易发生各种错误,利用代数语言表述幂函数性质对学生要求较高。在函数的基本性质方面,OT2提出学生在判断函数的奇偶性时可能会忽略定义域的范围,在讨论函数单调性时可能会省略分类讨论的过程,在判断函数最值时错误分析最值是否能够取到,对于抽象函数性质的理解存在一定困难。

函数的单调性是教学的一个难点,理解上的困难主要在于函数单调性的描述中涉及无穷多个点的排序问题。研究发现,学生对函数单调性的理解主要集中在口头语言表征、图形表征和书面符号表征。学生在函数奇偶性的符号推理、图像及语言表述方面存在很大的认知缺陷。

在内容与教学知识中,在幂函数的概念方面,OT2认为教师可以从生活实际情境中通过运算引入幂函数,在幂函数辨析中多给出正反两面的例子,在幂函数定义域的讲解中恰当地渗透互质性的要求,在幂函数作图的教学中抓住学生的错误及时反馈,在幂函数性质的讲解中渗透一定的代数论证思想。幂函数的练习需要与课堂讲解的内容配套,幂函数的教学小结可以围绕基本内容和基本方法展开。在函数的基本性质方面,OT2认为教师可以引导学生分步判断函数的奇偶性,在函数单调性中强调根据字母的取值范围分类讨论,在函数最值的教学中渗透一定的极限思想,在函数综合性质的教学中利用环环相扣的问题串联复习相关知识,在函数性质小结的教学中可以归纳基本知识、基本题型和基本方法。

在幂函数的教学中还可以借助一些信息技术手段,从而让学生充分认识幂函数的图像特征。函数是描述客观世界中变量关系和规律的基本数学语言和工具,因此在函数的教学中可以渗透数学建模的核心素养。在函数单调性的教学中需要注重让学生经历抽象化的过程。

在内容与课程知识中,在幂函数的概念方面,OT2认为教材中有关幂函数相关的内容编排体现了环环相扣的特征,幂函数的定义中存在一些不严谨的地方,幂函数的图像中强调了点的采集,幂函数性质的编排符合课标中提倡的发现问题、提出问题、分析问题和解决问题能力。在函数的基本性质方面,OT2提到新教材中将函数的最小值和最大值统称为函数最值并且出于严谨性要求回避了函数值域的表述。

在新课标中,希望学生不仅仅掌握函数的性质,同时熟悉函数研究的思想方法,这一思想方法对于后续的函数研究有着重要意义。

(3) 高观点下的数学知识

有关高观点下的数学知识的6个编码可以进一步分为学科高等知识、学科结构知识和学科应用知识。不同子类别的编码数量分布如图6-10所示。

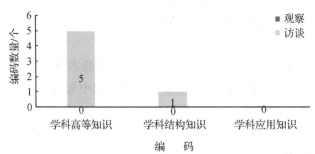

图6-10 OT2两轮观察中的高观点下的数学知识编码数量统计

从图6-10中可以发现,和学科高等知识相关的编码为5个,和学科结构知识相关的编码为1个,和学科应用知识相关的编码为0个,其中所有的编码都来自观察后访谈。

在学科高等知识中,在幂函数的概念方面,OT2 认为在高等数学中幂函数是 5 个基本函数之一。在函数的基本性质方面,OT2 提到需要利用函数的连续性严格解释函数的值域,可以利用求导判断函数的单调性,以及高等数学中对于函数更多性质的研究。

在学科结构知识中,在幂函数的概念方面,OT2 认为很多函数通过幂级数展开都可以转化为幂函数相加的形式。

事实上,任何有理函数的最终趋势都类似于幂函数,假设对所有使分母不为 0 的实数 x,

$$f(x) = \frac{a_m x^m + b_{m-1} x^{m-1} + \cdots + a_1 x + a_0}{b_n x^n + b_{n-1} x^{n-1} + \cdots + b_1 x + b_0},$$

那么 f 的最终趋势与对所有 x 定义的实函数 $g(x) = \frac{a_m}{b_n} x^{m-n}$ 是一样的。因此,实际上有理函数与幂函数有着密切关系。

(4) 数学哲学知识

有关数学哲学知识的 9 个编码可以进一步分为本体论知识、认识论知识和方法论知识。不同子类别的编码数量分布如图 6-11 所示。

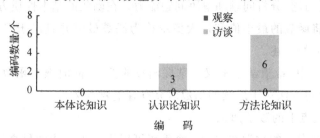

图 6-11　OT2 两轮观察中的数学哲学知识编码数量统计

从图 6-11 中可以发现,和本体论知识相关的编码为 0 个,和认识论知识相关的编码为 3 个,和方法论知识相关的编码为 6 个,其中所有的编码都来自观察后访谈。

在认识论知识中,OT2 提到了在幂函数和函数基本性质的研究中体现了特殊到一般的认识过程,推理论证在探索幂函数性质中起着重要作用,在幂函数图像中体现了数学的美感。

在方法论知识中,OT2 提到了在幂函数和函数基本性质的研究中都应用了分类讨论和数形结合的思想方法。

在函数单调性的教学中,不仅体现了数形结合的数学思想方法,还体现了把不规范转化为规范,用简单控制复杂的数学思想方法。

(5) 案例 2 总结

进一步统计 OT2 的两次教研活动的分析中获得的面向教师教育的数学知识中不同成分的子类别的编码,从而得到 OT2 在教研活动中反映的主要知识来源、次要知识来源及外围知识来源,如图 6-12 所示。

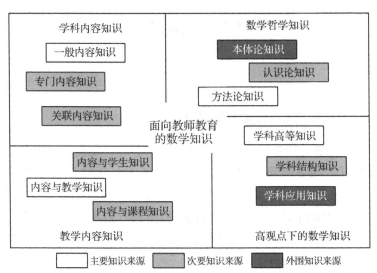

图 6-12　OT2 在两轮观察中反映的面向教师教育的数学知识

从图 6-12 中可以发现,从总体上而言,OT2 在两轮教研活动中的主要知识来源为一般内容知识、内容与教学知识、学科高等知识和方法论知识。

在学科内容知识中,OT2 的主要知识来源为一般内容知识,次要知识来源为专门内容知识和关联内容知识。这反映出 OT2 重视教师掌握基本的概念与方法。同时,OT2 重视讲解概念和方法背后的原理及不同知识之间的联系。在此方面,OT2 重点强调了概念定义的合理性及问题求解中值得关注的地方。

在教学内容知识中,OT2 的主要知识来源为内容与教学知识,次要知识来源为内容与学生知识和内容与课程知识。这反映出 OT2 重视让教师理解概念课、复习课的教学策略及不同教学内容的重点和难点。其中,OT2 强调了针对不同的学生需要采取不同的策略。

在高观点下的数学知识中,OT2 的主要知识来源为学科高等知识,次要知识来源为学科结构知识,外围知识来源为学科应用知识。这反映出 OT2 重视让教师理解中学数学概念在高等数学中的延伸并从高观点联系不同的知识,但是,从高观点理解不同知识的联系还较少渗透。

在数学哲学知识中,OT2 的主要知识来源为方法论知识,次要知识来源为认识论知识,外围知识来源为本体论知识。这反映出 OT2 重视让教师理解不同的数学思想方法并且熟悉相应的数学认识过程,但是对于数学概念、性质本质的解读相对较少。

6.3 案例3

6.3.1 第一轮观察:幂函数的概念

第一轮教研活动观察的时间为 2020 年 11 月 3 日,地点为 S 市 C 区的某所市重点高级中学,此次教研活动面向的对象主要为 C 区的高一教师,此次教研活动的背景为在新教材使用下不同类型的学校有不同的需求,因此,C 区的高中教研员 OT3 组织了连续两次的教研活动,分别针对不同类型的学校。此次教研活动主要针对的是市重点高级中学在新教材使用背景下如何开展数学教学活动。

此次教研活动选取的具体数学主题为幂函数,选取理由主要有两个。首先,函数主题是高中数学学习的一条主线,在这条主线中,幂函数是学生遇到的第一个有关函数的知识点,因此,通过幂函数的相关教研活动,教师可以比较清晰地知道后续如何开展其他类型函数的教学。其次,在新教材中,对原来的教材顺序做了很大的调整,对教师的教学也提出了新的挑战。

本次教研活动的流程为,首先由教研活动所在学校的教师上一节幂函数的概念的公开课,然后由 OT3 组织评课交流,同时 OT3 还邀请了一些专家做了相关的专题报告。

本次教研活动的公开课幂函数的概念教学流程如表 6-9 所示,本节课主要分为 5 个环节,分别为复习引入、概念生成、规律探究、例题讲解和课堂小结。

在复习引入环节,教师让学生回顾初中学过哪些基本初等函数,它们的图像如何,有哪些性质特征,学生回答有一次函数、正比例函数、反比例函数和二次函数,性质特征有形状、经过的象限、变化趋势和对称性。

在概念生成环节,通过 4 个情境得到 4 个函数,让学生发现归纳这些函数的特征,从而得到幂函数的定义并做了初步判断。

表 6-9 幂函数的概念教学流程

教学环节	教学过程	时间分配
复习引入	初中我们学过哪些基本初等函数？它们的图像如何？又有哪些性质特征呢？	4 分 40 秒
概念生成	长方形的边长为 1，宽为 x，则长方形的面积 $y=x$。 正方形的边长为 x，则该正方形的面积 $y=x^2$。 正方形的面积为 x，则该正方形的边长 $y=x^{\frac{1}{2}}$。 已知长方形的面积为 1，若该长方形的长为 x，则其宽 $y=x^{-1}$。 问题 1：$y=x,y=x^2,y=x^{\frac{1}{2}},y=x^{-1}$ 这些函数解析式有什么共同特征？与上一章所学的等式 $b^a=c$ 有怎样的关联？ 根据以上问题引出幂函数的定义。 问题 2：根据幂函数的定义，判断 $y=2x,y=\dfrac{2}{x}$ 等函数是否为幂函数。	3 分 40 秒
规律探究	回顾初中函数的定义，引出函数定义域的概念。 问题 3：回顾 $y=x,y=\dfrac{1}{x},y=x^2$ 的定义域，幂函数的定义域都一样吗？ 例 1：口答不同幂函数的定义域。 探究：幂函数 $y=x^a$ 的定义域与指数 a 的关系。	12 分 40 秒
例题讲解	例 2：分别作出不同幂函数的大致图像。 问题 4：作出函数图像的大致步骤是什么？ 问题 5：用符号语言来描述幂函数 $y=x^{\frac{1}{3}}$ 关于原点成中心对称。 问题 6：用符号语言来描述幂函数 $y=x^{\frac{4}{3}}$ 关于 y 轴成轴对称。	19 分 40 秒
课堂小结	总结本节课所学内容，布置作业。	40 秒

在规律探究环节，教师引出函数定义域的概念，让学生判断了不同幂函数的定义域，并且让学生探究了幂函数 $y=x^a$ 的定义域与指数 a 的关系。学生设

$$a=\frac{m}{n} \quad (m,n \text{ 互质}),$$

通过分类讨论得到了两者的关系。

在例题讲解环节，教师让学生拿出课前作好的不同幂函数的图像，从中归纳出作函数图像的大致步骤，接着让学生先用自然语言描述图像的特征，其中重点强调了函数图像的对称性，然后用符号语言描述了幂函数关于中心对称和关于 y 轴成轴对称。

在课堂小结环节，教师回顾了本节课所学的内容并强调了代数运算和函数图像的方法将在本章中经常使用。

公开课结束之后，进入评课交流阶段，在此阶段中，OT3 针对以上公开课的

教学做了点评。在教研活动之后,研究者进一步访谈了 OT3,深入了解了其有关的想法。

根据面向教师教育的数学知识框架,对 OT3 在第一轮观察的评课交流和访谈中体现的知识成分中的子类别进行编码,最终得到的编码总数为 54 个,其中不同子类别的编码数量统计如表 6-10 所示。

表 6-10 OT3 第一轮观察中的编码数量统计

成分	观察	观察后访谈	总数
学科内容知识			
一般内容知识	3	3	6
专门内容知识	2	5	7
关联内容知识	0	1	1
教学内容知识			
内容与学生知识	3	5	8
内容与教学知识	10	10	20
内容与课程知识	6	7	13
高观点下的数学知识			
学科高等知识	0	2	2
学科结构知识	0	0	0
学科应用知识	0	0	0
数学哲学知识			
本体论知识	0	0	0
认识论知识	0	1	1
方法论知识	0	1	1

从表 6-10 中可以看到,在学科内容知识中,编码数量最多的是专门内容知识(7),其次为一般内容知识(6);在教学内容知识中,编码数量最多的是内容与教学知识(20),其次为内容与课程知识(13);在高观点下的数学知识中,编码数量最多的是学科高等知识(2);在数学哲学知识中,编码数量最多的是认识论知识(1)和方法论知识(1)。

(1) 学科内容知识

在一般内容知识方面,OT3 提到了幂函数的定义、幂函数的图像和幂函数的性质。

在专门内容知识方面,OT3 提到了幂函数的定义域、幂函数的具体例子、幂函数图像的绘制和幂函数性质的特点。

对于幂函数的定义域，OT3 提到了幂函数的定义域完全受到幂指数的影响，但是它们都存在共同的定义域，即 0 到无穷大。对于幂函数的具体例子，OT3 认为其中包括

$$y=x,\ y=\frac{1}{x},\ y=x^2,\ y=\sqrt{x},\ y=x^3。$$

对于幂函数图像的绘制，OT3 提到首先需要找到函数中有特征的坐标 (x,y)，然后在坐标系中描出这些点并用平滑的曲线连接起来。OT3 认为，对于一般的幂函数，当它的幂指数大于 0 时，幂函数有递增的性质；当它的幂指数小于 0 时，幂函数有递减的性质。

在关联内容方面，OT3 提到了在整个函数类型中，幂函数的重要程度不是很高。

（2）教学内容知识

在内容与学生知识方面，OT3 提到了学生对于幂函数定义、幂函数定义域、幂函数图像绘制、幂函数性质的理解。

有关学生对于幂函数定义的理解，OT3 提到学生对于幂的运算的理解有难度，特别是对于中学阶段的学生而言，理解无理数指数幂是有难度的，同时，学生理解幂函数的严密定义也有一定难度。有关学生对于幂函数定义域的理解，OT3 认为对于学习程度好的学生，能够较快地将幂指数写成分数的形式，并进行分类讨论。有关学生对于幂函数图像的绘制，OT3 提到对于程度较好的学生，能够通过自学比较容易地掌握幂函数图像的绘制。有关学生对于幂函数性质的理解，OT3 认为让学生用代数论证幂函数的性质较为困难。对此，在访谈中，OT3 提到：

> 我印象比较深的是基于学生原来画的三个函数的图像，然后让学生讨论。每一位学生都表达了不同的观点，第一组表达了增减性，第二组是固定点，还有取值范围，第三组就是中心对称，就在一堂课中，他们就都给出来了。但是要用代数描述轴对称、中心对称，不是画几个图看看有什么性质，实际上隐含了奇偶函数。代数描述的理论层次要求比较高，对学生推理要求也比较高，部分学生能够理解的，但多数学生也就是听一听，可能让他们自己做还是做不到的。

在内容与教学知识方面，OT3 提到了教师对于幂函数引入、幂函数定义、幂函数定义域、幂函数图像、幂函数性质的教学。

有关教师对于幂函数引入的教学，OT3 提到本节课的引入是比较经典的。在一本《名师授课录》中也是这样引入的，正好所有的例子出来的都是幂函数，

其优势为能很快得到一系列幂函数,同时避免开门见山的直接讲幂函数。有关教师对于幂函数定义的教学,OT3 认为在本节课中让学生观察这些解析式的特征,能够比较容易归纳出幂函数的相关特征,从而得到幂函数的定义。有关教师对于幂函数定义域的教学,OT3 提到在本节课中,需要让学生用之前学过的集合语言来表示定义域。有关教师对于幂函数图像的教学,OT3 认为本节课的特色即由于学生的学习程度较好,教师已经让学生在课前绘制出了幂函数的图像,这就节省了课堂的时间,教师只需要在局部做一些纠正。有关教师对于幂函数性质的教学,OT3 提到教师在本节课中强调了让学生用代数论证的方法解释了函数的对称性。对此,在访谈中,OT3 提到:

> 这个讲解有没有道理呢? 是有道理的。因为一直有个观点是说有时候并不是要求学生也要达到老师的层次,讲得这么清楚,理解这么透。但老师为什么要讲呢? 因为老师讲得透彻,讲得清楚,他对学生的学科理解有感染力,这个感染力对学生是一种无形的熏陶。这种熏陶从长期来讲,潜移默化地会把学生的学科思维向更高层次引领,并不是说学生一定也能达到这个程度。

在内容与课程知识方面,OT3 提到了教材中有关幂函数、幂函数定义、幂函数图像、幂函数性质的编排。

有关教材对于幂函数的编排,OT3 提到新教材中,在集合、等式与不等式、幂、指数与对数之后就进入一个关键的节点,即函数板块,而幂函数是函数板块的第一节课。有关教材对于幂函数定义的编排,OT3 认为在新教材中,对于幂函数定义的表述不像原来这么严密,更加注重可读性。有关教材对于幂函数图像的编排,OT3 提到新教材中对图像重新进行了定义,将函数图像定义为所有 (x,y) 的实数对的集合。有关教材对于幂函数性质的编排,OT3 认为在新教材的幂函数之前,学生已经系统学习过了幂、指数和对数的运算,因此对幂函数性质的要求就提高了。对此,在访谈中,OT3 提到:

> 新教材对这个内容呈现顺序做了很大的调整。在幂函数之前,有一章就是幂、指数与对数。就在这章中,学生都已经系统学习了幂、指数拓展及对数运算,所以,学生对幂的表达形式,特别是对分数指数幂的表达形式很熟悉了。这个和原来的教材不一样,原来的教材仅仅研究了几个具体的幂函数的图像,但是新教材能够给出一批幂函数。因为前面有很多知识的准备,学生不但能从图像上能看幂函数的单调性,同时还能够根据幂的基本不等式来论证幂函数的单调性,这个是原来教材做不到的,所以这个变化

很大。最大的变化是对于一个学生的数学抽象要求高了,还有对学生的推理论证、用数学语言表达一个观察出来的事实要求提高了。

(3) 高观点下的数学知识

在学科高等知识方面,OT3 提到了有理数指数的幂函数的推广,以及可以借助微积分研究幂函数的性质。

有关有理数指数的幂函数的推广,OT3 提到可以通过极限的方法将其推广到无理数指数的幂函数甚至实数指数的幂函数。有关幂函数性质的进一步研究,OT3 提到将来可以使用分析的方法研究函数的奇偶性、单调性和极值点,如借助导数的手段来研究函数的极值。

(4) 数学哲学知识

在认识论知识方面,OT3 提到了人的认识从具体到一般再从一般指导具体的过程。如在幂函数的研究中,首先从具体的幂函数如

$$y=x,\ y=x^2,\ y=x^3,\ y=x^{-1},\ y=x^{\frac{1}{2}},\ y=x^{\frac{4}{3}}$$

开始研究,从具体抽象到一般,然后再利用抽象得到的性质研究具体的幂函数的性质。

在方法论知识方面,OT3 认为分析的方法是整个函数研究中的一般的方法。如在幂函数的研究中体现了用分析的手段研究函数的一般研究方法,在幂函数图像的研究中,不仅从图像本身看,并且用代数分析的方法来研究函数的奇偶性、单调性、极值等。

6.3.2 第二轮观察:出租车运价问题

第二轮教研活动观察的时间为 2020 年 12 月 29 日,地点为 S 市 C 区的某所市重点高级中学,此次教研活动面向的对象主要为 C 区的高一教师,此次教研活动的背景为在新课程中数学建模作为核心素养地位较高,但是教学实施很困难,没有具体的指导,因此,C 区的高中教研员 OT3 组织了此次教研活动。

此次教研活动选取的具体数学主题为出租车运价问题,选取理由主要有三个。首先,出租车运价问题是一个现实问题,前两年在 S 市讨论的较为热烈,引起了社会的广泛关注。其次,出租车运价问题是一个数学建模的典型问题,对于要上其他数学建模课的教师而言,这节课的推广性强。最后,新教材中也出现了和出租车运价相关的问题。

本次教研活动的流程为,首先由教研活动所在学校的教师上一节出租车运价问题公开课,然后由 OT3 组织评课交流,同时 OT3 还邀请了一些专家做相关的重点交流。

本次教研活动的公开课出租车运价问题教学流程如表 6-11 所示，本节课主要分为 3 个环节，分别为复习旧知、建模活动和活动小结。

表 6-11　出租车运价问题教学流程

教学环节	教学过程	时间分配
复习旧知	复习数学建模的内涵及数学建模的主要过程。	3 分 10 秒
建模活动	（一）提出问题 近年，考虑到社会经济发展水平提高、车辆运行和维护成本上涨等因素，某市出租车的运价准备上调。但上调后有些乘客会为此选择其他出行方式。怎么样的调价方案是合理的呢？ 小组讨论：如何理解实际问题中的"合理"？ 问题 1：怎样从数学的角度理解"合理"？ 问题 2：具体提出的问题是什么？ （二）模型假设 问题 3：为建立模型提出哪些假设？ （三）建立模型 问题 4：影响目标的主要因素有哪些？ 问题 5：目标和因素之间有怎样的关系？ 小组讨论：各小组考虑主要相关因素和模型假设建立数学模型。 （四）分享交流 建模报告交流、分享与评价。	52 分 30 秒
活动小结	建模活动小结。	1 分 20 秒

在复习旧知环节，教师带领学生回顾了数学建模的内涵及数学建模的主要过程。

在建模活动环节，提出了有关出租车运价的现实问题，教师将学生分为 4 个小组，让学生分组讨论如何理解问题中的"合理"。经过讨论之后，学生分别提出可以从司机、公司和乘客的角度考虑调价方案。之后，教师让学生进一步讨论如何提出假设和建立模型。经过进一步的探究之后，教师让两个小组的学生分别展示了从公司角度和乘客角度考虑建立的模型。展示之后，教师让 4 组学生继续完善建模过程。最后，教师让 4 组学生分别展示了他们的建模成果。

在活动小结环节，教师对不同的角度进行了总结，并鼓励学生进一步综合考虑不同的角度。

公开课结束之后，进入评课交流阶段。在此阶段中，OT3 针对以上公开课的教学做了点评。在教研活动之后，研究者进一步访谈了 OT3，深入了解了其有关的想法。

根据面向教师教育的数学知识框架，对 OT3 在第二轮观察的评课交流和访谈中体现的知识成分中的子类别进行编码，得到的编码数量统计如表 6-12 所示。

表 6-12　OT3 第二轮观察中的编码数量统计

成分	观察	观察后访谈	总数
学科内容知识			
一般内容知识	2	2	4
专门内容知识	1	1	2
关联内容知识	0	2	2
教学内容知识			
内容与学生知识	2	1	3
内容与教学知识	4	3	7
内容与课程知识	3	2	5
高观点下的数学知识			
学科高等知识	0	1	1
学科结构知识	0	0	0
学科应用知识	0	1	1
数学哲学知识			
本体论知识	0	0	0
认识论知识	0	0	0
方法论知识	0	1	1

从表 6-12 中可以看到,在学科内容知识中,编码数量最多的是一般内容知识(4),其次为专门内容知识(2)和关联内容知识(2);在教学内容知识中,编码数量最多的是内容与教学知识(7),其次为内容与课程知识(5);在高观点下的数学知识中,编码数量最多的是学科高等知识(1)和学科应用知识(1);在数学哲学知识中,编码数量最多的是方法论知识(1)。

(1) 学科内容知识

在一般内容知识方面,OT3 提到了函数模型的构建和方程的求解。

在专门内容知识方面,OT3 提到了出租车运价问题中需要考虑不同的角度,其提到在这个问题的建模过程中,不仅仅需要考虑可行性问题、科学性问题,还要考虑社会性问题。站在不同的群体,就会有不同的角度,如公司角度、司机角度和乘客角度,不同的群体对运价的调整方案所持有的观念是不一样的,同样是讲"合理","合理"的理解是不同的。

在关联内容知识方面,OT3 提到了出租车运价问题与其他问题的联系,包括与绩效工资调整问题的联系和与水、电、煤价格调整问题的联系。

有关出租车运价问题与绩效工资调整问题的联系,OT3 提到它们的背景都是不等式的综合运用。在员工绩效工资改革中,需要考虑不同绩效工资的赋值,怎么赋值就有不同的倾向,也需要从公司、员工等不同角度考虑。有关出租车运价问题与水、电、煤价格调整问题的联系,OT3认为它们的背景是一样的,因此出租车运价问题的推广性比较强,很多价格模式都可以应用这个模型。

(2) 教学内容知识

在内容与学生知识方面,OT3提到了对于学生发现和提出数学建模问题的能力,以及建立数学模型过程的理解。

有关学生发现和提出数学建模问题的能力,OT3认为在出租车运价问题的数学建模课堂中,可以发现学生能够从公司、乘客和司机3个角度提出问题,而且每一组提出的问题都是不一样的。这是由于学生提出问题的角度不一样,而且学生收集到的一些信息有差异,这就充分说明了学生具有提出问题的潜力。同时,通过观察可以发现学生提出的问题虽然很原始,是自然语言,但是这些问题都是很有价值的。

有关学生建立数学模型过程的理解,OT3提出从公开课现场可以看到,在一节课的时间内,想要学生拿出一个数学模型来,这是勉为其难的,学生建立数学模型是一个长期的过程。

在内容与教学知识方面,OT3提到了数学建模的教学挑战、数学建模的教学流程、数学建模的教学方式和数学建模的教学评价。

有关数学建模的教学挑战,OT3认为数学建模课的教学实施是很困难的,因为没有具体的指导,现有的只是一些具体的案例,具体建模教学怎么做没有说明,需要不同的学校进行探索。

有关数学建模的教学流程,OT3提到他认为数学建模的教学可以分为多个阶段,包括建模意识的形成阶段、建立模型阶段和分享建模成果阶段。在教研活动中,OT3提到:

> 可以发现,在这次公开课前面,已经上了一周课,这周在干什么呢?实际上这是数学建模的第一个阶段,叫作建模意识的形成阶段,就是让学生知道数学建模要干什么,有几个环节,怎么样理解问题,怎么发现问题,怎么提出问题。第二个阶段,就是怎么建立模型,但这节课就是建立一个框架。框架建立过以后,下一步要多方收集数据,通过收集数据修正假设,然后使它成为真正的模型。最后一个阶段,就是写出一个像样的数学建模论文或者是研究报告。

有关数学建模的教学方式,OT3提到本次公开课提供了一个很好的数学建模的教学方式,即不是一个教师,而是组成一个建模教师团队。就像在出租车运价问题的公开课中,有 4 位老师,每个老师跟一个小组,还有一个老师主讲,这种 $1+n$ 的教学组织形式是数学建模教学的一种创造性的尝试,这种形式可以使得教师可以关注到每个小组的不同想法。

有关数学建模的教学评价,OT3 认为在这节公开课中,实际上没有展现整个数学建模的过程,只是解决了发现和提出问题的过程,这节课在此方面做得比较好,学生从这个具体问题中感受到了如何提出问题,而且提出了不同的问题,这节课真正迈出了第一步。

在内容与课程知识方面,OT3 提到了数学建模在课程中的地位、教科书中对于数学建模的编排。

有关数学建模在课程中的地位,OT3 认为由于在新课程中将数学建模的地位空前提高了,作为六大核心素养之一,数学建模与几乎所有的数学内容都是相关联的。同时,在课程标准中提到的四基四能与数学建模也有着密切的关系。

有关教科书中对于数学建模的编排,OT3 提到在新教材的编写过程中,数学建模的教材编写是分歧最大、责任最多的,最后数学建模分成了两部分,这个教材的使用和其他教学是不一样的。另外,本次公开课中的出租车运价问题,在新教材中也有类似的问题,新教材中是乘客怎么乘出租车,使总的费用较少,而不是运价调整问题。

(3) 高观点下的数学知识

在学科高等知识方面,OT3 认为事实上所有的中学问题的建模,背景知识都和大学内容相关,因此,高校与中学在数学建模中的合作是很重要的。对此,在访谈中,OT3 提到:

> 事实上所有的中学问题的建模,包括这节课中所讲的调价问题,背景知识其实都是大学的数学知识,都是现代数学的初等化或者简化。实际上这节课中讲到的几个数学模型,如果没有大学的教授介入指导,学生完不成,老师也完不成。

在学科应用知识方面,OT3 提到本次公开课的出租车运价调整的问题,确实是一个现实生活的问题,这个问题前两年在 S 市讨论得很热,与油价的问题相关,是一个社会各界都关注的问题。

(4) 数学哲学知识

在方法论知识方面,OT3 认为数学建模中主要体现的是模型意识,而模型意识是整个科学研究中一个重要的思想方法。牛顿的名著《自然科学的数学原理》就是通过数学模型,利用几何或者代数构建物理学、化学中的一些规律。这种模型意识对一个人的发展也是很重要的,可以用数学模型的思想来学习数学,而不仅仅是解决一个具体的问题。

6.3.3 案例 3 总体分析

在两轮观察中,基于面向教师教育的数学知识框架,通过对 OT3 的两次教研活动的观察及观察后访谈进行编码,最终得到的编码总数为 85 个,其中通过两次教研活动观察得到的编码总数为 36 个,通过观察后访谈得到的编码总数为 49 个。不同成分的编码数量分布如图 6-13 所示。

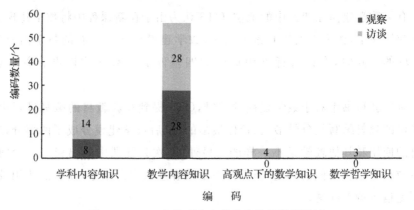

图 6-13 OT3 两轮观察中的总体编码数量统计

从图 6-13 中可以发现,有关学科内容知识的编码为 22 个,有关教学内容知识的编码为 56 个,有关高观点下的数学知识的编码为 4 个,有关数学哲学知识的编码为 3 个。其中两次教研活动观察得到的编码大部分属于教学内容知识,小部分属于学科内容知识;观察后访谈得到的编码则大部分属于教学内容知识,小部分属于学科内容知识、高观点下的数学知识和数学哲学知识。

(1) 学科内容知识

有关学科内容知识的 22 个编码可以进一步分为一般内容知识、专门内容知识和关联内容知识。不同子类别的编码数量分布如图 6-14 所示。

从图 6-14 中可以发现,和一般内容知识相关的编码为 10 个,和专门内容知识相关的编码为 9 个,和关联内容知识相关的编码为 3 个,这些编码中 36.4% 来源于教研活动的观察,63.6% 来源于观察后访谈。

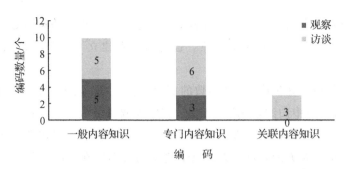

图 6-14 OT3 两轮观察中的学科内容知识编码数量统计

在一般内容知识中,在幂函数的概念方面,OT3 提到了幂函数的定义、图像及其性质。在出租车运价问题方面,OT3 提到了函数模型的构建及方程的求解。

在专门内容知识中,在幂函数的概念方面,OT3 解释了幂函数的定义域,给出了幂函数的具体例子,阐述了幂函数图像的绘制过程,并解释了幂函数的特殊性质。在出租车运价问题方面,OT3 从不同角度考虑了出租车运价问题。

在关联内容知识中,在幂函数的概念方面,OT3 主要讲解了幂函数的重要程度。在出租车运价问题方面,OT3 解释了出租车运价问题与其他问题的联系。

(2) 教学内容知识

有关教学内容知识的 56 个编码可以进一步分为内容与学生知识、内容与教学知识和内容与课程知识。不同子类别的编码数量分布如图 6-15 所示。

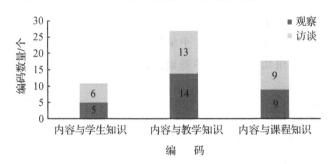

图 6-15 OT3 两轮观察中的教学内容知识编码数量统计

从图 6-15 中可以发现,和内容与学生知识相关的编码为 11 个,和内容与教学知识相关的编码为 27 个,和内容与课程知识相关的编码为 18 个,其中 50% 的编码来源于两次教研活动的观察,50% 来源于观察后访谈。

在内容与学生知识中,在幂函数的概念方面,OT3 认为学生在无理数指数幂、幂函数定义域的分类讨论、准确绘制幂函数图像和用代数论证幂函数性质等方面存在困难。在出租车运价问题方面,OT3 提出学生在发现和提出数学建模问题方面存在巨大潜力,同时,需要经历较长的建立数学模型的过程。

研究发现，不仅在问题表征方面，不同学生在数学建模的策略运用、建模思路等方面都表现出不同的认知特点。也有研究者建立了数学建模的一般认知过程模型。

在内容与教学知识中，在幂函数的概念方面，OT3认为可以从具体情境引入幂函数，从情境中归纳幂函数的定义，需要强调幂函数定义域的集合表示，在幂函数图像教学中细心纠正学生错误，在幂函数性质中渗透代数论证的方法。在出租车运价问题方面，OT3认为数学建模的教学存在挑战，提出了数学教学的三阶段教学流程，给出了数学建模的$1+n$教学方式，并论述了数学建模的教学评价。

有研究者提出，数学建模的教学应重点讲解如何分析实际问题，提出数学模型及解决实际问题。在数学建模活动中可以让学生尝试发现问题和提出问题，在解决问题的过程中学会与他人合作，开发创造潜能。

在内容与课程知识中，在幂函数的概念方面，OT3认为在新教材中，幂函数是函数板块的第一课，幂函数定义更具可读性，重新定义了函数的图像，增强了幂函数性质的代数论证。在出租车运价问题方面，OT3提到新课程背景下数学建模的地位大大增强，新教材中对于数学建模的内容也做了较大更新。

研究发现，在新课标中更加注重数学知识的应用性，也更加强调对现实世界的数学化过程，但在数学建模能力培养、实践和评价等方面仍有较大的发展空间。

(3) 高观点下的数学知识

有关高观点下的数学知识的4个编码可以进一步分为学科高等知识、学科结构知识和学科应用知识。不同子类别的编码数量分布如图6-16所示。

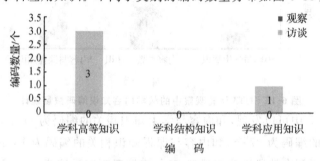

图6-16　OT3两轮观察中的高观点下的数学知识编码数量统计

从图6-16中可以发现，和学科高等知识相关的编码为3个，和学科结构知识相关的编码为0个，和学科应用知识相关的编码为1个，这些编码都来源于观察后访谈。

在学科高等知识中,在幂函数的概念方面,OT3提到可以将有理数指数的幂函数推广到无理数指数,以及可以借助微积分研究幂函数的单调性、最值等性质。在出租车运价问题方面,OT3认为所有的建模问题背后都有现代数学问题的背景。

在学科应用知识中,OT3提到了出租车运价问题与现实生活的联系,强调了这是一个社会中热烈讨论的问题。

实际上,出租车运价问题中,无论追求公司和司机收益的最大化或者乘客收费的最小化,都涉及经济管理中的最优化问题,在经济学中涉及对利润最大化、收益最大化和征税收益最大化等各方面的分析,其中蕴含了丰富的高等数学知识。

(4) 数学哲学知识

有关数学哲学知识的3个编码可以进一步分为本体论知识、认识论知识和方法论知识。不同子类别的编码数量分布如图6-17所示。

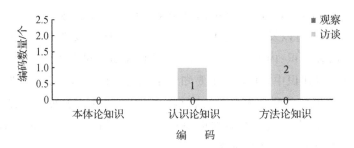

图6-17　OT3两轮观察中的数学哲学知识编码数量统计

从图6-17中可以发现,和本体论知识相关的编码为0个,和认识论知识相关的编码为1个,和方法论知识相关的编码为2个,这些编码都来源于观察后访谈。

在认识论知识中,OT3提到了人们在幂函数的认识过程中经历了从具体到一般,再从一般到特殊的过程。

在方法论知识中,OT3提到了函数研究中常用的分析方法及数学建模中重要的建模意识。

数学模型是那些利用数学语言来模拟现实的模型。广义地说,一切数学都是数学模型。几何学是现实空间的模型,微积分是光滑运动的模型。

(5) 案例3总结

进一步统计OT3的两次教研活动的分析中获得的面向教师教育的数学知识中不同成分的子类别的编码,从而得到OT3在教研活动中反映的主要知识来源、次要知识来源及外围知识来源,如图6-18所示。

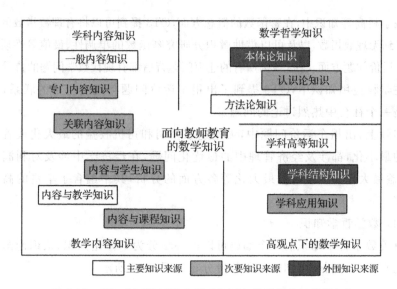

图 6-18　OT3 在两轮观察中反映的面向教师教育的数学知识

从图 6-18 中可以发现,从总体上而言,OT3 在两轮教研活动中的主要知识来源为专门内容知识、内容与教学知识、学科高等知识和方法论知识。

在学科内容知识中,OT3 的主要知识来源为一般内容知识,次要知识来源为专门内容知识和关联内容知识,这反映出 OT3 重视让教师掌握基本的数学概念和定理,同时理解概念背后的道理并发现其中的联系。其中,OT3 较为重视一个概念和问题的多角度理解。

在教学内容知识中,OT3 的主要知识来源为内容与教学知识,次要知识来源为内容与学生知识和内容与课程知识,这反映出 OT3 重视让教师掌握基本的教学流程,并在教学流程中关注学生的学习情况及教材内容的达成情况。其中,OT3 强调了对于不同的教学内容需要根据学情进行取舍。

在高观点下的数学知识中,OT3 的主要知识来源为学科高等知识,次要知识来源为学科应用知识,外围知识来源为学科结构知识,这反映出 OT3 重视让教师理解现代数学与中学数学的联系并且与社会实际情况相联系。其中,OT3 强调了数学建模背后的高等数学背景。

在数学哲学知识中,OT3 的主要知识来源为方法论知识,次要知识来源为认识论知识,外围知识来源为本体论知识,这反映出 OT3 重视数学思想方法的渗透和数学的认识规律,但是,对于数学知识本质的解读还较少。

6.4 案例4

6.4.1 第一轮观察：反函数的概念

第一轮教研活动观察的时间为 2020 年 12 月 18 日，地点为 S 市 D 区的某所市重点高级中学，此次教研活动面向的对象主要为 D 区的高一教师，此次教研活动的背景为 OT4 参与了 S 市的一个科研项目，项目主题为专家型教师的课堂教学特征，经过一定的研究，项目组提出了留白式教学的教学构想，因此，D 区的高中教研员 OT4 组织了此次教研活动，针对留白式教学开展教学实践和深入研讨。

此次教研活动选取的具体数学主题为反函数的概念，选取理由主要有三个。首先，有研究发现，反函数的概念是教学的十大难点之一，不但是教师教的难点，同时也是学生学习的难点。其次，反函数这节课是很多学校教师招聘考试的课题，能看出教师的基本功。最后，反函数虽然在课标中没有要求，但是很多学校都会教学，因此就值得研究一下。

本次教研活动的流程为，首先由教研活动所在区的教师上一节反函数的概念公开课，然后由 OT4 组织评课交流，同时 OT4 还邀请了一些专家做相关的重点交流。

本次教研活动的公开课反函数的概念教学流程如表 6-13 所示，本节课主要分为 6 个环节，分别为复习旧知、引出课题、概括概念、理解概念、应用概念和课堂小结。

在复习旧知环节，教师首先带领学生复习了之前学习的有关函数的基本知识，接着，让学生复述函数的概念，并举一个函数的例子，学生举出了一个正比例函数的例子。在引出课题环节，教师让学生举出一个物理和数学的例子，需要两个量刻画。学生举的例子分别为摩擦力和弹力的关系，以及圆面积和半径的关系，接着，在教师引导下，学生又举出了生活中的例子。在概括概念环节，教师给出多个二元方程，如 $y-1.8x=32$、$y-\log_3 x=0$ 等，让学生分别用其中的一个量表示另一个量，学生发现其中的共性为把未知数互换可以得到不同的关系，接着，教师又给出另一组二元方程，如 $y-3^x=0$ 和 $x^2+y^2=1(y\geqslant 0)$ 等，进一步让学生用一个量表示另一个量，学生发现在互换的过程中需要考虑对应关系。

表 6-13 反函数的概念教学流程

教学环节	教学过程	时间分配
复习旧知	请复述函数的概念,指明函数的二要素,并举出一个例子。	6 分 50 秒
引出课题	物理学科是否存在某个现象,该现象仅需要两个量来刻画,有时这两个量还需要相互表示,请您举例说明。这样的问题在生活中也存在吗?请举个例子。在数学学科呢?	4 分 50 秒
概括概念	根据下列所给的二元方程(略),讨论并回答下列问题。 问题1:请用其中一个量表示另一个量,分别判断所写出的表达式是否为函数解析式,并说明理由。 问题2:根据讨论问题1所得到的结论,请归纳这些问题结论的共性是什么? 问题3:能把问题2中的共性一般化地概括吗? 根据下列所给的二元方程(略),讨论并回答下列问题。 问题4:请用其中一个量表示另一个量,分别判断所写出的表达式是否为函数解析式,并说明理由。 问题5:根据讨论问题1所得到的结论,请归纳这些问题结论的差异性是什么?能分析产生这些差异的根本原因吗? 问题6:根据问题4,对于一般函数而言,你们发现的结论是什么?	20 分
理解概念	探究反函数存在的条件 问题7:根据反函数的定义,任意给定一个函数都存在反函数吗?请举例说明。 问题8:何种类型的函数存在反函数?请举例。 函数与其反函数的对应关系 问题9:如果函数 $y=f(x), x\in D$ 的反函数为 $y=f^{-1}(x), x\in D$,请说明这两个函数定义域、值域之间有怎样的对应关系?	11 分 50 秒
应用概念	求反函数的定义域、反函数的值域和求给定函数的反函数。(具体题目略)	5 分 10 秒
课堂小结	从知识、方法等方面对本节课的学习进行总结。	1 分 10 秒

在理解概念环节,教师先给出了反函数的定义并与之前的问题相呼应,学生发现给定的函数不一定存在反函数,因此,教师让学生进一步探究反函数存在的条件。接着,教师让学生举了不同函数的例子并辨析是否存在反函数,学生举了一次函数、二次函数、反比例函数等例子,然后,教师让学生探究了互为反函数的两个函数的定义域和值域之间的关系。在应用概念环节,教师让学生解决了反函数相关的一些具体问题。在课堂小结环节,教师从知识、方法层面回顾了本节课所学习的知识,并让学生继续思考反函数的"反"的深层意义。

公开课结束之后,进入评课交流阶段,在此阶段中,OT4 针对以上公开课的教学做了点评。在教研活动之后,研究者进一步访谈了 OT4,深入了解了其有关的想法。

根据面向教师教育的数学知识框架,对OT4在第一轮观察的评课交流和访谈中体现的知识成分中的子类别进行编码,得到的编码数量统计如表6-14所示。

表 6-14　OT4 的第一轮观察中的编码数量统计

成分	观察	观察后访谈	总数
学科内容知识			
一般内容知识	3	4	7
专门内容知识	1	8	9
关联内容知识	0	3	3
教学内容知识			
内容与学生知识	4	2	6
内容与教学知识	12	7	19
内容与课程知识	3	3	6
高观点下的数学知识			
学科高等知识	0	5	5
学科结构知识	0	0	0
学科应用知识	0	1	1
数学哲学知识			
本体论知识	0	1	1
认识论知识	0	2	2
方法论知识	0	4	4

从表6-14中可以看到,在学科内容知识中,编码数量最多的是专门内容知识(9),其次为一般内容知识(7);在教学内容知识中,编码数量最多的是内容与教学知识(19),其次为内容与学生知识(6)和内容与课程知识(6);在高观点下的数学知识中,编码数量最多的是学科高等知识(5),其次为学科应用知识(1);在数学哲学知识中,编码数量最多的是方法论知识(4),其次为认识论知识(2)。

(1) 学科内容知识

在一般内容知识方面,OT4提到了反函数的定义、反函数存在的条件、反函数及其定义域的求解。

在专门内容知识方面,OT4提到了反函数的由来、反函数的意义和反函数存在条件的解释。

对于反函数的由来,OT4提到了在反函数之前,研究了函数的奇偶性、单调性等性质,反函数是对函数的进一步研究,即将 x 和 y 的位置调换。对于反函数的意义,OT4认为反函数是和日常生活中的很多现象类似的,如在自然界,水可以转化为冰，冰也可以转化为水。在字母表中，x 和 y 的地位是相等的，只不过有的时候充当的角色不一样，而角色是可以互相转换的。对于反函数存在条件的解释，OT4 认为，当将函数的 x 和 y 调换过来之后，有些调换成功了，而更多的时候是不成功的。为什么有的成功，有的不成功，就需要研究反函数存在的条件。对此，OT4 还做了形象的类比。在访谈中，OT4 提到：

> 就像开车一样，要在这个地方停车，开进去了以后，不一定能开出来。人家就问你怎么开进去的？他说我自己开进去的。那你能开进去，应该能开出来，但是现实中有视距的差异，就开不出来。函数这不也是吗，如果说原函数是开进去，但是不一定能开出来，也就是不一定有反函数。

在关联内容方面，OT4 提到了反函数的研究与其他函数性质研究之间的联系。对此，在访谈中，OT4 提到：

> 高中生是通过解析式来研究函数的，虽然也接触了抽象函数，但是中学里教的函数多数都是有表达式的。通过解析式研究了什么？使得解析式中自变量相反，看因变量是不是相反数，这就是奇偶性。在解析式的定义域中取一大一小两个值，看函数值大小怎么样，这就是单调性。增加一个同样的长度单位，看函数值是否相等，这就是周期性。包括一般对称性和最值，都是从解析式角度研究的。研究完了这些以后，再试试交换因变量 y 和自变量 x 的位置，这就又扩展了原来的研究。

(2) 教学内容知识

在内容与学生知识方面，OT4 提到了学生对于反函数引入、反函数定义、反函数意义和反函数存在条件的理解。

有关学生对于反函数引入的理解，OT4 提到在听课过程中问了学生有关两个量需要相互表示的生活问题，发现学生能够想到人民币和外币之间兑换的问题，说明这一生活情境离学生比较近。有关学生对于反函数定义的理解，OT4 认为反函数的定义比较抽象，学生较难理解，已有研究也验证了这一点。有关学生对于反函数意义的理解，OT4 提到利用函数与方程的关系，让学生理解函数中 x 和 y 的地位相等存在一定困难，因为这对于学生比较陌生。有关学生对于反函数存在条件的理解，OT4 认为需要分别给出反函数存在及不存在的情况，学生才能充分归纳出反函数存在的条件。

在内容与教学知识方面，OT4 提到了教师对于反函数引入、反函数定义、反函数存在条件、反函数求解、反函数小结的教学。

有关教师对于反函数引入的教学,OT4 提到在教学中需要处理反函数学习的必要性问题,比较好的方式就是教材中分别用摄氏度和华氏度刻画温度这一物理量,同时,可以进一步启发学生想到其他生活情境,如人民币和美金兑换等。有关教师对于反函数定义的教学,OT4 认为,可以让学生举出特殊函数的例子,通过表格的形式呈现,然后让学生转换 x 和 y 的位置,从中归纳出反函数的定义,也可以通过分组的形式让学生互相讨论,从而得到反函数的定义。有关教师对于反函数存在条件的教学,OT4 提到可以先给出一组存在反函数的例子,然后再给出一组例子,其中有些函数不存在反函数,让学生从中得到反函数存在的条件。有关教师对于反函数求解的教学,OT4 认为在练习的过程中可以强调求反函数的步骤,从而使得学生能够快速地掌握。有关教师对于反函数小结的教学,OT4 提到要重视课堂最后的小结。对此,在访谈中,OT4 提到:

> 最后总结的时候,如果让学生总结,肯定是就事论事,就题论题,或者是就近去说。这时候就体现出了老师对学生的影响,强将手下无弱兵的原因就在这里。你整天带着他玩得比较高端,这个学生你想低级庸俗都不可能;你整天就在低水平徘徊,做模式识别,学生也就只会做两个题。所以我觉得小结环节,一定要让学生眼界大开,就如有人讲的,带着问题来,带着新问题而去,人才能进步。比如学生刚学会反函数,要让学生发现原来还有很多没有看到的问题,学生就会有求知欲,想在数学上发展。

在内容与课程知识方面,OT4 提到了课程标准中对于反函数的要求和教材中对于反函数的编排。

有关课程标准中对于反函数的要求,OT4 提到在新的课程标准中对反函数没有作出要求。有关教材对于反函数的编排,OT4 提到在新教材的编写中,还是保留了反函数的内容。对此,在访谈中,OT4 提到:

> 虽然课标没有要求,但是反函数是之前教材就有的一节内容,同时,反函数也有助于促进学生对函数的理解。因此,在教材编写过程中,包括两位主编都认为反函数需要多学一点,但是课标中没有,所以在前面打了个星号,可以不教,但实际上由于惯性影响,教师基本都会教。

(3) 高观点下的数学知识

在学科高等知识方面,OT4 提到了反函数与高等数学中隐函数、多元函数和偏导数求解之间的联系。

有关反函数与隐函数之间的联系,OT4 提到隐函数是由隐式方程 $F(x,y)=0$

所确定的函数，在此方程中，x 和 y 都可以作自变量，因此反函数的概念对隐函数的理解较为重要。有关反函数与多元函数的联系，OT4 认为在多元函数中有多个自变量，因此学生也需要体会到不同自变量之间的互换关系。有关反函数与偏导数的求解，OT4 提到在偏导数求解中，既可以对 x 求偏导，也可以对 y 求偏导，因此也体现了反函数的思想。

在学科应用知识方面，OT4 提到了物理和数学的关系，其认为在课堂中提到了用两个变量刻画物理中的现象。实际上有的时候两个量不一定能够刻画，需要多个量，大自然的规律是非常纷繁复杂的。

(4) 数学哲学知识

在本体论知识方面，OT4 提到了定义在数学中的作用，其认为在形成反函数这一概念过程中，需要给出一个反函数的定义，因为数学上要有定义，大家沟通才有一个共同的大前提。

在认识论知识方面，OT4 提到了从特殊到一般的认识过程及辩证认识事物的过程。

有关从特殊到一般的认识过程，OT4 认为从反函数的具体例子中得到反函数的定义体现了从特殊到一般的问题解决过程。有关辩证认识事物的过程，OT4 提到从辩证唯物主义思想的角度看，事物有两个方面，正面和反面，既是辩证的也是统一的。在数学中，反函数是一个很好的体现辩证思想的载体。

在方法论知识方面，OT4 提到了在反函数的研究过程中体现了计算、推理的数学研究方法，函数与方程的数学思想方法。

6.4.2 第二轮观察：反函数的图像

第二轮教研活动观察的时间为 2020 年 12 月 26 日，地点为 S 市 D 区的某所市重点高级中学，此次教研活动面向的对象主要为 D 区的高一教师，此次教研活动的背景同样为 OT4 参与的 S 市专家型教师的课堂教学特征科研项目。在项目中，需要根据先前制定的课堂教学评价工具研究数学教师课堂教学，因此，D 区的高中教研员 OT4 组织了此次教研活动，针对课堂教学评价开展教学实践和深入研讨。

此次教研活动选取的具体数学主题为反函数的图像，选取理由主要有两个。首先，反函数这一内容虽然打了星号，但是老师基本都会上这节课的内容，而反函数的图像作为第二课时，也吸引了较多教师的关注。其次，在新教材中，反函数图像的内容有了较大的改变，因此对教师的教学就提出了新的挑战。

本次教研活动的流程为，首先由教研活动所在学校的教师上一节反函数的图像公开课,然后由 OT4 组织评课交流,同时 OT4 还邀请了一些专家做相关的重点交流。

本次教研活动的公开课反函数的图像的教学流程如表 6-15 所示,本节课主要分为 4 个环节,分别为探索发现、解释论证、巩固应用和课堂小结。

表 6-15 反函数的图像教学流程

教学环节	教学过程	时间分配
探索发现	例1:求下列函数的反函数,并在同一坐标系中作出该函数和它的反函数的图像。 (1) $y=x^3$; (2) $y=\dfrac{1}{x}$; (3) $y=x^2, x \geqslant 0$; (4) $y=2x-1$; (5) $y=e^x$。 总结:互为反函数的两函数的图像关于直线 $y=x$ 成轴对称。	8分20秒
解释论证	思考1:是什么原因导致了这样的对称性? 思考2:如何证明? 思考3:一个函数与其反函数图像的交点是否都在直线 $y=x$ 上?	19分40秒
巩固应用	例2:已知函数 $y=a^x+b$ 的图像经过点 $(1,7)$,而其反函数的图像经过点 $(4,0)$,求实数 a,b 的值。 例3:已知 x_1, x_2 满足:$2^{x_1}+x_1=4, \log_2 x_2 + x_2 = 4$,求 x_1+x_2 的值。	10分20秒
课堂小结	回顾本节课所学的知识,并让学生思考为什么要学习反函数的图像。	1分50秒

在探索发现环节,教师让学生在同一直角坐标系中作出原函数与反函数的图像,接着,让学生观察图像的特征。在解释论证环节,教师带领学生用代数语言论证了为什么互为反函数的两个函数有这样的对称性,并与课本中的证明相对应。接着,教师引导学生发现在以上证明过程中还需要论证点 (a,b) 和点 (b,a) 关于直线 $y=x$ 成轴对称,因此教师带领学生进一步用代数语言论证了这一结论,并与课本中的相关证明对照。然后,教师让学生进一步思考一个函数与其反函数图像的交点的特征。

在巩固应用环节,教师分别给出例2和例3,让学生进一步应用了原函数和反函数图像的特征从而解决具体问题。在课堂小结环节,教师带领学生回顾了本节课所学的内容,并且鼓励学生进一步研究互为反函数的两个函数图像所具备的其他性质。最后,教师抛出一个问题,让学生课后思考为什么要学习反函数。

公开课结束之后,进入评课交流阶段。在此阶段中,OT4 针对以上公开课的教学做了点评。在教研活动之后,研究者进一步访谈了 OT4,深入了解了其有关的想法。

根据面向教师教育的数学知识框架,对 OT4 在第二轮观察的评课交流和访谈中体现的知识成分中的子类别进行编码,得到的编码数量统计如表 6-16 所示。

表 6-16 OT4 的第二轮观察中的编码数量统计

成分	观察	观察后访谈	总数
学科内容知识			
一般内容知识	3	2	5
专门内容知识	2	4	6
关联内容知识	1	1	2
教学内容知识			
内容与学生知识	2	0	2
内容与教学知识	8	4	12
内容与课程知识	2	1	3
高观点下的数学知识			
学科高等知识	0	1	1
学科结构知识	0	1	1
学科应用知识	0	0	0
数学哲学知识			
本体论知识	0	1	1
认识论知识	2	3	8
方法论知识	0	5	2

从表 6-16 中可以看到,在学科内容知识中,编码数量最多的是专门内容知识(6),其次为一般内容知识(5);在教学内容知识中,编码数量最多的是内容与教学知识(12),其次为内容与课程知识(3);在高观点下的数学知识中,编码数量最多的是学科高等知识(1)和学科结构知识(1);在数学哲学知识中,编码数量最多的是认识论知识(8),其次为方法论知识(2)。

(1) 学科内容知识

在一般内容知识方面,OT4 提到了函数与其反函数图像的绘制、函数与其反函数的图像特征和函数与其反函数图像的应用。

在专门内容知识方面,OT4 提到了反函数图像的由来、反函数图像的意义和反函数图像特征的证明。

对于反函数图像的由来,OT4 提到了在反函数的概念出来之后,从中学的角度,通过函数及其反函数的解析,为了研究其性质,需要作出反函数的图像,实际上,研究性质和研究图像是相辅相成的,从图像中可以观察得到函数的性质,同时,从性质中也可以得到图像的大概走势。对于反函数图像的意义,OT4认为,一旦反函数的概念进入函数的大家庭,便需要遵守函数研究的规律,作出反函数的图像之后,就可以更加明晰函数及其反函数的相互关系,从图像中也可以看出函数与反函数之间能够互相转化。对于反函数图像特征的证明,OT4认为,反函数图像特征的证明体现了数学的严谨性。对此,在访谈中,OT4提到:

> 反函数图像特征的证明体现了数学的抽象论证,这块我是特别喜欢。因为计算也是证明,证明本身就体现数学的严谨性,对学生数学素养的要求是非常高的。特别是数学表达,要求学生的数学表达一定要严谨。

在关联内容方面,OT4 提到了原函数与反函数的对称性与奇偶性之间的联系,函数的对称与平移之间的联系。

对于原函数与反函数的对称性与奇偶性之间的联系,OT4 认为在函数的奇偶性中也有对称性,互为反函数也有对称性,它们的对称性之间是有联系的。对于函数的对称与平移之间的联系,OT4 提到对称是一种特殊的位置变换,就是把 x 与 y 换一下,如果是 y 换成 $y+1$ 就是另一种平移的变换了。

(2) 教学内容知识

在内容与学生知识方面,OT4 提到了学生对于反函数图像特征和反函数图像特征证明的理解。

有关学生对于反函数图像特征的理解,OT4 提到在归纳函数与其反函数图像特征的过程中,学生会提出多种不同的想法,不一定会认为它们是关于直线 $y=x$ 对称的,可能会认为它们关于直线 $y=-x$ 对称。有关学生对于反函数图像特征证明的理解,OT4 认为学生对图像的观察有助于不同认知水平的学生理解图像的特征。对此,在访谈中,OT4 提到:

> 从图像中得到关于 $y=x$ 对称,这是直观想象的核心素养。直观的好处在哪里呢? 让不同认知水平的学生都有收获,有的人体会到了,有人证明出来了,有的人哪怕不会证,看到老师给的那个函数图像是关于 $y=x$ 对称的,哪怕记五分钟,对学生来说就是收获。

在内容与教学知识方面,OT4 提到了教师对于反函数图像引入、反函数图像特征、反函数图像特征证明、反函数图像应用和反函数图像小结的教学。

有关教师对于反函数图像引入的教学,OT4 提到在本节课的例 1 中,利用 5 个具体函数及其反函数图像引入,是一种通过复习引入反函数图像的方式。

这在布鲁纳的理论中,属于旧知再现。有关教师对于反函数图像特征的教学,OT4 认为,可以利用网格纸引出图像的特征。对此,在访谈中,OT4 提到:

> 那两个图像,原函数图像是原函数图像,反函数图像是反函数图像,中间那个对称轴,从哪掉下来呢?怎么发现呢?可以用细的网格纸把函数图像画上来,一组一组的画。因为是小纸片,你不知道哪个学生就折了一下,就问那个折痕是什么?不一定只有一种折法,说不定有人折 $y=-x$,但是就有可能让他自己去发现这个折痕,就像留白式教学所提倡的那样,让他自己发现。

有关教师对于反函数图像特征证明的教学,OT4 提到反函数图像特征的证明可以针对不同认知水平的学生提出不同的要求,不一定每一个学生都需要严谨地证明。有关教师对于反函数图像应用的教学,OT4 认为原函数和反函数的交点是否都在直线 $y=x$ 上这一问题,在高三复习的时候经常作为选项辨析,是一个较经典的问题。有关教师对于反函数图像小结的教学,OT4 提到可以通过反函数的图像对之前学过的一些函数做个综合。

在内容与课程知识方面,OT4 提到了教材中有关反函数图像的编排。OT4 认为新教材编写的指导思想为从特殊到一般,即先从特殊的反函数图像入手,从而得到反函数图像的特征。在本节课的教学中,体现了教材编写的思想。

(3) 高观点下的数学知识

在学科高等知识方面,OT4 提到了原函数与反函数的对称是在平面上,在高等几何中,还有和空间中的图像对称相关的命题。

在学科结构知识方面,OT4 提到了在高等代数中,可以通过乘以一个矩阵 $\begin{bmatrix} 0 & 1 \\ 1 & 0 \end{bmatrix}$ 达到对称变换的效果,利用不同的矩阵可以达成其他的几何变换,如平移、缩放、反射等,从而将不同的变换相联系。

(4) 数学哲学知识

在认识论知识方面,OT4 提到了定义是逻辑推理的起点,为推理论证提供依据。

在认识论知识方面,OT4 提到了证明的价值。OT4 认为证明的价值在于验证一个命题的真假,是数学特有的。对此,在访谈中,OT4 提到:

> 证明倒是数学课中独有的,物理学科就不一样啊,他说我能给你做实验能验证出来,就可以了。所以物理是先假说,然后实验验证。数学不是,猜想以后需要证明,证明了以后,那这个知识就确定了。

在方法论知识方面,OT4 提到了对称思想和数形结合的思想。

在对称思想方面,OT4 认为对称思想不仅在数学中,而且在生活中都具有很多价值。对此,在访谈中,OT4 提到:

> 原函数和反函数是对称的,这个想法对生活还是挺有启发的。比如自然界中,有水的地方,在水的两侧,都是人群最多的地方,水的两侧就是对称的。对称能让人省不少力,比如说去找矿,那分布有可能就是对称的,所以没必要一个地方、一个地方地挖。还有生活中有的事情,有时候正面不好解决的,就考虑反面。

在数形结合思想方面,OT4 认为在本节课中通过研究函数及其反函数的图像特征,充分体现了数形结合的思想方法。

6.4.3 案例 4 总体分析

在两轮观察中,基于面向教师教育的数学知识框架,通过对 OT4 的两次教研活动的观察及观察后访谈进行编码,最终得到的编码总数为 106 个,其中通过两次教研活动观察得到的编码总数为 43 个,通过观察后访谈得到的编码总数为 63 个,不同成分的编码数量分布如图 6-19 所示。

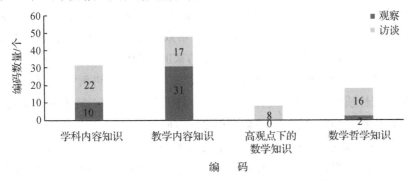

图 6-19　OT4 两轮观察中的总体编码数量统计

从图 6-19 中可以发现,有关学科内容知识的编码为 32 个,有关教学内容知识的编码 48 个,有关高观点下的数学知识的编码为 8 个,有关数学哲学知识的编码为 18 个。其中两次教研活动观察得到的编码大部分属于教学内容知识,小部分属于学科内容知识和数学哲学知识;观察后访谈得到的编码则大部分属于学科内容知识、教学内容知识和数学哲学知识,小部分属于高观点下的数学知识。

(1) 学科内容知识

有关学科内容知识的 32 个编码可以进一步分为一般内容知识、专门内容知识和关联内容知识。不同子类别的编码数量分布如图 6-20 所示。

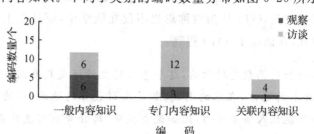

图 6-20 OT4 两轮观察中的学科内容知识编码数量统计

从图 6-20 中可以发现,和一般内容知识相关的编码为 12 个,和专门内容知识相关的编码为 15 个,和关联内容知识相关的编码为 5 个,这些编码中 31.3% 来源于教研活动的观察,68.7% 来源于观察后访谈。

在一般内容知识中,在反函数的概念方面,OT4 提到了反函数的定义、反函数存在的条件和反函数及其定义域的求解。在反函数的图像方面,OT4 提到了函数与其反函数图像的绘制、函数与其反函数的图像特征和函数与其反函数图像的应用。

在专门内容知识中,在反函数的概念方面,OT4 认为反函数来源于对函数性质的进一步研究,反函数的意义在于将自变量和因变量看作平等的地位,从而互相转换,反函数存在条件可以借助生活现象解释。在反函数的图像方面,OT4 提到反函数图像有利于进一步把握反函数的性质,反函数图像使得原函数与反函数的关系进一步明确,反函数图像特征的证明中体现了数学的严谨性。

在关联内容知识中,在反函数的概念方面,OT4 主要讲解了反函数的研究与其他函数性质研究具有联系。在反函数的图像方面,OT4 解释了原函数和反函数的对称性与函数奇偶性、函数平移之间有联系。

在《无穷分析引论》中,欧拉联系了反函数与方程,其提到:"y 是 z 的函数,不管单值的还是多值的,那就有一个方程。通过这个方程,y 由 z 和常量决定。通过同一个方程,z 也可以由 y 和常量决定。这样 z 就可以等于由 y 和常量构成的表达式。这就是说 z 是 y 的函数。"

同时,欧拉也提到反函数与奇偶性的联系,即"如果 y 是 z 的奇函数,则 z 也是 y 的奇函数"。

(2)教学内容知识

有关教学内容知识的 48 个编码可以进一步分为内容与学生知识、内容与教学知识和内容与课程知识。不同子类别的编码数量分布如图 6-21 所示。

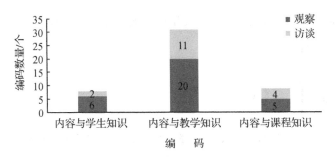

图 6-21　OT4 两轮观察中的教学内容知识编码数量统计

从图 6-21 中可以发现,和内容与学生知识相关的编码为 8 个,和内容与教学知识相关的编码为 31 个,和内容与课程知识相关的编码为 9 个,其中 64.6% 的编码来源于两次教研活动的观察,35.4% 来源于观察后访谈。

在内容与学生知识中,在反函数的概念方面,OT4 认为学生对于反函数引入中的生活情境较为熟悉,反函数定义对于学生而言较为抽象,反函数意义对于学生而言较难理解,学生需要在多种情境中理解反函数存在条件。在反函数的图像方面,OT4 提出学生对于反函数图像特征有着多样的理解,反函数图像特征的证明可以对不同学生有不同的要求。

已有研究发现,学生认为反函数是一个学习的难点,原因为定义域、值域不好求,抽象、复杂的题目有困难。教师认为在反函数教学中遇到的困难主要为抽象性高,学生对其上位概念理解不透彻等。

在内容与教学知识中,在反函数的概念方面,OT4 认为教师需要在教学中突出反函数引入的必要性,从具体例子中归纳形成反函数的定义,通过正例与反例让学生意识到反函数存在条件,归纳反函数求解的过程步骤,重视反函数小结的教学。在反函数的图像方面,OT4 认为教师可以借助具体函数的例子引入反函数的图像,利用网格纸让学生归纳出反函数图像特征,在反函数图像特征证明中需要强调差异化教学,选取有关反函数图像应用的典型例题,在反函数图像的小结中综合多种函数。

在反函数的教学中需要注重反函数定义、反函数存在的条件、反函数求法等问题,在反函数求解中,注意反函数的存在性。

在内容与课程知识中,在反函数的概念方面,OT4 认为虽然课程标准中有关反函数的要求较低,教材中仍然将反函数作为一项选学内容。在反函数的图像方面,OT4 提到教材中有关反函数图像的编排遵循了从特殊到一般的编写逻辑。

(3) 高观点下的数学知识

有关高观点下的数学知识的 8 个编码可以进一步分为学科高等知识、学科结构知识和学科应用知识。不同子类别的编码数量分布如图6-22所示。

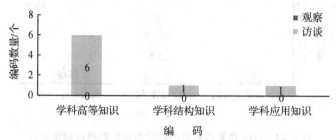

图6-22 OT4两轮观察中的高观点下的数学知识编码数量统计

从图6-22中可以发现,和学科高等知识相关的编码为6个,和学科结构知识相关的编码为1个,和学科应用知识相关的编码为1个,这些编码都来源于观察后访谈。

在学科高等知识中,在反函数的概念方面,OT4提到反函数与高等数学中的隐函数、多元函数和偏导数求解之间有着密切的联系。在反函数的图像方面,OT4认为在高等几何中,可以进一步将平面的对称推广到空间之中。

在学科结构知识中,在反函数的图像方面,OT4认为在高等代数中,通过矩阵变换可以统一不同的几何变换。

实际上,在解方程时,经常在方程两边应用相同的函数,那么哪些函数在作用方程两边的时候保持等价性呢?有如下定理:设h是一一对应函数,那么对于f和g的定义域内所有的x所对的$f(x)$和$g(x)$在h的定义域中,

$$f(x)=g(x) \Leftrightarrow h(f(x))=h(g(x)).$$

因此,一个函数的反函数可以用于解包含此函数的方程,如对数函数和指数函数是一一对应函数,因此可以应用于方程两边,而不影响方程的解,由于它们互为反函数,其中一个可以用来解包含另一个的方程。

在学科应用知识中,在反函数的概念方面,OT4提到反函数中体现了物理和数学之间纷繁复杂的关系。

(4)数学哲学知识

有关数学哲学知识的18个编码可以进一步分为本体论知识、认识论知识和方法论知识。不同子类别的编码数量分布如图6-23所示。

第 6 章 数学教研活动中反映的面向教师教育的数学知识

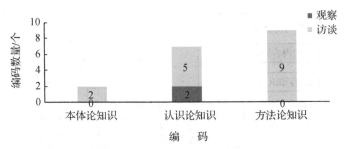

图 6-23 OT4 两轮观察中的数学哲学知识编码数量统计

从图 6-23 中可以发现,和本体论知识相关的编码为 2 个,和认识论知识相关的编码为 7 个,和方法论知识相关的编码为 9 个,这些编码中 11.1% 来源于教研活动的观察,88.9% 来源于观察后访谈。

在本体论知识中,OT4 提到了定义在数学中的作用,即定义让大家有了一个共同的前提,同时定义也是逻辑推理的起点。

在认识论知识中,OT4 提到了从特殊到一般和辩证的人类认识过程,同时也阐述了证明的价值,即判断一个数学命题的正误。

在方法论知识中,OT4 提到了在反函数及其图像的研究中体现了计算、推理的数学研究方法,并且渗透了函数与方程、对称和数形结合的数学思想方法。

实际上,反函数研究的背后体现了一种重要的数学思想方法,即关系映射反演方法,这是化归方法的一种形式。设 S 是一个集合,具有关系 R,$x \in S$ 是目标原象。今有映射 $\varphi: S \rightarrow S^*$,$x^* = \varphi(x) \in S^*$ 是目标映象,如能找到 x^*,利用 φ^{-1} 即可找到目标原象 $x = \varphi^{-1}(x^*)$,这是关系映射反演方法叙述的公式,全过程包括的步骤为:关系—映射—定映—反演—得解[105]。

(5) 案例 4 总结

进一步统计 OT4 的两次教研活动的分析中获得的面向教师教育的数学知识中不同成分的子类别的编码,从而得到 OT4 在教研活动中反映的主要知识来源、次要知识来源及外围知识来源,如图 6-24 所示。

从图 6-24 中可以发现,从总体上而言,OT4 在两轮教研活动中的主要知识来源为专门内容知识、内容与教学知识、学科高等知识和方法论知识。

在学科内容知识中,OT4 的主要知识来源为专门内容知识,次要知识来源为一般内容知识和关联内容知识,这反映出 OT4 重视让教师理解不同数学知识的意义,并与已有知识和日常生活相联系。其中,OT4 强调将数学知识与生活中的现象相联系,从而带给人们更深层次的启发。

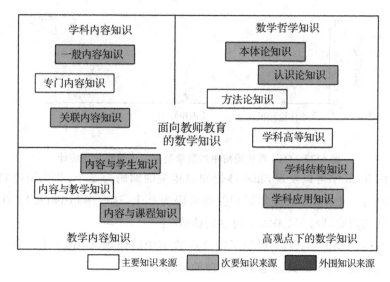

图 6-24　OT4 在两轮观察中反映的面向教师教育的数学知识

在教学内容知识中，OT4 的主要知识来源为内容与教学知识，次要知识来源为内容与学生知识和内容与课程知识，这反映出 OT4 重视让教师掌握课堂教学的重点和难点并且课堂教学符合课标、教材中的要求。其中，OT4 强调了课堂中留白，给学生提供充足的学习机会，使得学生能够自主发现和探究。

在高观点下的数学知识中，OT4 的主要知识来源为学科高等知识，次要知识来源为学科应用知识和学科结构知识，这反映出 OT4 重视让教师理解不同的数学知识在高等数学、物理学等学科中的联系。其中，OT4 强调了中学数学只是数学的一部分，要经常跳出原有的系统看问题。

在数学哲学知识中，OT4 的主要知识来源为方法论知识，次要知识来源为本体论知识和认识论知识，这反映出 OT4 重视挖掘数学知识背后的数学思想方法，同时注意让教师理解定义、推理论证的本质及数学认识的过程。

6.5　跨案例分析

将 4 个案例进行联系和整合，基于面向教师教育的数学知识框架，通过对 8 次教研活动的观察及观察后访谈进行编码，最终得到的编码总数为 460 个，其中通过教研活动观察得到的编码总数为 201 个，通过观察后访谈得到的编码总数为259个。不同成分的编码数量分布如图6-25所示。

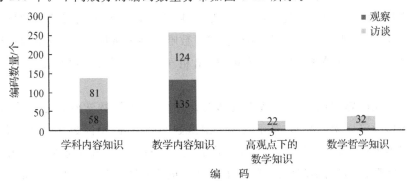

图6-25 4位数学教师教育者8轮观察中的总体编码数量统计

从图6-25中可以发现,有关学科内容知识的编码为139个,有关教学内容知识的编码为259个,有关高观点下的数学知识的编码为25个,有关数学哲学知识的编码为37个。其中8次教研活动观察得到的编码大部分属于教学内容知识和学科内容知识,小部分属于数学哲学知识和高观点下的数学知识,观察后访谈得到的编码数量分布与教研活动观察得到的编码数量分布类似。

6.5.1 学科内容知识

有关学科内容知识的139个编码可以进一步分为一般内容知识、专门内容知识和关联内容知识。不同子类别的编码数量分布如图6-26所示。

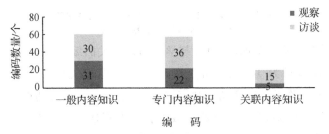

图6-26 4位数学教师教育者8轮观察中的
学科内容知识编码数量统计

从图6-26中可以发现,和一般内容知识相关的编码为61个,和专门内容知识相关的编码为58个,和关联内容知识相关的编码为20个,这些编码中41.7%来源于教研活动的观察,58.3%来源于观察后访谈。

在一般内容知识中,4位数学教师教育者提到了数学中的基本概念、定理和性质及其应用,如平均值不等式、对数、幂函数、函数的奇偶性、反函数等,及其相关的数学性质和在相关数学问题中的应用。

在专门内容知识中,4位数学教师教育者阐述了数学概念的由来及不同的表征,如对数的由来和平均值不等式的不同几何表征等;给出了数学运算和法则的解释,如对数的存在性、幂指数的互质性、不同函数相加的奇偶性和反函数的相对性等;证明了数学定理和公式,如对数唯一性的证明、反函数图像特征的证明等;分析了非常规的数学问题,如出租车运价问题、抽象函数的性质问题等。

在关联内容知识中,4位数学教师教育者给出:不同数学概念之间的联系,如幂和指数等概念的联系、幂函数与二次函数的联系等;不同数学定理的联系,如均值不等式与其他不等式等;不同数学性质的联系,如函数奇偶性与函数周期性的联系;不同数学问题的联系,如出租车运价问题与其他问题的联系。

6.5.2 教学内容知识

有关教学内容知识的259个编码可以进一步分为内容与学生知识、内容与教学知识和内容与课程知识。不同子类别的编码数量分布如图6-27所示。

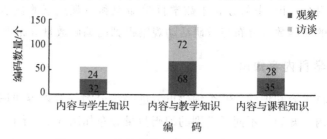

图6-27 4位数学教师教育者8轮观察中的教学内容知识编码数量统计

从图6-27中可以发现,和内容与学生知识相关的编码为56个,和内容与教学知识相关的编码为140个,和内容与课程知识相关的编码为63个,其中52.1%的编码来源于教研活动的观察,47.9%来源于观察后访谈。

在内容与学生知识中,4位数学教师教育者阐述了学生对特定数学内容的理解,如学生能够给出平均值不等式的不同变形、对于反函数的图像特征有着多样认识等。学生对特定数学内容可能存在困难,如学生对于对数引入的必要性存在困惑,在幂函数图像的绘制中容易产生错误,对于反函数定义较难理解等。

在内容与教学知识中,4位数学教师教育者给出了概念引入的不同方式,如借助数学史引入平均值不等式、从具体情境引入幂函数等;提到了概念辨析的教学策略,如在幂函数辨析中多给出正反两面的例子、通过正例与反例让学生意识到反函数存在条件等;阐述了应用巩固的教学手段,如在对数应用的教学中融入信息技术、在幂函数作图的教学中抓住学生的错误及时反馈;提供了课堂小结的教学方法,如在函数性质小结的教学中可以归纳基本知识、基本题型和基本方法等。

在内容与课程知识中,4位数学教师教育者给出了特定的数学内容在课程标准中的要求,如新课程背景下数学建模的地位得到了极大的增强、课程标准中有关反函数的要求较低等;阐述了特定的数学内容在教科书中的编排,如新教材中强调了对数的运算性质、重新定义了函数的图像和增强了幂函数性质的代数论证等。

6.5.3 高观点下的数学知识

有关高观点下的数学知识的25个编码可以进一步分为学科高等知识、学科结构知识和学科应用知识。不同子类别的编码数量分布如图6-28所示。

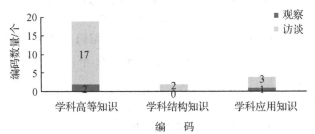

图6-28 4位数学教师教育者8轮观察中的
高观点下的数学知识编码数量统计

从图6-28中可以发现,和学科高等知识相关的编码为19个,和学科结构知识相关的编码为2个,和学科应用知识相关的编码为4个,这些编码中12.0%来源于教研活动的观察,88.0%来源于观察后访谈。

在学科高等知识中,4位数学教师教育者解释了中小学数学课程中的数学概念在高等数学中的推广,如将平均值不等式从二元扩展到多元的情况、将有理数指数的幂函数推广到无理数指数等。从高等数学的角度分析了中小学数学课程的数学问题,如对数概念中的实数严密性、利用函数的连续性严格解释函数的值域等。

在学科结构知识中,4位数学教师教育者从高等数学的视角分析了不同函数、不同几何变换之间的联系,如通过幂级数展开分析了正弦函数、余弦函数与幂函数的联系,通过矩阵变换分析了不同几何变换之间的联系等。

在学科应用知识中,4位数学教师教育者分析了数学知识在现代科学和实际生活中的应用,如对数在现代科学中的应用、出租车运价问题与现实生活的联系等。

6.5.4 数学哲学知识

有关数学哲学知识的 37 个编码可以进一步分为本体论知识、认识论知识和方法论知识。不同子类别的编码数量分布如图 6-29 所示。

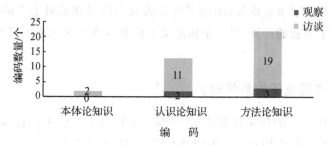

图 6-29 4 位数学教师教育者 8 轮观察中的
数学哲学知识编码数量统计

从图 6-29 中可以发现，和本体论知识相关的编码为 2 个，和认识论知识相关的编码为 13 个，和方法论知识相关的编码为 22 个，这些编码中 13.5% 来源于教研活动的观察，86.5% 来源于观察后访谈。

在本体论知识中，4 位数学教师教育者提到了对数学定义的认识，即数学定义使得大家有共同的前提并提供了逻辑推理的起点。

在认识论知识中，4 位数学教师教育者阐述了对数学认识过程的理解，如在平均值不等式、对数的概念、幂函数的认识过程中都体现了从特殊到一般的认识过程；解释了推理论证在数学中的作用，如证明有助于判断一个数学命题的正误；提到了数学中的美感，如幂函数图像中体现的数学美。

在方法论知识中，4 位数学教师教育者论述了数学研究的思想方法，如在平均值不等式的研究中体现的观察和实验的方法，在幂函数、函数基本性质的研究中体现的分类讨论和数形结合的思想方法。

6.5.5 案例总体分析

进一步统计 4 位数学教师教育者的 8 次教研活动的分析中获得的面向教师教育的数学知识中不同成分的子类别的编码，从而得到 4 位数学教师教育者在教研活动中反映的主要知识来源、次要知识来源及外围知识来源，如图 6-30 所示。

从图 6-30 中可以发现，从总体上而言，4 位数学教师教育者在 8 轮教研活动中的主要知识来源为一般内容知识、内容与教学知识、学科高等知识和方法论知识。

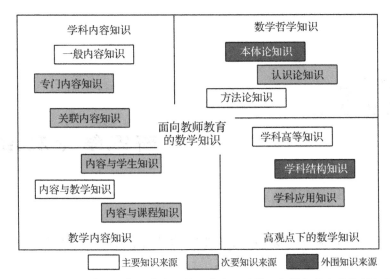

图 6-30　4 位数学教师教育者在 8 轮观察中反映的面向教师教育的数学知识

在学科内容知识中，4 位数学教师教育者的主要知识来源为一般内容知识，次要知识来源为专门内容知识和关联内容知识，这反映出数学教师教育者在教研活动中主要强调对基本数学知识的理解，并在此基础上让数学教师体会数学知识的解释与证明，而对于不同数学知识的联系则提及较少。

在教学内容知识中，4 位数学教师教育者的主要知识来源为内容与教学知识，次要知识来源为内容与学生知识和内容与课程知识，这反映出数学教师教育者在教研活动中主要强调具体知识内容"如何教"，并在"如何教"的基础上让教师理解教材"如何编"，但是对于学生"如何学"则提及较少。

在高观点下的数学知识中，4 位数学教师教育者的主要知识来源为学科高等知识，次要知识来源为学科应用知识，外围知识来源为学科结构知识，这反映出数学教师教育者在教研活动中会将一部分中学知识延伸到现代数学中，并提及一些数学在现代科学和实际中的应用，但还是较为零散，未能将中学数学知识放入现代数学的结构中系统性地进行看待。

在数学哲学知识中，4 位数学教师教育者的主要知识来源为方法论知识，次要知识来源为认识论知识，外围知识来源为本体论知识，这反映出数学教师教育者在教研活动中会提及一些和具体数学知识相关的数学思想方法，并且介绍相关知识的认识过程，但是较少从数学本质的角度分析数学中的重要研究对象，如数学定义、公式、定理的作用、价值意义。

第7章 研究结论及启示

本研究以"面向教师教育的数学知识"为研究主题,以高中数学教研员为研究对象,主要解决以下3个研究问题:

① 构成面向教师教育的数学知识的要素有哪些?
② 高中数学教研员具备哪些面向教师教育的数学知识?
③ 在数学教研活动中,高中数学教研员反映出哪些面向教师教育的数学知识?

本章首先总结与以上研究问题相关的主要研究结论,接着讨论根据研究结论得到的研究启示,然后说明了本研究的局限性,最后展望了后续的研究方向。

7.1 研究结论

7.1.1 面向教师教育的数学知识框架

面向教师教育的数学知识框架构建主要经历了文献分析、框架构建和框架论证3个阶段。

经过论证之后的面向教师教育的数学知识框架分为4个成分,分别为学科内容知识、教学内容知识、高观点下的数学知识和数学哲学知识。每个成分包含3个子类别。其中,学科内容知识包含了一般内容知识、专门内容知识和关联内容知识,教学内容知识包含了内容与学生知识、内容与教学知识和内容与课程知识,高观点下的数学知识包含了学科高等知识、学科结构知识和学科应用知识,数学哲学知识包含了本体论知识、认识论知识和方法论知识。

面向教师教育的数学知识包含了面向教学的数学知识的两个成分,即学科内容知识与教学内容知识。同时,面向教师教育的数学知识是面向教学的数学知识的递进,包含了面向教学的数学知识之外的高观点下的数学知识和数学哲学知识。其中,高观点下的数学知识是数学教师教育者所需数学知识的重要组成部分,数学哲学知识在数学教师教育者的教师教育过程中发挥了独特作用。

本研究中提出的"面向教师教育的数学知识"框架建立在已有研究的框架基础之上,并在此基础上做出了一定的突破。

首先,在已有数学教师教育者的专业知识框架研究中,在学科内容知识的角度,研究者提出了面向教师教育的数学知识、教师教育中需要的数学知识和数学教师教育者的数学水平知识3种框架。其中,佐夫等人提出的"面向教师教育的数学知识"框架主要建立在"面向教学的数学知识"框架之上,主要强调了学科内容知识、教学内容知识与数学哲学知识3个成分。休珀法恩等人提出的"教师教育中需要的数学知识"框架主要强调了学科内容知识与教学内容知识两个成分。扎兹基斯等人提出的"数学教师教育者的数学水平知识"框架主要强调了高观点下的数学知识这一成分。本研究提出的"面向教师教育的数学知识"框架综合了已有的数学教师教育者的数学知识框架。

同时,已有的数学教师教育者的数学知识框架中,有关高观点下的数学知识和数学哲学知识这两个成分的子类别划分还不明确,其相关含义比较模糊。本研究分别将高观点下的数学知识和数学哲学知识划分为3个子类别。在高观点下的数学知识方面,本研究拓展了已有研究中的框架。在数学哲学知识方面,本研究符合数学哲学的不同领域划分,其中,有关数学方法论的子类别体现了中国数学教育的特色。

最后,已有的数学教师教育者的数学知识框架主要针对高校数学教师教育者,本研究通过高校数学教师教育者、数学教研员和数学专家型教师等多种类型的教师教育者进行专家论证,增加了框架所针对的数学教师教育者类型的多样性,从而使得本研究中提出的框架适用于刻画一般数学教师教育者的数学知识。

7.1.2 高中数学教研员具备的面向教师教育的数学知识

高中数学教研员具备的面向教师教育的数学知识调查主要采用了问卷调查和深度访谈的方法。本研究中基于面向教师教育的数学知识框架,选取函数、三角函数、数列、解析几何和立体几何5个方面的内容,构成面向教师教育的数学知识调查框架,从而了解高中数学教研员所具备的知识。

通过研究分析发现,总体而言,高中数学教研员在学科内容知识、教学内容知识、高观点下的数学知识和数学哲学知识4个成分中并不存在明显的短板。但是,在不同知识成分之间存在一定差异,其中,高中数学教研员在学科内容知识和教学内容知识两个方面掌握较好,而在高观点下的数学知识和数学哲学知识两个方面还有所欠缺。

具体而言,本研究得到了高中数学教研员在函数、三角函数、数列、解析几何和立体几何5个方面所具备的面向教师教育的数学知识。

在学科内容知识方面,有关一般内容知识,高中数学教研员提到了函数概念的不同定义;有关专门内容知识,高中数学教研员分析了三角函数的不同定义和数列通项公式的任意性;有关关联内容知识,高中数学教研员解释了解析几何的核心概念和旋转体体积公式之间的联系。

在教学内容知识方面,有关内容与学生知识,高中数学教研员提到了学生在函数和曲线与方程学习的困难;有关内容与教学知识,高中数学教研员分析了数列通项公式和旋转体体积公式的教授方式;有关内容与课程知识,高中数学教研员解释了教科书中任意角三角函数的编排。

在高观点下的数学知识方面,有关学科高等知识,高中数学教研员提到了现代函数定义与高中函数定义的联系和区别,以及有穷数列通项公式的求解方式;有关学科结构知识,高中数学教研员从高观点分析了三角形相似和抛物线相似之间的联系及球体积公式的证明方法;有关学科应用知识,高中数学教研员解释了三角函数在各学科中的应用。

在数学哲学知识方面,有关本体论知识,高中数学教研员提到了数学定义的作用和数学定义的标准;有关认识论知识,高中数学教研员分析了推动数学研究的动力和数学证明的作用与意义;有关方法论知识,高中数学教研员解释了数列通项公式研究中涉及的数学思想方法和解析几何的思想方法在数学研究中的价值。

在此基础上,本研究进一步发现高中数学教研员在各个知识成分中有以下具体理解和欠缺之处。

在学科内容知识方面,研究发现高中数学教研员对于基本的概念、定理和公式的合理性,以及不同概念、定理和公式之间的联系较为熟悉,但是对于定义的多元性、解释的多样性和联系的普遍性方面还有进步的空间。

在教学内容知识方面,研究发现高中数学教研员对于学生有关特定数学内容学习的困难,不同数学内容的教授方式和相关数学内容在教科书中的编排理解较深，但是对于学生数学学习困难的细致理解、不同数学内容的深入教授和教学内容编排意图的全面考虑还有提升的空间。

在高观点下的数学知识方面，研究发现高中数学教研员能够对中学数学知识作出一定程度的推广、涉猎不同学科中数学知识的应用，但是在从高观点理解中学数学知识、分析不同知识的联系和在不同学科中应用数学知识方面还有较多需要补充的地方。

在数学哲学知识方面，研究发现高中数学教研员能够大概解释数学定义的基本作用和标准、数学研究的动力、数学证明的作用和价值及数学的基本思想方法，但是还不能形成系统的理解，有着较大的提升空间。

本研究调查了高中数学教研员具备的面向教师教育的数学知识，一方面印证了已有研究的研究结果，另一方面，也对已有的研究结果做出了补充。

首先，以上调查结果印证了已有研究。即中学数学教研员认为自己在学科内容知识和教学内容知识方面较有能力，但是，中学数学教研员对高等数学知识和交叉学科知识等方面不太有自信。同时，高中数学教研员与作为数学家的教师教育者在具备的面向教师教育的数学知识方面存在一定差异，作为数学家的教师教育者较为关注高观点下的数学知识，并在其教师教育课堂中强调数学哲学知识的渗透。

其次，在已有的研究中，对数学教师教育者的问卷调查主要采用了自评的方式，访谈则主要针对数学教师教育者对其教师教育课程的看法。本研究进一步提供了调查面向教师教育的数学知识的研究工具。

最后，已有研究并未涉及数学教师教育者在函数、三角函数、数列、解析几何和立体几何等方面具备具体知识的调查，本研究通过调查发现了数学教师教育者在以上主题中具有的具体知识及欠缺之处。

7.1.3 高中数学教研活动反映的面向教师教育的数学知识

高中数学教研活动反映的面向教师教育的数学知识采用了多案例研究的方法。本研究基于面向教师教育的数学知识框架，选取了 4 个案例，其中每个案例分别观察了 2 次高中数学教研活动并在之后做了访谈。这些数学教研活动涉及了平均值不等式、对数的概念等不同的数学主题，构成面向教师教育的数学知识观察框架，从而了解在数学教研活动中，高中数学教研员反映出的面向教师教育的数学知识。

通过研究分析发现，总体而言，8 次高中数学教研活动的观察及之后的访谈中，高中数学教研员反映的面向教师教育的数学知识大部分属于教学内容知识和学科内容知识,小部分属于数学哲学知识和高观点下的数学知识。这与高中数学教研员具备的面向教师教育的数学知识调查的结果是相吻合的。进一步分析发现,4 位数学教师教育者在 8 次教研活动中的主要知识来源为一般内容知识、内容与教学知识、学科高等知识和方法论知识。

具体而言,本研究得到了高中数学教研员在平均值不等式、对数的概念、幂函数的概念、函数的性质、反函数的概念和图像及出租车运价问题等主题的教研活动中反映的面向教师教育的数学知识。

在学科内容知识方面,有关一般内容知识,高中数学教研员提到了平均值不等式、对数、幂函数、函数奇偶性、反函数的定义、相关性质和在相关数学问题中的应用;有关专门内容知识,高中数学教研员分析了平均值不等式的不同几何表征、对数的由来、对数的存在性、对数唯一性的证明、幂指数的互质性、不同函数相加的奇偶性、抽象函数的性质问题、反函数的相对性、反函数图像特征的证明和出租车运价问题;有关关联内容知识,高中数学教研员解释了均值不等式与其他不等式的联系、幂和指数等概念的联系、幂函数与二次函数的联系、函数奇偶性与函数周期性的联系,以及出租车运价问题与其他问题的联系。

在教学内容知识方面,有关内容与学生知识,高中数学教研员提到了学生对平均值不等式的变形、对数引入的必要性、幂函数图像的绘制、反函数的定义和反函数的图像特征的认识;有关内容与教学知识,高中数学教研员分析了平均值不等式引入、对数应用、幂函数的引入、幂函数的辨析、幂函数的作图、函数性质的小结、反函数存在条件的教学;有关内容与课程知识,高中数学教研员解释了新教材中对数的运算性质、幂函数的性质、函数图像的编排和课程标准中反函数、数学建模的地位。

在高观点下的数学知识方面,有关学科高等知识,高中数学教研员提到了平均值不等式的推广、对数概念中的实数严密性、有理数指数幂函数的推广和函数值域的严格解释;有关学科结构知识,高中数学教研员从高观点分析了正弦函数、余弦函数与幂函数的联系和不同几何变换之间的联系;有关学科应用知识,高中数学教研员解释了对数在现代科学中的应用和出租车运价问题与现实生活的联系。

在数学哲学知识方面,有关本体论知识,高中数学教研员提到了数学定义的作用;有关认识论知识,高中数学教研员分析了平均值不等式、对数的概念、幂函数、幂函数图像的认识过程和证明的作用;有关方法论知识,高中数学教研员解释了在平均值不等式的研究和幂函数、函数基本性质的研究中体现的思想方法。

在此基础上,本研究进一步发现高中数学教研员在不同主题的教研活动中反映的各个知识成分所具有的特征。

在学科内容知识方面,高中数学教研员在教研活动及之后的访谈中提到了数学中的基本概念、定理和性质及其应用,阐述了数学概念的由来、不同数学概念的表征、数学运算和法则的解释、数学定理和公式的证明,以及非常规数学问题的分析,给出了不同数学概念、数学定理、数学性质和数学问题之间的联系。

在教学内容知识方面,高中数学教研员在教研活动及之后的访谈中提到了学生对特定数学内容的理解及存在的困难,给出了概念引入的不同方式、概念辨析的教学策略、应用巩固的教学手段和课堂小结的教学方法,阐述了特定的数学内容在课程标准中的要求和特定的数学内容在教科书中的编排。

在高观点下的数学知识方面,高中数学教研员在教研活动及之后的访谈中解释了中学数学课程中的数学概念在高等数学中的推广、中学数学课程的数学问题,分析了高观点下不同数学概念之间的联系,给出了数学知识在现代科学和实际生活中的应用。

在数学哲学知识方面,高中数学教研员在教研活动及之后的访谈中提到了对数学定义的认识,阐述了对数学认识过程的理解、推理论证在数学中的作用及数学中的美感,论述了数学研究的思想方法。

以上研究结果与已有研究的研究结果类似,同时,也补充了已有研究的研究结果。

首先,已有研究同样发现了数学教师教育者在教师教育活动中主要反映了教学内容知识,其次为学科内容知识。具体而言,在学科内容知识方面,已有研究发现数学教师教育者同样反映了概念的多元表征及表征之间的联系、证明或反驳猜想及不同的问题解决方法。在教学内容知识方面,已有研究发现数学教师教育者反映了展示学生的错误、设定明确的学习目标、选择任务并用问题来促进数学的教学、不同数学内容在课程中的地位和顺序。在高观点下的数学知识方面,已有的研究主要关注了数学教师教育者在某些主题的教师教育活动中反映的高等数学知识。

同时,在已有的研究中,对数学教师教育者的现场观察缺乏相应的观察方案,对于数学教师教育者在教研活动中反映的专业知识也较少涉及。本研究提供了面向教师教育的数学知识的观察方案,并且涉及了高中数学教研员在不同主题教研活动中反映的面向教师教育的数学知识,拓宽现有研究的研究领域。

最后,本研究在数学教师教育者反映的面向教师教育的数学知识的不同方面,提供了更加细致的研究结果。在学科内容知识与教学内容知识方面,本研究的研究结果提供了更加丰富的知识类型;在高观点下的数学知识方面,本研究的研究结果拓展了不同主题方面的高等数学知识;在数学哲学知识方面,已有研究的关注较少,本研究初步给出了一些研究结果。

7.2 研究启示

7.2.1 教师教育者的专业标准制定需要关注学科性

从教师教育者的专业标准制定的角度,教师教育者的学科专业知识获得了越来越多的重视。本研究从 4 个方面划分数学教师教育者所需具备的数学知识,可以为一般教师教育者专业标准中的学科专业知识制定提供参考。具体地,在后续的数学教师教育者专业标准制定中,可以注重以下方面。

首先,学科内容知识和教学内容知识是数学教师教育者学科专业知识的基础领域。基础领域知识是各类数学教师教育者均应掌握的基本学科专业知识,即对于数学教师教育者而言,其在学科专业知识上的要求应不低于对数学教师学科专业知识的要求。

其次,高观点下的数学知识是数学教师教育者学科专业知识的核心领域。核心领域知识是各类数学教师教育者需要重点发展的学科专业知识,即数学教师教育者需要重视高观点下的数学知识,在基础领域知识的基础上着重发展自身的高观点下的数学知识。

最后,数学哲学知识是数学教师教育者学科专业知识的特定领域。特定领域知识体现了数学教师教育者在学科专业知识方面的独特性,即作为数学教师教育者,需要不断领悟基础领域知识及核心领域知识背后的数学哲学知识,从而更好地发展数学教师的学科专业知识,体现数学教师教育者的重要作用。

7.2.2 数学教师教育者的专业培训需要提升针对性

目前,专门针对数学教师教育者的专业培训还较少。在本研究中,通过调查研究发现,数学教师教育者在高观点下的数学知识和数学哲学知识两个方面较为缺乏,因此在后续数学教师教育者专业培训的设计中,可以注重以下方面。

首先,在课例研究中发展数学教师教育者的学科内容知识和教学内容知识。已有研究表明,在课例研究中,数学教师教育者与教师组成一个探究共同体,从而共同学习。在数学教师发展学科内容知识和教学内容知识的同时,也促进了数学教师教育者相关知识的发展。

其次,在拓展分析任务中发展数学教师教育者的高观点下的数学知识。已有研究提到,拓展分析任务为通过对教科书中的典型数学问题的一系列深入探索和一般化,使得问题抽象化和一般化。通过对中学数学问题的抽象化和一般化可以将其与大学数学问题相联系,从而促进数学教师教育者高观点下的数学知识的发展。

最后,在元对话分析中发展数学教师教育者的数学哲学知识。有研究表明,元对话聚焦于数学知识和关于数学的知识,使得数学教师教育者有机会考虑如何帮助教师将数学任务与教学实践相结合。通过元对话分析使得数学教师教育者有机会审视具体数学知识背后的数学哲学知识,并且思考如何通过数学哲学知识帮助教师发展具体的数学知识。

7.2.3 数学教师专业发展项目规划需要增加多元性

在本研究中,通过现场观察发现,数学教师教育者在数学教师专业发展项目中反映的面向教师教育的数学知识以教学内容知识为主,学科内容知识、高观点下的数学知识和数学哲学知识则较少。因此,在后续数学教师专业发展项目的规划中,可以注重以下方面。

首先,重视学科内容知识与教学内容知识的平衡。在高校的数学教师教育课程、数学教研活动和名师工作室活动中,数学教师教育者往往较为偏重教学内容方法的讲授,涉及学科内容知识的则偏少。长此以往,教师容易过于注重教学技巧,而忽视数学本质的理解。在本研究中发现,各数学主题的学科内容知识与其相关的数学史关系密切,因此,需要重视高校的数学史与数学教育等课程的建设,以及在数学教研活动和名师工作室活动中关注数学本质的理解。

其次,关注中小学数学知识与大学数学知识的联系。在高校的数学教师教育课程中,数学教师教育者往往偏重大学数学知识的讲授,其与中小学数学知识的联系通常受到忽视;在数学教研活动和名师工作室活动中,数学教师教育者往往偏重教师对于中小学数学知识的理解,其与大学数学知识的联系则通常省略不讲。长此以往,职前教师较容易认为大学中所学的数学知识与其工作毫无关系,在职教师则眼光局限于中小学需要教授的数学知识。因此,在高校中可以开设现代数学与中学数学等课程,在数学教研活动和名师工作室活动中需要渗透中学数学与高等数学之间的联系。

最后,揭示具体数学知识背后的数学哲学知识。在高校的数学教师教育课程、数学教研活动和名师工作室活动中,数学教师教育者往往偏重具体数学知识的讲解,对于其背后的数学哲学知识则通常不甚了了。长此以往,数学教师容易过分纠缠具体的数学知识本身,难以从哲学的高度对其进行审视;数学教师容易成为知识的被动接受者,难以成长为一名数学教师教育者。因此,可以在高校中开设数学哲学与数学教育等课程,在数学教研活动和名师工作室活动中需要在具体数学知识中融入一定的数学哲学知识。

7.3 研究展望

7.3.1 拓展数学教师教育者的专业知识框架

在面向教师教育的数学知识框架构建过程中,为了进一步聚焦本研究的研究主题,本研究中面向教师教育的数学知识框架中尚不涉及面向教学的数学知识与教师作为学习者的知识、与教师开展教学的知识相融合的知识,在后续研究中可以从以上角度进一步拓展面向教师教育的数学知识框架。同时,在本研究的分析过程中发现数学史与面向教师教育的数学知识框架中的各个知识成分有着较密切的联系,后续可以进一步研究两者之间的深层次关系。

7.3.2 推广数学教师教育者的专业知识调查

在面向教师教育的数学知识调查中,本研究主要通过质性文本分析法,得到了不同成分知识子类别的编码,从而了解数学教师教育者具备的面向教师教育的数学知识,后续可以根据不同的编码进一步编制面向教师教育的数学知识量表,从量化的角度进一步分析数学教师教育者所具备的知识。同时,本研究主要调查了S市的高中数学教研员,还可以选取不同地区的高校数学教师教育者、数学专家型教师等不同类型的数学教师教育者进一步展开调查,从而比较不同地区和不同类型的数学教师教育者之间的差异,并且使得研究结果更具普适性和推广性。

7.3.3 延伸数学教师教育者的专业知识观察

在面向教师教育的数学知识现场观察中,本研究主要观察了高中数学教研员的教研活动,其活动形式主要为听课和评课,实际上,教研活动有多种不同的形式,可以进一步研究其他形式的教研活动,比较不同类型教研活动之间反映的面向教师教育的数学知识的差异。更一般地,可以观察高校数学教师教育者的教师教育课程、数学专家型教师对于职初教师、经验型教师的培训课程,从而得到不同类型教师专业发展活动的特征。

参考文献

[1] LISTON D, BORKO H, WHITCOMB J. The teacher educator's role in enhancing teacher quality[J]. Journal of Teacher Education, 2008, 59(2): 111-116.

[2] 杨秀玉, 孙启林. 教师的教师: 西方的教师教育者研究[J]. 外国教育研究, 2007, 34(10): 6-11.

[3] LUNENBERG M, DENGERINK J, KORTHAGEN F. The professional teacher educator: Roles, behaviour, and professional development of teacher educators[M]. Rotterdam: Sense Publishers, 2014.

[4] 李学农. 论教师教育者的专业发展[J]. 教育发展研究, 2012, 32(12): 53-57.

[5] 刘雄英. 中小学教师教育者专业发展的困境及其应对[J]. 教育发展研究, 2017, 37(18): 65-69.

[6] 宋萑, 冯海洋, 李子建. 师范院校合并升格背景下的教师教育者专业困境——以一所地方新建本科院校为例[J]. 教师教育研究, 2018, 30(1): 95-102.

[7] 李铁绳, 袁芳, 郝文武. 教师教育者专业发展的社会学分析[J]. 高教探索, 2016(5): 102-107.

[8] 姚琳, 石胜男. 美国教师教育者标准述评[J]. 外国中小学教育, 2015(9): 35-41.

[9] 周钧, 范奭琛. 荷兰教师教育者专业质量保障体系研究[J]. 比较教育研究, 2020, 42(8): 97-104.

[10] LANIER J E, LITTLE J W. Research on teacher education[M]// WITTROCK M C. Handbook of research on teaching. New York: Macmillan, 1986: 527-569.

[11] DUCHARME E. The lives of teacher educators[M]. New York:

Teachers College,1993.

[12] 吕立杰,刘静炎. 在理论和实践之间教与学——西方国家教师教育者"自我研究"运动述评[J]. 全球教育展望,2010,39(5):42-46.

[13] LOUGHRAN J J, HAMILTON M L, LABOSKEY V K, et al. International handbook of self-study of teaching and teacher education practices[M]. Dordrecht: Springer, 2004.

[14] 黄敏. 国外教师教育者的专业化发展研究综述[J]. 外国教育研究,2012,39(12):72-80.

[15] 陈晓端,陈渝. 当代西方教师教育者研究热点知识图谱与可视化分析[J]. 教师教育研究,2018,30(4):106-113.

[16] 陈时见,王春华. 美国教师教育者的专业发展取向及启示[J]. 比较教育研究,2012,34(11):1-5.

[17] 王鉴. 跨界的能动者:教师教育者专业成长路径探析[J]. 中国教育学刊,2019(7):84-90.

[18] EVEN R, BALL D L. The professional education and development of teachers of mathematics: The 15th ICMI study [M]. New York: Springer, 2009.

[19] 吴颖康,蔡金法. 西方数学教师教育者的研究进展及其启示[J]. 外国教育研究,2016,43(5):3-16.

[20] EVEN R, KRAINER K, HUANG R. Education of mathematics teacher educators[M]//LERMAN S. Encyclopedia of mathematics education. 2nd ed. Cham: Springer, 2020: 258−262.

[21] ZEHETMEIER S, RAUCH F, SCHUSTER A. Teacher professional development based on action research[M]//RAMALINGAM P, HANFSTINGL B. Educational action research Austrian model to India. New Delhi: I. K International Publishing House Pvt. Ltd., 2017: 3-15.

[22] EVEN R. Integrating knowledge and practice at MANOR in the development of providers of professional development for teachers[J]. Journal of Mathematics Teacher Education. 2005, 8(4): 343-357.

[23] MCGATHA M B, RIGELMAN N R. Elementary mathematics specialists: Developing, refining, and examining programs that support mathematics teaching and learning [M]. Charlotte: Information Age Publishing, 2017.

[24] EVEN R. Challenges associated with the professional development of didacticians[J]. ZDM, 2014, 46(2):329-333.

[25] TZUR R. Becoming a mathematics teacher-educator: Conceptualizing the terrain through self-reflective analysis[J]. Journal of Mathematics Teacher Education, 2001, 4(4): 259-283.

[26] EVEN R. The development of teacher leaders and inservice teacher educators[J]. Journal of Mathematics Teacher Education, 1999, 2(1): 3-24.

[27] ZASLAVSKY O, LEIKIN R. Professional development of mathematics teacher educators: Growth through practice[J]. Journal of Mathematics Teacher Education, 2004, 7(1): 5-32.

[28] JAWORSKI B. Tasks: A fitting end to an era[J]. Journal of Mathematics Teacher Education, 2007, 10(4-6): 201-204.

[29] JAWORSKI B, WOOD T. The mathematics teacher educator as a developing professional[M]. Rotterdam: Sense Publishers, 2008.

[30] BESWICK K, CHAPMAN O. Mathematics teacher educators' knowledge for teaching[M]//CHO S J. The proceedings of the 12th international congress on mathematical education. Cham: Springer, 2015: 629-632.

[31] BESWICK K, GOOS M, CHAPMAN O. Mathematics teacher educators' knowledge[C]//LILJEDAHL P, NICHOLS C, OESTERLE S, et al. Proceedings of the joint meeting of PME 38 and PME-NA 36 (Vol. 1). Vancouver: PME, 2014: 254.

[32] BESWICK K, GOOS M. Mathematics teacher educator knowledge: What do we know and where to from here? [J]. Journal of Mathematics Teacher Education, 2018, 21(5): 417-427.

[33] BESWICK K, CHAPMAN O. The mathematics teacher educator as a developing professional[M]. Leiden: Brill, 2020.

[34] JAWORSKI B. Development of the mathematics teacher educator and its relation to teaching development[M]//JAWORSKI B, WOOD T. The mathematics teacher educator as a developing professional. Rotterdam: Sense Publishers, 2008: 335-361.

[35] RIDER R L, LYNCH-DAVIS K. Continuing the conversation on mathematics teacher education[M]//LYNCH-DAVIS K, RIDER R L. The

work of mathematics teacher educators: Continuing the conversation. San Diego: AMTE, 2006: 1-7.

[36] LLOYD G M. Using K-12 mathematics curriculum materials in teacher education: Rationale, strategies, and preservice teachers' experiences [M]//LYNCH-DAVIS K, RIDER R L. The work of mathematics teacher educators: Continuing the conversation. San Diego: AMTE, 2006: 11-27.

[37] SMITH K. Teacher educators' expertise: What do novice teachers and teacher educators say? [J]. Teaching and Teacher Education, 2005, 21(2): 177-192.

[38] PERKS P, PRESTAGE S. Tools for learning about teaching and learning[M]//JAWORSKI B, WOOD T. The mathematics teacher educator as a developing professional. Rotterdam: Sense Publishers, 2008: 265-280.

[39] BALL D L, THAMES M H, PHELPS G. Content knowledge for teaching: What makes it special? [J]. Journal of Teacher Education, 2008, 59(5): 389-407.

[40] ZOPF D A. Mathematical knowledge for teaching teachers: The mathematical work of and knowledge entailed by teacher education[D]. Ann Arbor: University of Michigan, 2010.

[41] KIM Y. Teaching mathematical knowledge for teaching: Curriculum and challenges[D]. Ann Arbor: University of Michigan, 2013.

[42] 顾非石, 顾泠沅. 中国教研活动中教师发展指导者的工作框架[J]. 全球教育展望, 2015, 44(9): 104-114.

[43] 章建跃, 黄荣金, 赵文君, 等. 中学数学教研员的"专业知识""能力"及其"发展"[J]. 数学教育学报, 2017, 26(4): 1-7, 91.

[44] 中华人民共和国教育部. 普通高中数学课程标准[S]. 北京: 人民教育出版社, 2017.

[45] 漆涛, 胡惠闵. 基础教育教研职能变迁70年的回顾与反思——兼论教学研究的概念演化[J]. 课程·教材·教法, 2019, 39(9): 79-87.

[46] ZASLAVSKY O. Mathematics-related tasks, teacher education, and teacher educators[J]. Journal of Mathematics Teacher Education, 2007, 10(4-6): 433-440.

[47] LEIKIN R, ZAZKIS R, MELLER M. Research mathematicians as teacher educators: focusing on mathematics for secondary mathematics teachers

[J]. Journal of Mathematics Teacher Education, 2018, 21(5): 451 – 473.

[48] PERKS P, PRESTAGE S. Square roots-an algorithm to challenge [J]. Mathematics Education Review, 1999, 10: 31 – 40.

[49] SHULMAN L S. Those who understand: Knowledge growth in teaching[J]. Educational Researcher, 1986, 15(2): 4 – 14.

[50] SHULMAN L S. Knowledge and teaching: Foundations of the new reform[J]. Harvard Educational Review, 1987, 57(1): 1 – 23.

[51] CHAUVOT J B. Grounding practice in scholarship, grounding scholarship in practice: Knowledge of a mathematics teacher educator-researcher[J]. Teaching & Teacher Education, 2009, 25(2): 357 – 370.

[52] 顾泠沅, 朱连云. 教师发展指导者工作的预研究报告[J]. 全球教育展望, 2012, 41(8): 31 – 37, 50.

[53] ELBAZ F. Teacher thinking: A study of practical knowledge[M]. London & Canberra: Croom Helm; New York: Nichols Publishing Co., 1893.

[54] ZOLLINGER S A. Examining the knowledge domains used in the practice of mathematics teacher educating[D]. Columbus: The Ohio State University, 2014.

[55] SUTTON J T, BURROUGHS E A, YOPP D A. Coaching knowledge: Domains and definitions[J]. Journal of Mathematics Education Leadership, 2011, 13(2): 12 – 20.

[56] COCHRAN-SMITH M, LYTLE S L. Relationships of knowledge and practice: Teacher learning in communities[J]. Review of Research in Education, 1999, 24(1): 249 – 305.

[57] SUPERFINE C A, LI W. Exploring the mathematical knowledge needed for teaching teachers[J]. Journal of Teacher Education, 2014, 65(4): 303 – 314.

[58] ZAZKIS R, MAMOLO A. From disturbance to task design, or a story of a rectangular lake[J]. Journal of Mathematics Teacher Education, 2018, 21(5): 501 – 516.

[59] CHICK H, BAKER M, PHAM T, et al. Aspects of teachers' pedagogical content knowledge for decimals[C]// Novotná J, Moraová H, Krátká M, et al. Proceedings of the 30th conference of the international group

for the psychology of mathematics education (Vol. 2). Prague: PME, 2006: 297-304.

[60] CHICK H L, BESWICK K. Teaching teachers to teach boris: A framework for mathematics teacher educator pedagogical content knowledge[J]. Journal of Mathematics Teacher Education, 2018, 21(5): 475-499.

[61] OLANOFF D E. Mathematical knowledge for teaching teachers: The case of multiplication and division of fractions[D]. Syracuse: Syracuse University, 2011.

[62] MASINGILA J O, OLANOFF D, KIMANI P M. Mathematical knowledge for teaching teachers: Knowledge used and developed by mathematics teacher educators in learning to teach via problem solving[J]. Journal of Mathematics Teacher Education, 2018, 21(5): 429-450.

[63] YIN R K. Case study research: Design and methods[M]. 4th ed. Thousand Oaks: Sage, 2009.

[64] LINSTONE H A, TUROFF M. The delphi method: Techniques and applications[M]. Cambridge: Addison-Wesley, 1975.

[65] HATISARU V, ERBAS A K. Mathematical knowledge for teaching the function concept and student learning outcomes[J]. International Journal of Science and Mathematics Education, 2017, 15(4): 703-722.

[66] 徐章韬. 师范生面向教学的数学知识之研究——基于数学发生发展的视角[D]. 上海：华东师范大学, 2009.

[67] BUCHHOLTZ N, LEUNG F K S, DING L, et al. Future mathematics teachers' professional knowledge of elementary mathematics from an advanced standpoint[J]. ZDM, 2013, 45(1): 107-120.

[68] MOON K, BRENNER M E, JACOB B, et al. Prospective secondary mathematics teachers' understanding and cognitive difficulties in making connections among representations[J]. Mathematical Thinking and Learning, 2013, 15(3): 201-227.

[69] SOMAYAJULU R B. Building pre-service teacher's mathematical knowledge for teaching of high school geometry[D]. Columbus: The Ohio State University, 2012.

[70] 张奠宙, 邹一心. 现代数学与中学数学[M]. 上海：上海教育出版社, 1990.

[71] KLEIN F. Elementary Mathematics from a Higher Standpoint (Vol Ⅱ)[M]. Heidelberg: Springer, 2016.

[72] USISKIN Z, PERESSINI A, MARCHISOTTO E, et al. Mathematics for high school teachers: An advanced perspective[M]. Upper Saddle River: Pearson Education, Inc, 2002.

[73] 萧文强. 数学证明[M]. 大连: 大连理工大学出版社, 2008.

[74] 张奠宙, 过伯祥, 方均斌, 等. 数学方法论稿[M]. 上海: 上海教育出版社, 2012.

[75] Kline M. Mathematical thought from ancient to modern times[M]. New York: Oxford University Press, 1972.

[76] 陈向明. 质的研究方法与社会科学研究[M]. 北京: 教育科学出版社, 2000.

[77] HSU C C, SANDFORD B A. The delphi technique: Making sense of consensus[J]. Practical Assessment, Research & Evaluation, 2007, 12(10): 1-8.

[78] CORBIN J, STRAUSS A. Basics of qualitative research[M]. 3rd ed. Los Angeles: Sage, 2008.

[79] 林夏水. 数学哲学的对象和范围[J]. 自然辩证法研究, 1988, 4(3): 31-39.

[80] 米山国藏. 数学的精神、思想和方法[M]. 毛正中, 吴素华, 译. 上海: 华东师范大学出版社, 2019.

[81] BROMME R. Beyond subject matter: A psychological topology of teachers' professional knowledge[M]//BIEHLER R, SCHOLZ R W, STRÄSSERR, et al. Didactics of mathematics as a scientific discipline. New York: Kluwer Academic Publishers, 1994: 73-88.

[82] 范良火. 教师教学知识发展研究[M]. 上海: 华东师范大学出版社, 2003.

[83] EULER L. Introduction to analysis of the infinite[M]. New York: Springer, 1988.

[84] 汪晓勤. 19世纪中叶以前的函数解析式定义[J]. 数学通报, 2015, 54(5): 1-7, 12.

[85] WILSON M R. A study of three preservice secondary mathematics teachers' knowledge and beliefs about mathematical functions[D]. Athens:

University of Georgia.

[86] KLEINER I. Evolution of the function concept: A brief survey[J]. The College Mathematics Journal, 1989, 20(4): 282-300.

[87] 汪晓勤, 韩祥临. 中学数学中的数学史[M]. 北京: 科学出版社, 2002.

[88] 沈中宇, 汪晓勤. 20 世纪中叶以前西方三角学教科书中的三角函数概念[J]. 中学数学月刊, 2015(10): 39-41.

[89] 汪晓勤. 泥版上的数列问题[J]. 数学教学, 2009(12): 2-4, 45.

[90] 汪晓勤. 纸草书上的数列问题[J]. 数学教学, 2010(1): 29-31.

[91] PRZENIOSLO M. Conceptions of a sequence formed in secondary schools[J]. International Journal of Mathematical Education in Science and Technology, 2006, 37(7): 805-823.

[92] 李玲, 汪晓勤. 美国早期代数教材中的数列知识[J]. 中学数学月刊, 2014(7): 53-56.

[93] 汪晓勤. HPM: 数学史与数学教育[M]. 北京: 科学出版社, 2017.

[94] CUNNINGHAM R. Algebra teachers' utilization of problems requiring transfer between algebraic, numeric, and graphic representations [J]. School Science and Mathematics, 2005, 105(2): 73-81.

[95] 欧几里得. 几何原本[M]. 兰纪正, 朱恩宽, 译. 南京: 译林出版社, 2014.

[96] KNUTH E J. Student understanding of the Cartesian connection: An exploratory study[J]. Journal for Research in Mathematics Education, 2000, 31(4): 500-508.

[97] V. 卡茨. 数学史通论[M]. 李文林, 邹建成, 胥鸣伟, 等译. 2 版. 北京: 高等教育出版社, 2004.

[98] 齐春燕. 高中数学教师基于数学史的专门内容知识个案研究[D]. 上海: 华东师范大学, 2018.

[99] ZASLAVSKY O, SHIR K. Students' conceptions of a mathematical definition[J]. Journal for Research in Mathematics Education, 2005, 36(4): 317-346.

[100] 林夏水. 数学哲学[M]. 北京: 商务印书馆, 2003.

[101] JONES K. The student experience of mathematical proof at university level[J]. International Journal of Mathematical Education in Science

and Technology, 2000, 31(1): 53-60.

[102] HEATH S T. A history of Greek mathematics[M]. Oxford: Clarendon Press, 1921.

[103] 栗小妮. HPM视角下数学学科德育的案例研究[D]. 上海:华东师范大学, 2020.

[104] CAJORI F. Mathematics in liberal education[M]. Boston: The Christopher Publishing House, 1928.

[105] 徐利治. 数学方法论十二讲[M]. 大连:大连理工大学出版社, 2007.

附 录

附录1　论证手册

【填答说明】

面向教师教育的数学知识为数学教师教育者在从事教师教育的工作时所需要的数学知识。目前初步构建的框架中包含了学科内容知识、教学内容知识、高观点下的数学知识和数学哲学知识4个成分,其中每个成分包含了若干子类别。

请您根据各项成分与子类别界定的合适、清晰程度给出评分并填写修改意见。

【框架论证】

成分	子类别	内涵	评分等级 (1—5分)
学科内容知识	一般内容知识	对中小学学生普遍要求的数学知识,通常为数学学科中有关"是什么""怎么做"的知识,包括数学中的基本概念、运算、法则、公式与定理等	
	例子:函数的概念;有理数乘法法则;三角形内角和定理		
	修改意见:		
	专门内容知识	数学教学所特有的数学知识,通常为数学学科中有关"为什么"的知识,包括概念的不同表征、运算与法则的解释、公式与定理的证明、理解非常规的问题解决方法和数学问题提出等	
	例子:函数概念的不同表征;有理数乘法法则的解释;三角形内角和定理的证明		
	修改意见:		

续表

成分	子类别	内涵	评分等级（1—5分）
学科内容知识	关联内容知识	数学学科中不同数学内容之间的联系及数学内容与其他学科内容之间的联系，包括不同概念之间的联系、数学内容在物理学科中的应用等	
	例子：函数概念与方程概念的联系；有理数法则与有理数除法法则的联系；三角形内角和定理在物理测量中的应用		
	修改意见：		
教学内容知识	内容与学生知识	关于学生如何学习特定数学内容的知识，包括学生怎么理解特定的数学内容、可能出现哪些困难、障碍等	
	例子：学生怎么理解函数概念；学生怎么解释有理数乘法法则；学生学习三角形内角和定理时可能会遇到的困难		
	修改意见：		
	内容与教学知识	关于如何教授学生特定数学内容的知识，包括恰当地组织数学内容的教学顺序、数学教学评价等	
	例子：如何选择合适的例子引入函数概念；如何设计有理数乘法法则的教学顺序；如何评价不同的三角形内角和定理教学方式的优缺点		
	修改意见：		
	内容与课程知识	关于课程标准、教科书及其他教学资源的知识，包括特定的数学内容在课程标准中的要求、特定的数学内容在教科书中的编排等	
	例子：课程标准中对函数概念教学的要求；教科书中有理数乘法法则的编排；其他教学资源中有关三角形内角和定理的知识		
	修改意见：		
高观点下的数学知识	学科高等知识	中小学数学课程内容背后所蕴含的高等数学知识，包括中小学数学课程中的数学概念在高等数学中的推广，从高等数学的角度分析中小学数学课程的数学问题等	
	例子：在泛函分析中将函数推广为泛函；在抽象代数中解释"负负得正"无法证明；在非欧几何中三角形内角和小于或大于180°		
	修改意见：		
	学科结构知识	从高等数学的视角分析中小学数学课程内容之间的联系，包括从高等数学的结构分析中小学不同数学概念、运算和公式之间的联系等	

续表

成分	子类别	内涵	评分等级（1—5分）
高观点下的数学知识		例子：从函数求导的角度分析圆面积公式与圆周长公式的联系；从群论的角度分析加法运算与乘法运算的联系；从几何公理体系理解三角形内角和定理与其他几何定理的联系	
		修改意见：	
	学科应用知识	与实际应用相结合的高等数学知识，包括经济数学知识、生物数学知识和物理数学知识等	
		例子：利用函数构造经济关系的数学模型，以此为根据分析经济结构；群论在化学领域中用于描述分子对称性和晶体对称性；非欧几何中的三角形内角和定理在现代物理学中的应用	
		修改意见：	
数学哲学知识	本体论知识	关于数学研究对象的知识，包括数学的研究对象是什么、数学的研究对象如何存在等	
		例子：在函数的研究中涉及数学的哪些研究对象；有关有理数乘法法则的数学研究对象的本原是什么；三角形内角和定理是客观存在的还是依赖于人类心灵的	
		修改意见：	
	认识论知识	关于数学认识过程的知识，包括如何认识数学、如何检验数学结果等	
		例子：函数定义是如何发展的；推动有理数乘法法则发展的动力有哪些；检验三角形内角和定理真理性的标准是什么	
		修改意见：	
	方法论知识	关于数学研究方法的知识，包括基本和重大的数学思想方法、与一般科学方法相应的数学方法、数学中特有的方法等	
		例子：函数概念的研究中涉及的重大数学思想方法；有理数乘法法则中涉及的与一般科学方法相应的数学方法；三角形内角和定理的研究中涉及的数学特有的方法	
		修改意见：	

如有其他意见或成分与子类别的补充，请于下方填写：

_____

_____

附录2 调查问卷

【问题1】函数

学生已经学完高中函数的知识,他们被要求识别下列哪些表示了函数。

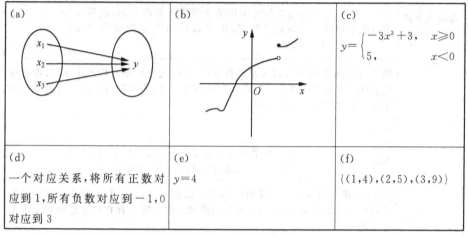

(a)	(b)	(c) $y=\begin{cases}-3x^3+3, & x\geqslant 0 \\ 5, & x<0\end{cases}$
(d) 一个对应关系,将所有正数对应到1,所有负数对应到-1,0对应到3	(e) $y=4$	(f) $\{(1,4),(2,5),(3,9)\}$

(1) 您认为以上哪些表示了函数?试说明理由。

(2) 有一个学生认为这些都不是函数,您认为导致这位学生产生错误的原因有哪些?

(3) 函数有以下"关系说"定义:设 R 是一个二元关系,如果满足 $(x_1,y_1)\in R,(x_1,y_2)\in R$,则 $y_1=y_2$,那么称 R 是函数关系。以上定义与高中的函数定义有哪些联系和区别?

(4) 数学定义在数学中起到了哪些作用?"好的"数学定义需要满足哪些特征?

【问题 2】三角函数

以下是任意角三角函数的两个不同定义：

(a)	单位圆定义：设 α 是一个任意角，它的终边与单位圆交于点 $P(x,y)$，那么：(1) y 叫作 α 的正弦，记作 $\sin \alpha$，即 $\sin \alpha = y$；(2) x 叫作 α 的余弦，记作 $\cos \alpha$，即 $\cos \alpha = x$；(3) $\dfrac{y}{x}$ 叫作 α 的正切，记作 $\tan \alpha$，即 $\tan \alpha = \dfrac{y}{x}(x \neq 0)$。正弦、余弦、正切都是以角为自变量，以单位圆上点的坐标或坐标的比值为函数值的函数，我们将它们统称为三角函数
(b)	终边定义：在任意角 α 的终边上任取一点 P，设 P 的坐标为 (x,y)，$OP = r$，则 $r = \sqrt{x^2 + y^2}(r > 0)$，则规定 $\sin \alpha = \dfrac{y}{r}$，$\cos \alpha = \dfrac{x}{r}$，$\tan \alpha = \dfrac{y}{x}$。即正弦、余弦、正切都是以角为自变量，以坐标的比值为函数值的函数，我们称它们为三角函数

（1）以上两种定义之中，您更倾向于采用哪种定义？试说明理由。

（2）三角部分在教科书里分两个部分：三角比和三角函数。按我们的理解，三角比就是以角为自变量，比值为变量的函数，可是为什么教科书不称其为三角函数呢？教科书的意图是什么？

（3）三角函数在各个学科领域中有很多应用，请您举出其在地理学、天文学、物理学等领域应用的例子？

（4）推动任意角三角函数研究的动力有哪些？

【问题3】数列

学生已经学完数列的知识,他们被要求解决下列问题:"给定一个数列 3,6,9,12,…,这个数列的通项公式为 $T(n)$。你觉得数列的下一项会是什么?"学生的回答如下:

(a)	由于这个数列的通项公式为 $T(n)=3n(n=1,2,3,\cdots)$,所以下一项就是 $T(5)=3\times 5=15$,没有其他的答案了
(b)	$T(n)$ 的第 n 项可能等于 $3n$,也可能等于其他表达式,所以应该有一系列可能的答案,但是这些可能的答案不会太多
(c)	$T(n)$ 有无数个表达式,所以这个问题有无数个可能的答案
(d)	$T(n)$ 的表达式不存在,所以这个问题有无数个可能的答案

(1) 以上哪位学生的回答是正确的?为什么?

(2) 面对学生的不同回答,您会如何帮助学生解决以上问题?

(3) 给定一个 5 项的数列:3,6,9,12,13,如何求出它的一个通项公式(非分段函数形式)?

(4) 在数列通项公式的求解中,涉及了哪些数学思想方法?

【问题 4】解析几何

学生已经学完解析几何的知识,教师介绍了以下材料:"在笛卡儿引入直角坐标系之前,波斯数学家奥马·海亚姆用几何方法解决了三次方程 $x^3+p^2x=p^2q(p\neq0,q\neq0)$。他画出一个圆 $x^2+y^2=qx$ 和一个抛物线 $py=x^2$ 的图像,通过找到这两个图像的交点,从而解出了这个三次方程。"学生被要求解决以下问题:"这两个图像的交点与方程的解有何关系?"

(1)"大概念"是指数学中的核心概念,它们在数学中至关重要且对学生数学思维的发展起到关键作用,以上内容中包含了解析几何中的哪些"大概念"?

(2)您认为学生在解决以上问题时会遇到哪些困难?

(3)如何解释所有抛物线都是相似的?

(4)解析几何的思想方法在数学解题中有哪些作用?

【问题5】立体几何

学生已经学完立体几何的知识,他们需要解决下列问题:"有一个高和底面半径都为 r 的圆柱,一个高和底面半径都为 r 的圆锥和一个半径为 r 的半球。请计算这三个几何体的体积,并比较这三个几何体的体积的大小。"

(1) 您认为圆柱的体积公式、圆锥的体积公式和球的体积公式有哪些联系?

(2) 您会继续问学生哪些问题,从而促进他进一步理解立体几何的相关知识?

(3) 如何由祖暅原理和圆柱、圆锥的体积公式证明球的体积公式为 $V_{球}=\frac{4}{3}\pi r^3$?

(4) 数学证明在数学中起到了哪些作用?中学数学为什么要教证明?

附录3　访谈提纲

【问题1】函数

（1）您这边认为……表示了函数，您的具体理由是？

（2）您这边提到了学生产生错误的原因有……能否再具体解释一下？

（3）您这边提到了函数的"关系说"定义与高中的函数定义联系和区别是……为什么您是这么想的？

（4）您这边认为数学定义起到的作用是……"好的"数学定义满足的特征为……能否再具体解释一下？

【问题2】三角函数

（1）您这边倾向于……定义，您的具体理由是？

（2）您这边提到了教科书的意图是……能否再具体解释一下？

（3）您这边提到了三角函数在……方面的应用，能否再具体给出一些相应的例子？

（4）您这边认为推动任意角三角函数研究的动力有……能否再具体解释一下？

【问题3】数列

（1）您这边认为……的回答是正确的，您的具体理由是？

（2）您这边认为可以通过……帮助学生解决问题，能否再具体解释一下？

（3）您这边提到了……数列的通项公式求解方法，能否再具体说明一下求解过程？

（4）您这边认为数列通项公式的求解中涉及了……数学思想方法，能否再具体解释一下？

【问题4】解析几何

（1）您这边提到了解析几何中包含了……"大概念"，您的具体理由是什么？

（2）您这边提到了学生在解决问题中会遇到……困难，能否再具体解释一下？

（3）您这边提到了可以通过……解释抛物线都是相似的，为什么您是这么想的？

（4）您这边提到了解析几何的思想方法在解题中有……作用，能否再具体解释一下？

【问题5】立体几何

（1）您这边提到了圆柱、圆锥和球的体积公式有……联系，能否再具体解释一下？

（2）您这边提到了可以通过……问题促进学生进一步理解立体几何的相关知识，能否阐述一下您的具体理由？

（3）您这边提到了可以采用……方法证明球的体积公式，能否再具体解释一下您的证明过程？

（4）您这边提到了数学证明在数学中起到了……作用，中学数学中教证明的理由为……能否再具体解释一下？

附录4 观察方案

教研活动主题			
教研活动时间		教研活动地点	
教研活动观察对象		教研活动参与对象	
教研活动目的			
教研活动过程/时间			
教研活动后访谈	(1) 这次教研活动有什么背景？为什么选取这个教研主题？ (2) 您对这个知识点有何理解？ (3) 您对本次教研活动的公开课有何评价？ (4) 如何从高观点看待本节课中的内容？ (5) 如何从数学哲学的角度看待本节课中的内容？		

后 记

本书是在华东师范大学读博期间所撰写的博士毕业论文的基础上修订而成的。回想在华东师大读书的岁月,不知不觉间,在这所美丽的校园中待了近7年的时间。7年的时光虽然在人的一生中并不算长,但也绝非短暂。据说人全身的细胞每7年就会更换一次,对于我而言,这7年的时光更是让我经历了一次次在精神与思想上的蜕变和成长。7年时间,我从刚进入华东师大校园懵懵懂懂的少年成长为一名怀揣理想和抱负的青年,这段难忘的岁月中有太多值得铭记的事情,也有太多人需要感谢。

首先,我要感谢我的导师汪晓勤教授。我觉得我是一个幸运的人,虽然上天没有赋予我任何特别的才能,但是总能让我遇上一些贵人,而汪老师就是我人生中最重要的贵人之一。在博士论文的撰写过程中,汪老师帮助我走出选题的迷茫,给予我极大的支持和鼓励,最终使我顺利完成我的博士论文。从硕士到博士的7年间,我有幸能够一直在汪老师的身边学习,这段学习的经历对我来说无比珍贵,是汪老师带我走进了学术的大门,带我领略了 HPM 这一五彩斑斓、无比精彩的世界。汪老师不仅是我学术上的导师,更是我的人生导师,每当我迷茫的时候,汪老师总能指引我前进的方向,让我能够勇往直前。在汪老师的身边,我从来不是让汪老师放心的学生,因此,我也总是受到汪老师的"批评",在这些温暖的"批评"背后,是汪老师对我深切的关怀。正是这些温暖的"批评",不断地催促着我成长。汪老师为我们的学业和生活操碎了心,小红楼内,丽娃河畔,文科楼中,都留下了汪老师谆谆教诲的身影,因此,我也想在这里衷心地说一句:"汪老师您辛苦了!"

同时,由衷地感谢上海市晋元高级中学的王华老师。是王老师让我有机会参与由他领衔的上海市第四期"双名工程"高峰计划项目上海市中小学数学专家型教师课堂教学的表征研究。正是在该项目中,我获得了博士论文的重要研究资源,并有机会接触到各位数学教研员。同时,每一次项目组的活动都让我受益匪浅,我有幸接触到了上海市的各位教育大咖,如顾泠沅老师、顾鸿达老师等,在和各位教育大咖的接触中,我不仅增长了不少教育智慧,也得到了许多启迪。王老师不但在项目研究中关怀着我,也在生活中不断循循善诱,至今还记得他说过的不少人生感悟。我时常感到,人的一生中能够遇到这样的老师,是多么的幸运啊!

我还要诚挚地感谢在我毕业论文研究过程中经常为我答疑解惑、提供帮助的各位师兄师姐、各地的数学名师和上海市高中数学教研员。感谢你们愿意抽出宝贵的时间接受我这位无名小辈的无端打扰,如果我的研究有什么价值的话,都是你们赋予的。

深深感谢在华东师范大学学习过程中给我授课、帮助过我的老师们,你们的学识让我钦佩,你们是我在学术路途上的灯塔和榜样。感谢在数学史与数学教育(HPM)工作室中遇到的各位数学老师,我会永远怀念和你们一起磨课、听课的日子,你们对数学教学的热爱深深地感动了我。感谢在HPM大家庭中的各位同门,你们永远是我最坚实的依靠和后盾,每当我在学术与生活上遇到困难时,你们总会及时出现在我的身边,帮我排忧解难。

非常感谢苏州大学数学科学院的各位领导和老师们对本书出版的宝贵支持和倾力相助。苏州大学出版社编辑多次审读本书,就行文和图片等提出了宝贵的建议,在此一并致谢。

最后,我要感谢在我背后永远默默支持我的家人,在我的人生中,不管做什么决定,你们都永远支持我。

还有太多太多的老师、同学、朋友和亲友需要感谢,很抱歉无法将其名单一一列出,但是你们给我的每一份帮助我都记在心里,念在心上。

著名数学史家、数学教育家和人文主义者史密斯说过:"不断学习、不断教书、不断写作、其乐无穷。"我将践行这句话,在未来的工作和生活中不辜负各位的支持和帮助。